CHAVES PARA A PROSPERIDADE

Rudi Dornbusch

CHAVES PARA A PROSPERIDADE

Tradução de
RICARDO DONINELLI MENDES

EDITORA RECORD
RIO DE JANEIRO • SÃO PAULO
2003

CIP-Brasil. Catalogação-na-fonte
Sindicato Nacional dos Editores de Livros, RJ.

Dornbusch, Rudi, 1942-
D757c Chaves para a prosperidade / Rudi Dornbusch; tradução de Ricardo Doninelli Mendes. – Rio de Janeiro: Record, 2003.

Tradução de: Keys to prosperity
ISBN 85-01-06067-4

1. Política econômica. 2. História econômica – 1990-. I. Título.

02-1009 CDD – 338.9
CDU – 338.2

Título original em inglês:
KEYS TO PROSPERITY
Free Markets, Sound Money, and a Bit of Luck

Direitos exclusivos de publicação em língua portuguesa para o Brasil adquiridos pela
DISTRIBUIDORA RECORD DE SERVIÇOS DE IMPRENSA S.A.
Rua Argentina 171 – Rio de Janeiro, RJ – 20921-380 –Tel.: 2585-2000
que se reserva a propriedade literária desta tradução

Impresso no Brasil

ISBN 85-01-06067-4

PEDIDOS PELO REEMBOLSO POSTAL
Caixa Postal 23.052
Rio de Janeiro, RJ – 20922-970

Sumário

Prefácio

Além de ensinar economia, tenho me dedicado, com atenção e entusiasmo crescentes, a escrever comentários econômicos sobre assuntos do dia. A economia pode ser entendida por qualquer pessoa que queira entendê-la, contanto que se exponha um ponto de vista bem definido. Procurei evitar uma perspectiva do tipo "por um lado, isto; por outro, aquilo", que, embora eclética, também é cansativa de escrever, e mais ainda de ler. Os ensaios formam um ponto de vista e, na sua maioria, mas não todos, resistem bem à prova do tempo.

Os ensaios focalizam questões de política econômica, tanto doméstica como internacional. Tratam de inflação e dívida, taxas de câmbio, política comercial, mercados emergentes, e da intersecção da política com a boa economia. A ideologia econômica subjacente é a da inabalável Chicago, ou melhor, é a crença da Universidade de Chicago de que os mercados solucionam melhor certos problemas e que os burocratas, no final das contas, mesmo quando bem-intencionados, são distraídos pela política ou pelo zelo excessivo por soluções perfeitas. A visão de Chicago é que problemas complexos têm respostas simples. (A réplica do MIT é que problemas complexos têm respostas erradas que são fáceis de entender.) É verdade que essas respostas são às vezes algo toscas, mas quem irá argumentar que, no final das contas, os burocratas obtiveram melhores resultados? De qualquer modo, mesmo se for este o caso, por estarem sempre no dever de responder pelo que fazem, eles devem ser continuamente desafiados a comparar seus resultados com respostas alternativas, limitando assim suas pretensões.

Os atores responsáveis por políticas podem estar num Banco Central e enfrentar problemas relacionados à prosperidade ou, ao contrário, fazer pouco caso dos riscos de inflação. Ou podem dirigir instituições internacionais e gostar de se ver em situações de crise aguda, despendendo dinheiro com problemas que seriam melhor resolvidos sem qualquer intervenção. Ou podem ser sindicatos que defendem seu interesse provinciano, freqüentemente mal concebido, como o objetivo nacional de uma política sólida. Contudo, o foco não repousa somente sobre funcionários de bancos centrais, burocratas, sindicatos ou benfeitores. Na linha de frente também estão políticos que governam mal, do Brasil à Rússia, do Japão a muitos outros lugares onde a falta de uma democracia eficaz e de responsabilidade levou a riscos escandalosos e desastres econômicos.

O material reunido aqui é apenas uma amostra dos trabalhos escritos nos últimos anos. Por um período, escrevi uma coluna para a *Business Week*; bem pouca coisa é reproduzida dessa publicação. Também há editoriais do *Wall Street Journal*, do *Financial Times* e de algumas publicações estrangeiras nas quais escrevi regularmente. E há poucos ensaios mais longos, que apareceram, ou aparecerão, em diferentes livros.

Esta coleção de ensaios foi selecionada, a partir de uma amostra bem maior, por Kristin Forbes, então estudante de graduação e agora membro da Sloan School of Management do MIT. Agradeço muito a ela, pelo esforço e entusiasmo.

I

O Quadro Geral

1

Um século de incomparável prosperidade

Às raias de uma deflação, com a bancarrota do Japão e uma Europa quase estagnada, com mercados emergentes arruinados, com os Estados Unidos diante de uma clamorosa bolha especulativa, como pode um notável século de prosperidade terminar dessa maneira? Foi, contudo, o melhor dos séculos, apesar da Grande Depressão, dos retrocessos temporários representados pelo comunismo e socialismo, e das duas grandes guerras. Hoje, a humanidade está muito à frente de onde jamais esteve, e inovações são semeadas, da biologia à internet, para vidas melhores e mais fecundas, além mesmo daquelas acalentadas por nossos sonhos mais extravagantes. Um dos grandes economistas do século passado, Joseph Schumpeter — ministro das Finanças da Áustria nos anos 20 e professor em Harvard a partir de 1932 — descreveu a "destruição criativa" como o mecanismo determinante do progresso econômico.

O século XX, particularmente suas três últimas décadas, presenciou, à medida que o Estado-nação era desmantelado e substituído por uma economia global, o empreendimento do Estado e a repressão econômica dando lugar à livre empresa, e a inovação extraordinária e o capitalismo ganancioso levando burocracias públicas e privadas ao colapso. Quem quer que diga "tal coisa é impossível", vê-se interrompido por alguém que já a realizou. Falta muito para o processo estar completo. A inovação e a livre iniciativa disseminam a mentalidade, o sucesso e a aceitação desse modelo, para o espanto dos políticos ligados ao *status quo* e para a completa efusão de todos aqueles dispostos a abraçar uma atitude empreendedora. Se o século passado ensinou algo, foi certamente isto: mesmo reveses desanimadores como a depressão e a guerra são apenas tragédias temporárias — oportunidades de despesa, digamos — num avanço inexorável do padrão de vida e da oportunidade para buscar vidas melhores.

UM SÉCULO DE INCOMPARÁVEL CRESCIMENTO

Por séculos, o progresso humano foi limitado pela baixa produtividade. Estimativas do PIB *per capita* em 1700, que devemos ao trabalho criativo de Angus Maddison, mostram todas as regiões do mundo com praticamente a mesma renda *per capita* e diferenças mínimas entre Estados Unidos, China e Índia. De 1700 a 1820, quase nada aconteceu com o PIB mundial. (Ver figura 1.1.) Na verdade, a Europa estava um pouco à frente, mas menos de 20%. Por volta de 1820, as diferenças se ampliaram, levando Europa e Estados Unidos ao dobro da renda *per capita* desfrutada por China, Japão ou Rússia, onde a regra foi uma situação de quase-estagnação. Todavia, nessa época, Índia e China juntas davam conta da metade do PIB mundial! E então ocorreu a primeira explosão de crescimento drástico, que triplicou o padrão de vida na Europa e quadruplicou este padrão nos Estados Unidos. Depois de séculos praticamente sem progresso, avanços rápidos no padrão de vida mudaram de fato o que podia ser realizado como também a aspiração quanto ao que poderia ser realizado. As forças impulsionadoras eram a acumulação de capital e a inovação tecnológica, a divisão do trabalho e a disseminação de habilidades e capitais pelo mundo. (Ver figura 1.2.)

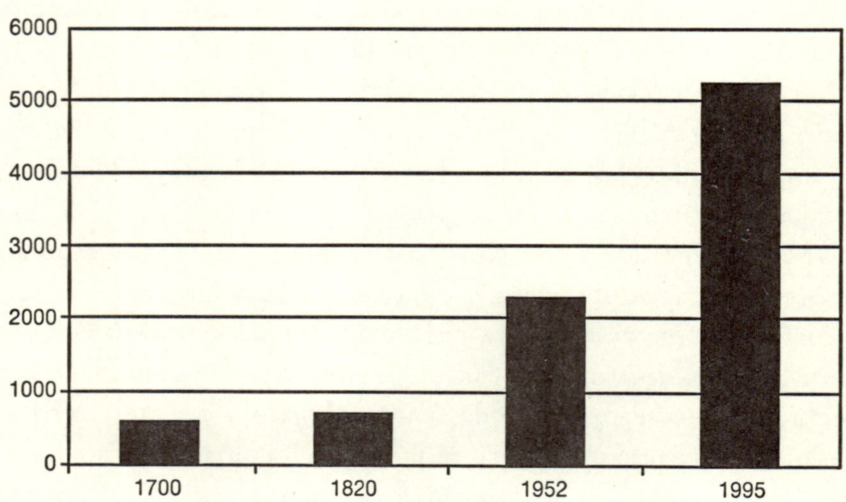

Figura 1.1 PIB *per capita* mundial (em dólares)

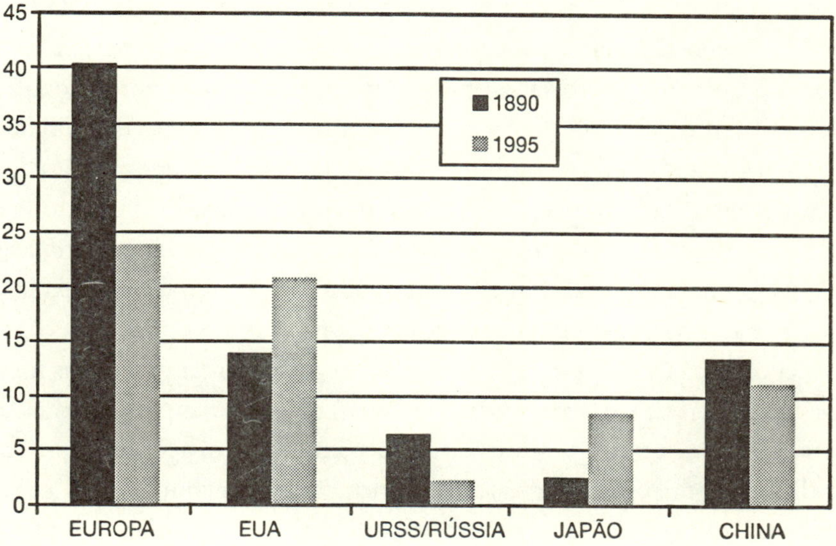

Figura 1.2 Parcela do PIB Mundial: 1890 e 1995

Mas o que parecia ser um progresso impressionante no século XIX não se compara às realizações do século XX. Este último presenciou o mais rápido avanço em padrões de vida já registrado, em grande parte concentrado na sua segunda metade. Da mesma forma que o Japão, dos anos 50 em diante, aumentou seu padrão de vida em oito vezes, a China, nesse mesmo período, elevou sua renda *per capita* mais que sete vezes. O mercado emergente da Ásia realizou praticamente o mesmo. Uma economia internacional aberta, poupança alta em quase toda parte (exceto nos Estados Unidos) e a implementação de estruturas econômicas e tecnologias cada vez melhores contribuíram bastante para alimentar o motor. Além disso, meio século de paz (e de competição entre superpotências) ajudou o crescimento econômico em vez de desviar a atenção dele. O que quer que usemos para medir o progresso — automóveis ou aparelhos de TV por pessoa, a diminuição do custo de chamadas telefônicas pelo mundo todo, capacidade aumentada de computadores cada vez menores, a crescente perfeição da gravação de um CD ou a cirurgia a *laser* que produz uma nova vida — por quaisquer dessas medidas, 1900 era a idade da pedra se comparada à nossa situação atual. A educação a distância, ao vivo na tela da TV, é um grande salto adiante em relação à fotografia em preto-e-branco.

O ritmo recorde de crescimento *per capita* do PIB na segunda metade do século XX suscita naturalmente a pergunta sobre o que está por trás e se há uma explicação comum proveitosa para todos os casos. A economia identificou dois elementos: o primeiro, bastante evidente, uma alta taxa de poupança e de formação de capital no mundo. Isso equipou a força de trabalho com quantidades crescentes de maquinaria e estruturas, tornando o trabalho mais produtivo. O outro fator, o progresso tecnológico, não é menos evidente; significa que aprendemos a fazer, melhor de modo que a mesma quantidade de trabalho e maquinaria gera uma produção crescente. No mesmo filão, o progresso tecnológico também significa que, com o passar do tempo, novas idéias e tecnologias aperfeiçoadas são incorporadas em maquinarias mais adequadas, melhorando dessa forma a produtividade. E assim também acontece com formas melhores de organizar a produção e instituições, mais conducentes à especialização e produtividade. Alguns destacam a destruição criativa e outros consideram a acumulação estável como a artimanha: a guerra e os choques ideológicos refrearam o progresso se comparado ao que teria havido na ausência deles? Ou é possível, pelo contrário, que tenham sido condutores do progresso ao destruírem estruturas incrustadas e tecnologias obsoletas herdadas? Defendeu-se esta última alternativa indicando-se os progressos do Japão e da Alemanha depois da Segunda Guerra Mundial, que os colocaram muito à frente do resto da multidão. Mas por que isso não funcionou no caso da França?

Robert Solow, prêmio Nobel de economia, foi o primeiro a perguntar sobre quanto exatamente do crescimento deriva da formação de capital e quanto pode ser atribuído ao que é "residual", que chamamos convencionalmente de progresso tecnológico, mas que é na verdade um saco onde colocamos tudo o que sobra. A surpreendente conclusão a que chegou atribui à formação de capital crédito por apenas um terço do crescimento *per capita*; o progresso tecnológico foi responsável pelo restante. Essa conclusão é impressionante porque de fato sugere que a ênfase na poupança e no investimento — popular entre os comunistas, no Japão e na Europa — talvez seja exagerada. Afinal, o jogo econômico diz respeito ao consumo, e se for possível consumir e, ao mesmo tempo, estar à frente, melhor ainda. Mas talvez essa conclusão não seja precisa.

A conclusão mais exata focaliza o interesse crescente nos componentes do misterioso progresso tecnológico: sólidas instituições financeiras, um ambiente econômico que favoreça a alocação eficiente de recursos, ou estabilidade política e direitos de propriedade, ou ainda um treinamento para a obediência, no estilo japonês, feito nas escolas e nos empregos? O progresso tecnológico envolve copiar as melhores tecnologias de outros países ou é movido pela forte e incessante pressão dos mercados de ações para conseguir, dos executivos e trabalhadores, uma eficiência ainda maior com relação aos custos? Lamentavelmente, a evidência empírica não nos fornece uma lista concisa de fatores que favorecem o progresso tecnológico; não há indícios conclusivos, exceto os que dizem respeito à instabilidade, inflação, burocracias estúpidas, economias fechadas e sufocadas. Estes são todos ambientes onde o progresso é possível, mas somente por meio de trabalho e poupança excessivamente pesados. Contudo, quando se trata de confrontar a administração das empresas, o estilo norte-americano *versus* o japonês, ou o mercado de trabalho — o contraste entre relações de longo prazo na Europa e uma elevada rotatividade de pessoal nos Estados Unidos — é difícil mostrar qual dessas características tem maior influência sobre o crescimento. O estilo japonês de governança corporativa e o mercado de trabalho alemão outrora pareciam oferecer a melhor perspectiva de desempenho. Hoje, o primeiro é identificado com a bancarrota do Japão; o último, com a paralisia progressiva da Europa. A busca por respostas válidas e duradouras continua.

Tanto o século XIX como o século XX presenciaram um rápido progresso dos países avançados, de modo que não surpreende o fato de nós os identificarmos com a inovação e a sustentação de altas taxas de formação de capital. Contudo, o surpreendente por certo é que num período de apenas cinqüenta anos os países em desenvolvimento livraram-se de um atraso secular. O Japão foi o primeiro a tomar esse caminho, iniciado com as ondas de reforma nas últimas décadas do século passado. (Ver figura 1.3.) Todavia, foram especialmente as três últimas décadas desse século que testemunharam resultados espetaculares das economias emergentes por toda a Ásia e, de quando em quando, também em outras partes do mundo. Nesse período, a Índia quase triplicou seu padrão de vida. Partindo de uma situação próxima da fome endêmica, avançou bastante na direção de taxas estáveis de crescimento do PIB *per capita*. Cingapura veio do nada e alcançou a Grã-Bretanha; a China realizou a façanha de sextuplicar seu padrão de vida, partindo de uma situação em 1950 que não era diferente da que se encontrava em 1700! Não devemos errar na avaliação do desempenho asiático: ele certamente envolve trabalho duro — mais

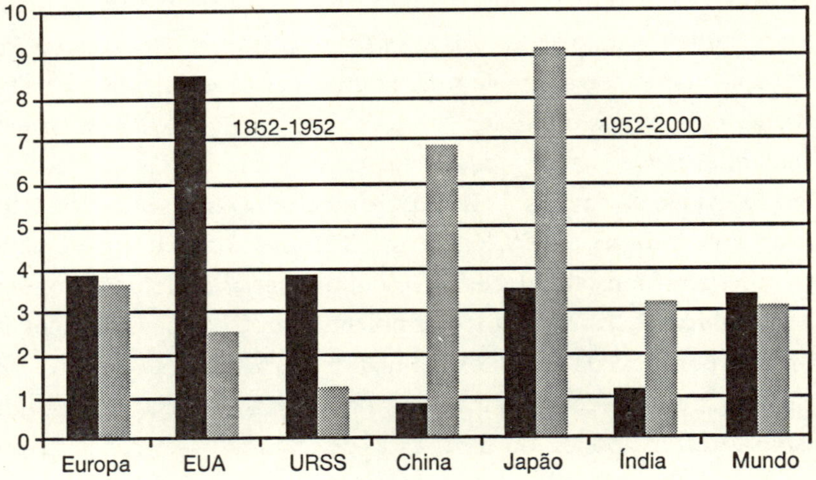

Figura 1.3 Progresso Econômico

horas e mais dias — e sacrifícios formidáveis de consumo corrente em favor da acumulação de capital e do avanço econômico. Não há qualquer indício de que, sem um igual esforço, a Ásia teria dado o grande salto à frente. Mas ela de fato deu esse salto e os asiáticos percorreram em apenas algumas décadas uma distância que, em qualquer outra parte, levaria séculos para ser percorrida. Somente regimes bastante autoritários podem realizar um tal progresso, pois, em sociedades abertas, o sacrifício de algumas gerações não é uma alternativa viável.

É tentador perguntar qual país, entre os mais importantes, é o grande vencedor do século XX. Obviamente não é a Rússia, pois ela foi palco de mais sofrimento e privação, e menos progresso, do que praticamente qualquer outro lugar. Isso não era óbvio em meados dos anos 70, quando o PIB *per capita* russo teve seu apogeu, mas hoje está fora de questão e é, cada vez mais, uma verdade. Europa, Japão, Estados Unidos e China estão entre os finalistas. Levando em conta meras cifras, o Japão é o vencedor, a despeito da atual depressão e de uma brutal derrota militar. A China vem a seguir, com o espantoso crescimento das três últimas décadas. Europa e Estados Unidos se saíram bastante bem considerando-se padrões históricos: quintuplicar a renda *per capita* em um século é algo sem precedentes. Contudo, foi isso apenas, e nada no ritmo do Japão e da China. Isso está bastante de acordo com o que ensina a moderna economia do crescimento: aquele que vem atrás se move mais rápido e tende, finalmente, a convergir ao nível dos que vão à frente. Mas tal ritmo de convergência é ainda bastante desigual e sua continuidade não é sequer previsível: Rússia e África dão para trás, enquanto a Índia avança, mas não ao passo galopante dos países emergentes da Ásia. Para os que estão na dianteira, o crescimento se reduz a taxas medianas.

A GLOBALIZAÇÃO

Os últimos anos do século XIX viram o barco a vapor, as estradas de ferro e o telégrafo como os principais avanços ligando a periferia às economias centrais. A globalização era a regra no comércio, na migração e no livre fluxo de capitais. O padrão-ouro era apenas parte do mecanismo que permitia o funcionamento de uma economia mundial aberta. Os países ricos ditavam as leis, possuíam canhoneiras para cobrar as dívidas e, ainda que acumulassem as colônias, tinham todo interesse em manter aberta a economia mundial, difundindo assim os benefícios do livre comércio. Esse foi o período em que os Estados Unidos alcançaram rapidamente a prosperidade, e Argentina e Austrália chegaram ao topo do *ranking* da economia mundial. A migração para o Novo Mundo e a migração de capitais permitiram o rápido desenvolvimento da periferia. Se havia então alguma preocupação quanto à globalização, não era importante o suficiente para ser lembrada.

O acontecimento retumbante do século seguinte foi a Grande Depressão: o colapso total dos fluxos comerciais, da fé no livre comércio e na economia de livre mercado. Em poucos anos, as lições de um século inteiro caíram em descrédito. Em apenas três anos, de 1929 a 1932, o comércio mundial caiu 70% em valores nominais e 25% em valores reais. Os preços internacionais desmoronaram, e as restrições ao comércio aumentaram em todo o mundo, com a difusão de políticas de empobrecimento do vizinho. As tarifas sobre importações foram progressivamente aumentadas, restrições quantitativas e critérios de seleção preferencial tornaram-se a regra geral. O controle do câmbio veio logo em seguida. A economia aberta tinha dado lugar à proteção dos mercados nacionais e à presunção generalizada de que a economia termina nas fronteiras. Se essas eram as políticas do centro, a periferia respondia na mesma moeda. O não-pagamento de dívidas tornou-se uma prática comum; a industrialização por trás de barreiras protecionistas fez-se comum naqueles países onde, devido a colapsos nos mercados de matérias-primas e produtos agrícolas, a auto-suficiência econômica não era mais possível. A América Latina é um desses casos.

Entretanto, já por volta de 1934, seguindo os importantíssimos U.S. Reciprocal Trade Agreements (Acordos Norte-Americanos sobre Comércio Bilateral), estava em andamento uma tentativa de reabrir a economia mundial. Mas ainda levaria décadas até que as fortalezas protecionistas fossem vencidas. Uma parte fundamental desse processo de reconstrução foi o Plano Marshall, que premiava a restauração do comércio europeu. A tentativa de dar vida a uma Organização Mundial do Comércio falhou, mas o Acordo Geral de Tarifas e Comércio (GATT) tornou-se uma maneira pragmática de negociar uma abertura recíproca e não-discriminatória do comércio. Ao final dos anos 50, os controles do câmbio foram desmantelados gradualmente, primeiro para o comércio e, progressivamente, para todas as transações transnacionais. Mas tudo isso valia somente para os países avançados; a periferia do mundo e o Japão tinham aceitado firmemente o protecionismo e o controle monetário como o único caminho possível. Para eles, a abertura teria de esperar até os anos 80.

Durante os anos 80, o mundo praticamente voltou ao nível em que tinha estado antes do colapso da Grande Depressão. Evidentemente, as comunicações tinham melhorado radicalmente, o que permitia uma maior abertura e facilitava o comércio, resultados que eram reforçados pelos progressos nos transportes. Mas àquela época, bem no meio de uma economia mundial aberta, seria uma raridade encontrar um crítico radical da globalização. Isso parece ser uma característica de safra bem mais recente, estimulada predominantemente por cinco fatores. Primeiro, as empresas aprenderam a operar globalmente em busca de mercados e reduções de custos. A receita era fácil, o capital era móvel e, em pouquíssimo tempo e em qualquer lugar, os trabalhadores começaram a sentir a concorrência de outros trabalhadores de todas as partes do mundo. Segundo, a mobilidade dos capitais causou, inevitavelmente ou não, mais acidentes financeiros. Os pesados custos das conseqüências desses acidentes lançaram evidentemente uma profunda suspeita sobre a globalização, que permitira o ingresso do dinheiro.

A terceira razão pela qual a economia global tem má fama é que a pressão da concorrência forçou os governos a desmantelar suas políticas estatistas. Isso reduziu o sentimento de proteção dos trabalhadores. O recurso a modalidades usuais de proteção do comércio foi excluído por acordos internacionais. Não havia como sair desse círculo. Em quarto lugar, com mercados mundiais de capitais integrados e capazes de exercer enorme influência, uma perturbação em qualquer parte torna-se imediatamente um problema em toda parte. Com economias e mercados mais voláteis, não há um só dia sem que algum acontecimento lembre as pessoas do precário controle que têm sobre suas vidas econômicas. Por último, o mero ritmo das mudanças tecnológicas e financeiras, das inovações e dos produtos, e dos vencedores e perdedores supera a capacidade de adaptação das pessoas: sua reação é cair fora simplesmente porque as coisas vão rápido demais. Elas vêem sobretudo a ameaça, e muito pouco dos vastos benefícios. Elas certamente deixam de reconhecer que a ameaça aos postos de trabalho comumente se deve a uma melhor tecnologia, que por si só é uma bênção, e não à concorrência que cruza as fronteiras e as dispensa de seus empregos.

A globalização é o grande desafio do final de século porque, ao contrário do que ocorria em 1900, a velocidade de integração da economia mundial aumentou extraordinariamente. Competidores como a China, em uma ou duas décadas, passaram de um nível tecnológico básico para um nível intermediário, ameaçando não apenas mercados emergentes, mas inclusive indústrias consolidadas do centro. Os trabalhadores acreditam que a globalização é responsável por baixos salários reais, enquanto os governos acham que sua capacidade de controlar acontecimentos, ou pelo menos de aparentar tal controle, está diminuindo nitidamente com o impacto de choques mundiais sobre o cenário doméstico. Muito freqüentemente, manifesta-se o desejo de optar por sair ou, pelo menos, de limitar a interdependência.

A abertura e interdependência da economia mundial não vão ser sacrificadas. Sequer podemos estar certos de que a volatilidade dos mercados financeiros diminuirá ou que o ritmo de inovação e implementação de técnicas ficará mais lento. A globalização deixará de ser uma preocupação em uma geração ou algo próximo, quando os jovens que não tenham conhecido outra realidade, habituados a uma menor estabilidade, forem representativos da opinião pública. Isso significa, contudo, que a globalização permanecerá controversa e será questionada por um bom tempo, e que tais preocupações serão ouvidas com simpatia. Ela atribui aos formuladores da política econômica o ônus de manter a economia aberta e lidar de modo sensato com toda forma desnecessária de instabilidade.

O destino da moeda forte

Ao longo do século, as principais mudanças no valor da moeda foram uma questão econômica e social fundamental. Agora que o século se encerra, o círculo se fecha: voltamos a um regime de estabilidade monetária e a instituições empenhadas em mantê-lo. Na maior parte do século, houve inflação, interrompida brevemente no período entre guerras. Particularmente, o segundo pós-guerra levantou o problema da inflação intoleravelmente elevada como resultado de uma política monetária irresponsável. (Ver figura 1.4.) O preço pago pela instabilidade foi exorbitante, seja enquanto durou, seja depois, quando se tratou de restabelecer as condições de estabilidade monetária.

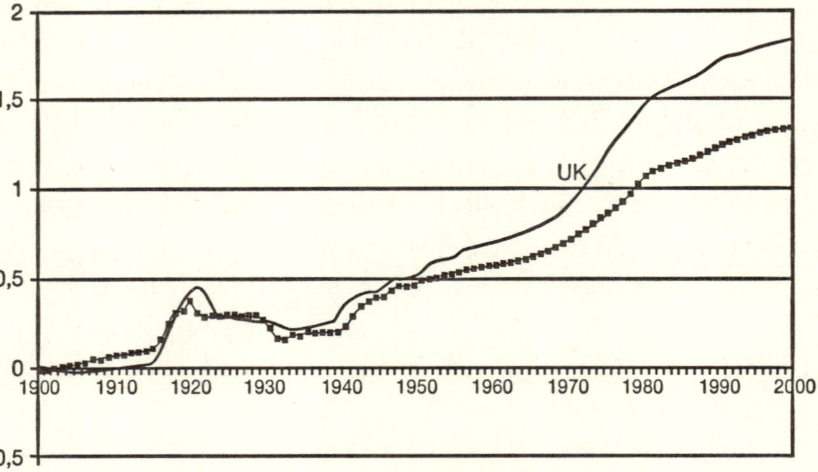

Figura 1.4 Nível de preços nos Estados Unidos e no Reino Unido

O século começou com o padrão-ouro. A Grã-Bretanha adotava-o por um século; os Estados Unidos juntaram-se a ela depois da Guerra Civil e a Alemanha, depois da Guerra Franco-alemã. Por volta de 1900, todo país importante, do Japão à Europa e Argentina, adotava o ouro como padrão. Pouquíssimos países adotavam papel-moeda como padrão e, menos ainda, a prata. O padrão-ouro implicava taxas de câmbio fixas em todo o mundo e uma inflação moderada, já que as descobertas de ouro não eram abundantes; além disso, os bancos centrais e os políticos ainda não tinham descoberto a máquina impressora. As finanças públicas eram, na sua maior parte, conservadoras, e os horizontes econômicos eram de longo prazo: por quase toda a segunda metade do século, e até a Primeira Guerra Mundial, os títulos perpétuos britânicos pagaram um juro de 3%. A Pax Britannica foi um bom regime monetário.

A Primeira Guerra Mundial pôs drasticamente fim a tudo isso: revoluções e revoltas sociais, a moeda forte e o imperador, todos foram parar na lata de lixo. Os governos, praticamente impotentes, só podiam fazer uma coisa: imprimir dinheiro. Isso foi o que marcou o início dos anos 20: uma criação espantosa de dinheiro e uma inflação ainda mais extrema por toda a Europa Central e Oriental, da Alemanha à Rússia, da Áustria à Grécia. A França, para sua própria surpresa, não foi tão longe nessa estrada; Grã-Bretanha e Estados Unidos nem mesmo ingressaram nela.

A hiperinflação do começo dos anos 20 foi a primeira registrada na história. Por certo as descobertas de ouro nos séculos anteriores resultaram numa tendência de preços crescentes, mas sempre bastante moderados. Episódios esporádicos de inflação de papel-moeda tinham ocorrido na França, durante o período dos *assignats*; na Rússia, no século XIX; um pouco na Áustria e na América Latina. Mas eram, afinal, insignificantes se comparados à vasta destruição da estabilidade e da riqueza nos anos 20. Lenin disse: "Para destruir um país, destrua sua moeda." E isso foi o que de fato aconteceu. Não poderia ter havido ruína mais convincente e duradoura da ordem estabelecida e da classe média. A hiperinflação foi, com certeza, a razão primeira para o surgimento do extremismo que se seguiu.

Nos anos 20, o breve restabelecimento da moeda forte não durou muito. A Grã-Bretanha tinha defendido o retorno ao padrão-ouro em todo o mundo e tinha de fato retornado à paridade do pré-guerra, trancafiando-se numa situação desesperadamente não competitiva. A partir de então, poucos anos se passaram até o próximo assalto da instabilidade, quando, tal como a Grã-Bretanha, todos os países, um após o outro, abandonaram o padrão-ouro. A desvalorização competitiva, o controle do câmbio e o colapso do comércio mundial constituíam o quadro geral. Contudo, abandonar o padrão-ouro não foi coisa fácil nem óbvia. Era um movimento profundamente contracultural, contrariando a essência de tudo o que a Grã-Bretanha e a City representavam. Na verdade, Winston Churchill enunciou na época as célebres últimas palavras para as finanças vitorianas: "Ninguém me contou que você poderia fazer isso." Enquanto os anos 20 tinham se caracterizado pela hiperinflação, a Grande Depressão produziu uma profunda deflação, que foi igualmente desorganizadora da estabilidade financeira e da confiança da opinião pública. Aqueles que tentaram permanecer com o padrão-ouro obtiveram péssimos resultados; os que imprimiram mais dinheiro e desvalorizaram sua moeda mais agressivamente conseguiram os melhores resultados. O mundo tinha virado às avessas. O internacionalismo e o capitalismo estavam desacreditados; o nacionalismo, bem como um governo sempre mais disseminado, tomaram seus lugares.

A reconstrução monetária do segundo pós-guerra não se deu facilmente. Dívidas gigantescas, privadas e públicas, tinham sido acumuladas em toda parte e muitos dos ativos, incluindo a base dos impostos, tinham sido devastados. O controle de preços em toda parte adiou o confronto entre o excesso monetário e a escassez de bens. Os mercados negros tornaram-se a regra, do câmbio às salsichas. A reforma e a reconstrução monetárias, incluindo o drástico cancelamento de dívidas públicas e privadas, tornaram-se a norma em toda a Europa. A reforma monetária preparou o caminho para a liberalização dos preços e para a extraordinária ressurreição da atividade econômica, considerada por muitos como impossível. Em particular, a audácia da reforma na Alemanha é digna de nota: ao general norte-americano Lucius Clay, que dissera ao grande reformista Ludwig Erhard, "Sr. Erhard, meus assessores me falaram que sua ousadia é loucura", Erhard respondeu, "General, meus assessores também dizem isso". Entretanto, a história deu razão a Erhard: sem uma moeda que funcione, a atividade econômica não pode recomeçar, mas com uma moeda sólida, ela poderia florescer.

Na linha de frente doméstica, a moeda sadia foi restituída rapidamente por quase toda parte. Salvo uma breve interrupção durante a Guerra da Coréia, a inflação não foi um problema. Mas no exterior, foi preciso esperar até o final dos anos 50 para que a conversibilidade fosse restituída, e mesmo então, ela não foi generalizada. A França suspendeu-a durante períodos recorrentes e a Inglaterra alcançou a conversibilidade somente em 1980, como uma das primeiras medidas da sra. Thatcher no governo. O Japão alcançou-a quase uma década mais tarde, seguido progressivamente pelo mundo inteiro. Entre os grandes países, só a Índia e a China mantêm a "não-conversibilidade" como um resquício do controle governamental.

A história monetária do século não estaria completa sem um ataque a mais de instabilidade e a reação feroz para restituir uma moeda forte a qualquer preço. O crescimento excessivo dos Estados Unidos nos anos 60, os choques do petróleo dos anos 70 e, acima de tudo, a relutância em enfrentar o crescimento lento, ou mesmo a recessão para defender a moeda, são os fatores que estão por trás da grande inflação desse período. É verdade que, pelos padrões dos anos 20, foi apenas uma séria inflação, mas taxas de inflação de preços de dois dígitos alarmaram o eleitorado e se tornaram um problema ainda mais urgente que o desemprego. Retrospectivamente, meio século de inflação reduziu drasticamente o poder de compra em todos os países desenvolvidos. A Alemanha se saiu melhor: de cada marco alemão em 1950, resta hoje, em termos reais, quase 25%, enquanto na França, Reino Unido e Itália, o valor correspondente é aproximadamente 5%. (Ver figura 1.5.) Claramente, era hora de voltar à moeda estável: essa foi a grande batalha da década passada. A exigência de uma moeda mais sólida emergiu com grande força, tornando os bancos centrais surdos aos pedidos de ajuste. A partir do início dos anos 80, uma nova ordem progressivamente ganhava espaço, à medida que a inflação era derrubada com mais e mais firmeza. Foi preciso essa década, e mais outra, para que se fizesse acreditada e duradoura.

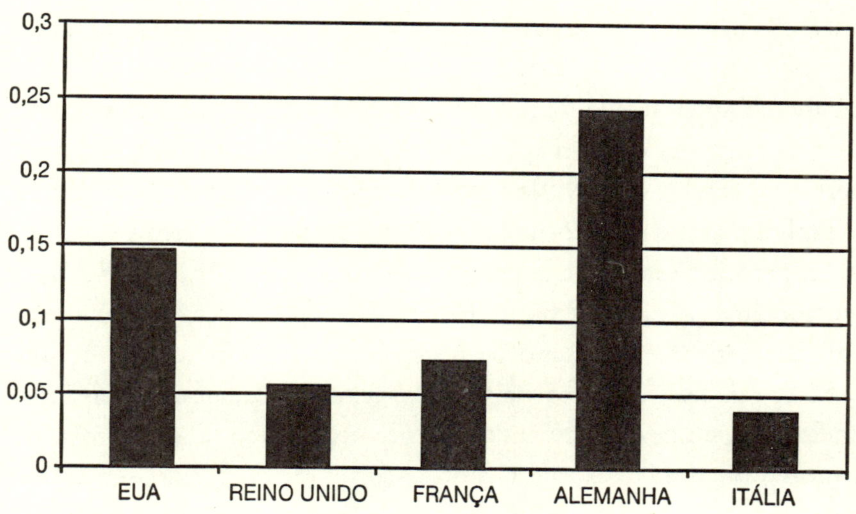

Figura 1.5 O que restou do poder de compra de 1950?

Hoje o mundo não tem mais inflação e, se ela voltar, logo baterá em um muro de concreto. Os bancos centrais, na Europa e nos Estados Unidos, são independentes dos governos e comprometidos com a idéia de que a inflação necessita ser destruída no seu começo mesmo. É certo que essa afirmação ainda necessita ser testada, é certo que os rendimentos dos mercados de títulos e obrigações ainda não refletem muito essa mudança duradoura de regime, mas também é certo que os céticos resultarão em erro.

Assim, os problemas monetários e financeiros predominaram basicamente da Primeira Guerra Mundial até o fim dos anos 60, ou seja, por meio século. O mundo que conhecemos hoje é bastante recente, ainda que represente um retorno ao ponto em que estávamos há um século. A luta pela moeda forte, que marcou as últimas duas décadas, trouxe mudanças importantes para o mundo das finanças. Os governos tiveram que recuar e abandonar formalmente sua autoridade sobre os bancos centrais. Na Europa, esse processo foi ainda mais longe, com a perda de poder dos bancos centrais da faixa monetária frágil da Europa: França, Itália, Espanha. O debate sobre se o Banco Central Europeu (BCE) é demasiado comedido nos cortes nas taxas de juros não deve ofuscar a conquista fundamental: o controle da moeda foi retirado das mãos dos políticos, que dele fizeram mau uso na maior parte deste século. O BCE é um monumento ao princípio de que a moeda é séria demais para ser deixada aos políticos. Nesses assuntos, não há nada que se pareça a um político responsável: uma moeda democrática é uma moeda ruim.

A busca de uma moeda forte também está tomando conta da periferia: os países experimentaram, um após o outro, o conflito entre bancos centrais mal geridos e câmbios fixos. No rastro de derrota e colapso, emerge uma lição simples: países com instituições políticas e financeiras sem solidez não se podem permitir uma moeda própria. Farão muito melhor rendendo-se incondicionalmente ao BCE ou ao Federal Reserve. Devem adotar o euro ou o dólar americano como moeda nacional, obter os benefícios de uma moeda forte e de taxas de juros mais baixas, evitar crises e desfrutar assim de uma melhor perspectiva de desenvolvimento econômico. Com certeza, daqui a vinte anos haverá bem poucas moedas correntes no mundo — tal como no começo do século. Talvez haja a moeda chinesa na Ásia, o dólar nas Américas, e o euro em todos os outros países. E quem sabe o franco suíço será um item de colecionador. A profunda mudança da noção de moeda forte comumente compartilhada, somada à estabilidade e aos horizontes temporais mais longos resultantes, é uma grande conquista do final de um século de desordem monetária.

O ESTADO

Em resposta tanto ao trauma da Grande Depressão como ao profundo ceticismo relativo à livre empresa, o Estado adquiriu um papel dominante na vida econômica. No princípio do século, afora os períodos de guerra, o Estado era mínimo, assim como eram mínimos os níveis dos impostos, o emprego público ou os gastos públicos. Se antes o mundo dos negócios e das finanças era substancialmente não regulamentado, o Estado em certo momento assumiu um papel central na contenção da livre empresa e da livre iniciativa. Se antes o comércio e as finanças fluíam livremente entre as fronteiras, em um segundo momento, tornaram-se nacionais e regulamentados. Mesmo na esfera da produção, a empresa estatal surgiu como uma resposta à falência das empresas privadas ou ao poder econômico privado, julgado como excessivo. Para alguns, a ascensão do Estado foi uma resposta ideológica à perda de confiança no capitalismo; para outros, foi uma resposta pragmática ao colapso da atividade econômica e do sistema de trocas internacionais.

Qualquer que fosse a razão justificando a expansão do papel do Estado nos anos da depressão e da guerra, ela tinha claramente desaparecido no final dos anos 40. Contudo, uma grande estrutura pública já era o paradigma aceito, enquanto a contínua ampliação do papel do Estado já se tornara a norma. Por qualquer que seja a razão, o Estado assumiu um lugar central na vida econômica. Nos anos do pós-guerra, foi tremendamente difícil reverter o grande avanço do Estado em todas as dimensões da vida social. De fato, já que o Estado cumpria um papel-chave na vida econômica, era natural procurar meios para expandir suas funções e poderes de forma a dar conta de um domínio sempre maior de "problemas": os ajustes de mercado foram substituídos por empregos públicos, subsídios governamentais e gastos públicos. O governo cresceu, enquanto o setor privado assistiu à redução da própria liberdade, dimensão e espírito de iniciativa.

É interessante considerar algumas cifras relativas à Alemanha. (Ver figura 1.6.) Em 1960, os funcionários públicos constituíam 8% da força de trabalho. Em 1997, 16%. Mas esses dados não medem exatamente a liberalidade do setor público, pois é preciso ainda levar em conta a massa de desempregados que são pagos para não trabalhar a fim de manter o *status quo* e a paz social. A despesa pública em 1960 equivalia a 33% do PIB; em 1997, quase alcançou 50%. Não é por certo um exagero dizer que a maior parte dessa despesa é destinada a evitar que as pessoas trabalhem, e que muito do aparato estatal pouco faz a não ser diminuir a iniciativa privada e seu sucesso. Mas qual problema, entre aqueles que o Estado buscava resolver, não poderia ser enfrentado pelo setor privado? A resposta é obviamente que a sociedade rejeitava soluções de ajuste e de livre mercado como uma solução: por que aceitar a dificuldade se o Estado, controlando o poder e o dinheiro, consegue manter o *status quo*? Pessoas eram pagas para não trabalhar e as empresas eram subsidiadas para continuar produzindo, como se a realidade não tivesse mudado. Completa o quadro a regulamentação do mercado de produtos, o que freia a iniciativa e a competição.

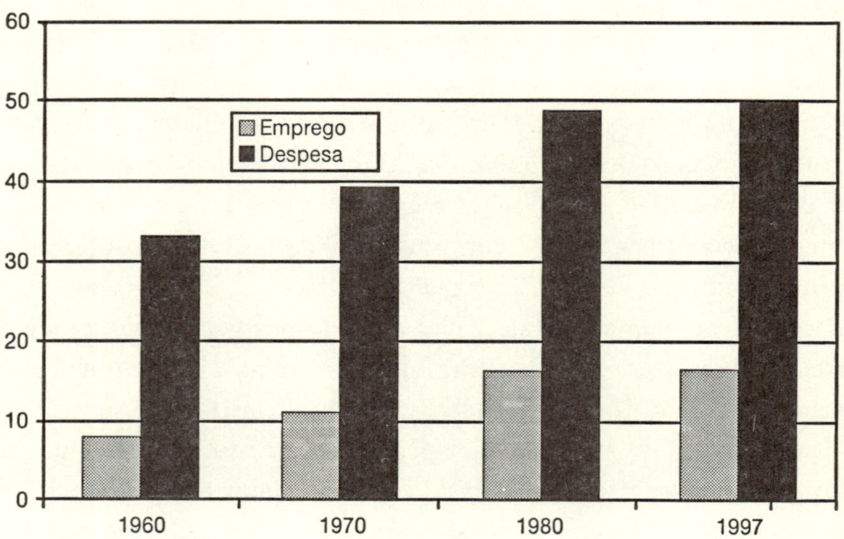

Figura 1.6 Peso do setor público

Foi muito mais fácil vencer a batalha para recuperar a estabilidade monetária, especialmente na Alemanha (ver novamente figura 1.6), do que a batalha por uma economia mais produtiva e financeiramente confiável. A razão para isso é óbvia: a inflação é uma ameaça imediata aos ativos da geração atual e a seu senso de estabilidade. As pessoas reagem imediatamente e concedem aos formuladores da política econômica um mandato para lutar por preços estáveis. Porém, quando se trata da despesa pública e de postos de trabalho, a escolha é oposta: emprestar do futuro e apoiar o desperdício corrente. Não se preocupe com o fato de que os recursos são desperdiçados hoje, criando enormes cargas tributárias sobre as gerações futuras; mantenha seu *status quo*. É pouco provável que um *boom* econômico venha a resolver esses problemas e conceder um ajuste indolor. O comunismo desmoronou, mas o capitalismo ainda não é aceito em muitas partes do mundo, sobretudo na Europa, onde o estatismo continua sendo sustentado como uma terceira via. Não é de fato uma terceira via; simplesmente equivale a transferir o fardo às gerações futuras. A verdade é que o mau hábito dos setores públicos hipertrofiados e das listas inchadas de desempregados, aliado à falta de iniciativa e responsabilidade individuais, é uma pesada hipoteca imposta às gerações futuras e ao próximo século.

Desigualdade

A desigualdade na economia mundial é real. Ela se dá entre os países, entre o centro rico e a periferia pobre. E se dá no interior dos países, onde os salários freqüentemente têm alto grau de dispersão. Naturalmente, a desigualdade não deve ser confundida com pobreza, ainda que possam parecer a mesma coisa para os mais desfavorecidos.

O acesso mais direto ao problema da desigualdade resulta da consideração da distribuição da renda entre a população mundial. (Ver figura 1.7.) Não é surpreendente que os países com renda alta possuam a fatia esmagadora da renda mundial, quase 60%, ainda que abriguem somente 15% da população. Em oposição, os países mais pobres do mundo agrupam 35% da população mundial, mas menos que 10% da renda mundial. E mesmo essas médias disfarçam as diferenças ainda mais profundas — como entre dia e noite — entre os grupos com renda alta dos países ricos e os mais pobres dos países pobres.

Claramente, não há nada que se pareça, mesmo de longe, à igualdade, nem qualquer tendência a avançar nessa direção.

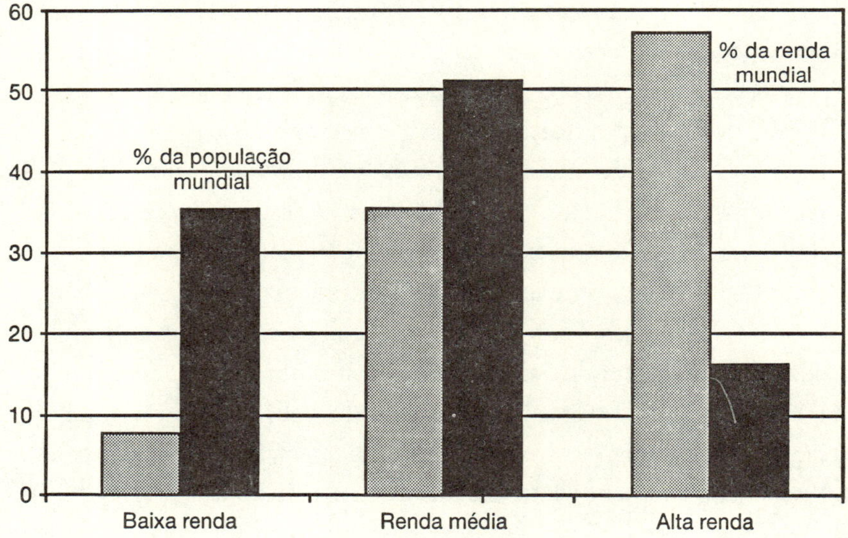

Figura 1.7 Parcela da Renda e da População Mundiais

Dentro dos países, em comparações entre pobres e ricos, a história é de fato mais favorável, pelo menos nos últimos 30 anos. (Ver figura 1.8.) É claro que os pobres detêm uma parcela da renda muito menor que a dos ricos, mas em toda parte a discrepância diminuiu. Na América Latina, os pobres detinham 5% da renda dos ricos; atualmente, chegam a deter quase 8% dessa renda. Na região da Ásia, mais igualitária, os pobres, que detinham 16% da renda dos ricos, tiveram essa parcela aumentada para 22%.

A desigualdade apresenta uma terceira dimensão, relativa ao emprego. Qual a relação entre as rendas do grupo (decil) mais favorecido e do menos favorecido da força de trabalho? Os salários são compactados pelos costumes nacionais ou sindicatos, ou pelo fato de que cada trabalhador é igual a qualquer outro em habilidades, motivações ou alguma outra qualidade relevante? Ou os salários são extremamente diferenciados, mostrando desde superastros até perdedores? (Ver figura 1.9.) Entre os países industrializados, há diferenças impressionantes: como se poderia imaginar, os Estados Unidos têm o maior nível de diferenciação salarial, quase o dobro do alemão. Não surpreende que

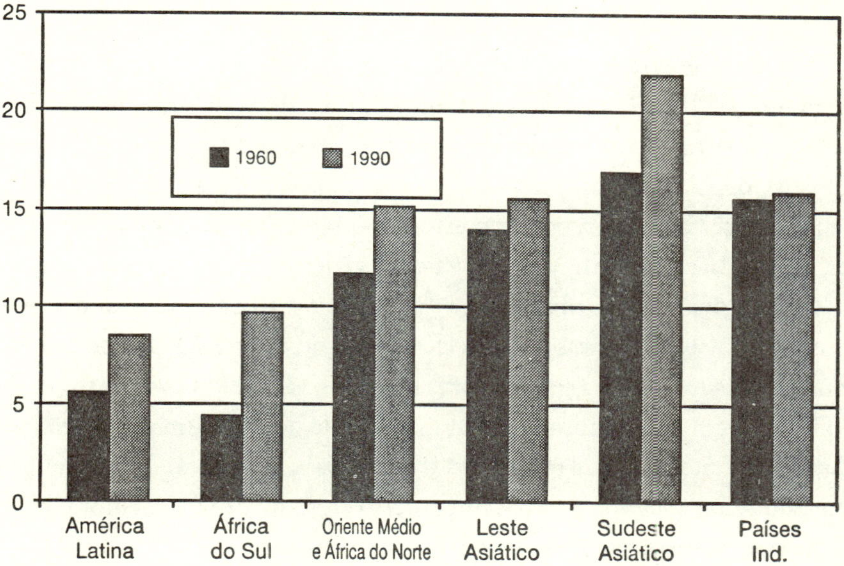

Figura 1.8 Comparação de Renda entre mais pobres e mais ricos

os trabalhadores alemães oponham resistência à introdução do modelo norte-americano: eles acreditam, de forma pessimista, que terminarão ficando na base, mesmo que nem todos possam terminar na faixa mais baixa.

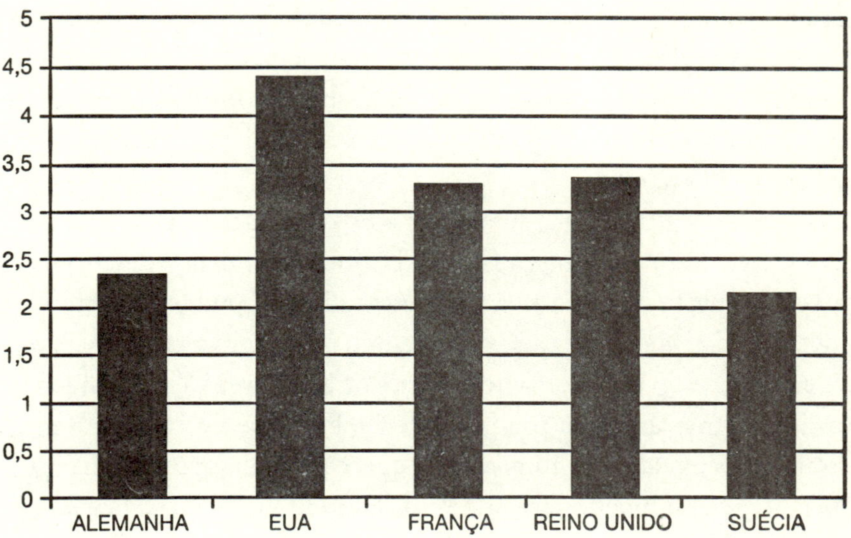

Figura 1.9 Dispersão de Rendas: relação entre o decil superior e o inferior da população

O que há de errado com a desigualdade? A pobreza é um mal, mas não a desigualdade. Esta é seguramente uma das batalhas do fim de século. Em mercados abertos e competitivos, os salários, em qualquer ano e para qualquer pessoa, podem ter um amplo componente de boa ou má sorte. Contudo, na média, eles certamente refletem o esforço, o talento, a motivação e o investimento em capacidades humanas. Qualquer sociedade que limitar a recompensa pelos resultados obtidos obterá uma igualdade restrita a um baixo denominador comum. Recompensas pela excelência — ou desigualdades, se quisermos chamá-las assim — são a grande força impulsionadora do progresso. Políticas públicas devem preocupar-se em garantir amplo acesso a uma educação sólida e dar menos atenção aos resultados da corrida econômica. Três vivas para a desigualdade: ela favorece o crescimento, e o crescimento é o melhor meio para erradicar a pobreza.

O economista no século XX

Um século de acontecimentos econômicos dramáticos pode ser visto em termos de suas grandes controvérsias econômicas e dos grandes nomes que surgiram na profissão. Nesta perspectiva, o século começou com uma calma vitoriana: conhecia-se tudo; Alfred Marshall, de Cambridge, tinha sistematizado esse conhecimento e restava apenas preencher os detalhes. A livre empresa, a moeda estável e a economia mundial aberta constituíam o terreno da prosperidade. Em termos de política econômica, não havia muita coisa em jogo além do padrão-ouro.

No período entre guerras, uma depressão crescente na Inglaterra, o colapso dos mercados financeiros e a Grande Depressão resultante desafiaram drasticamente a profissão. Não se achava que tudo isso pudesse acontecer, pelo menos cumulativamente e cada vez piorando mais. Por volta de 1930, os clássicos eram parte do lixo, e uma nova geração trazia novas idéias revolucionárias para lidar com a ameaça à prosperidade lembrada pela história. Eram todos personagens singulares. Schumpeter — que, como ministro das Finanças, não conseguiu deter a hiperinflação na Áustria, levou um banco à falência, e por fim se tornou professor — disse que desejava três coisas: ser o melhor cavaleiro da Áustria, o melhor amante da Europa e o melhor economista do mundo. E sustentava ter sido bem-sucedido em duas delas. John Maynard Keynes era tanto um intelectual, escritor brilhante e mago financeiro (perdeu duas e fez três fortunas, principalmente durante a hiperinflação alemã) como economista profundo e arguto formulador de políticas. Havia ainda Irving Fisher, de Yale, famoso inventor do Rolodeck, que foi à falência três vezes (perdendo seu próprio dinheiro, o de Yale e o de sua esposa) por avaliar erroneamente o mercado de ações e acreditar que a receita para viver saudavelmente incluía dormir ao relento, especialmente no inverno.

Embora Keynes se destaque como o vencedor nesse contexto, por suas idéias revolucionárias e práticas, Schumpeter e Fisher deixaram importantes legados que até hoje influenciam o modo como concebemos os ciclos de negócios, os processos de crescimento e a interação entre atividade econômica e deflação. Keynes dominava claramente a cena: sua ênfase na rigidez dos salários e preços e nas limitações da política monetária em situações de depressão (agora redescobertas no Japão) colocou em evidência o papel da política fiscal. Abandone o ouro e comece a gastar. Os governos devem pagar pessoas para abrirem buracos (pouco importa se ninguém necessita deles), e pagá-las para tapá-los de novo; assim as rendas recebidas darão origem a gastos adicionais. Se isso for feito numa escala suficientemente ambiciosa, a economia usará a si mesma para sair da recessão ou da depressão. Eram idéias radicalmente diversas das usuais, tanto em termos fiscais como em relação ao papel do governo; e funcionaram. Não é surpreendente que, durante décadas, os governos tenham seguido as idéias keynesianas, até que as dívidas públicas se tornassem demasiado volumosas — e também os desperdícios — para essas idéias continuarem ganhando crédito.

A geração seguinte de economistas formidáveis foi formada por Paul Samuelson e Milton Friedman, os heróis dos anos 60 e anos 70 afora. Friedman defendia o livre mercado e a moeda forte: era um defensor brilhantemente articulado, a verdadeira encarnação da Escola de Chicago. Ao contrário, Samuelson, do MIT, era o keynesiano moderno, um democrata na política, e um pensador formidável sobre como formular uma versão moderna e matemática da teoria econômica. Ambos tiveram suas vitórias. Samuelson foi vitorioso nos anos 60, quando instou (juntamente com muitos outros) o governo Kennedy a adotar uma política de gastos públicos que levasse ao aumento da prosperidade geral. E obteve o que desejava. A única rival dessa expansão é a dos anos 90. Mas a expansão excessiva gradualmente deu origem à inflação de salários e preços. Em princípios dos anos 70, com o colapso do dólar e os choques do petróleo, o experimento caiu em grande descrédito. Uma reflação da economia, sustentada por uma acomodação monetária, pode funcionar por algum tempo, mas, se exagerada, leva ao colapso. Mal havia surgido a inflação quando chegou o momento de Milton Friedman entrar em cena. O monetarismo estava em moda: a teoria quantitativa da moeda estava de volta com toda a força. Contudo, a contribuição de Friedman e de outros acadêmicos da época foi mais longe: resumindo grosseiramente, o monetarismo afirmava que algumas pessoas podem ser enganadas todo o tempo; algumas, durante algum tempo, mas todas não podem ser enganadas durante todo o tempo. Dito mais tecnicamente, o povo atualiza-se sobre as ações dos governos e tem (em última instância) expectativas racionais. A implicação prática disso tudo foi a minimização do escopo cíclico do governo.

As doutrinas de Friedman constituíram a base sobre a qual foi possível repensar profundamente a teoria econômica: o líder desse período de mudança foi Robert Lucas, da Universidade de Chicago. Levando o princípio das expectativas racionais rigorosamente a seu extremo, suas teorias levaram à conclusão de que o governo deve adotar uma regra fixa em política monetária e uma alíquota fiscal uniforme e invariável; e que se contente com isso. Em outras palavras, um eventual ativismo do governo apenas confunde, distorce e fracassa: governos, saiam do caminho! Os agentes econômicos são racionais, não deixam notas de cem dólares atiradas no chão, e a economia funciona melhor sem o ativismo de políticas. Poucos, pelo menos da minha geração, acreditariam nas versões mais extremas desse ponto de vista. Mas a verdade é que, em geral, nossa profissão vê com profundo ceticismo a economia keynesiana, aceita o monetarismo e adota a hipótese de que o governo tende a piorar. A profissão tornou-se profundamente conservadora, tal como tinha sido no começo do século passado. E os governos também caminham nessa direção, como demonstra o cuidado em criar um Banco Central Europeu à prova de corrupção, o pacto Waigel, as freqüentes emendas legislativas para assegurar o equilíbrio de orçamentos, os *currency boards* e um obsequioso respeito pelo mercado de títulos do governo.

ANGST 2000: QUEM CONTROLA A SITUAÇÃO?

Pessoas de meia-idade e as mais velhas, em todo o mundo, percebem que a globalização mina a estabilidade de suas vidas e que essa volatilidade, percebida falsamente como maior do que nunca, coloca-as em grande risco. Elas sentem que perderam o controle, e percebem que o mesmo aconteceu com seus governos. Elas querem uma garantia de que a segurança será recuperada: alguém tem de fazer algo. Esses sentimentos com certeza vão piorar muito se — e quando — o Japão quebrar, o que é bem possível, já que a dívida do Japão é gigantesca, seu déficit orçamentário é assombroso, suas instituições financeiras estão falidas, seus investimentos têm sido ruins, seus formuladores da política econômica perderam o contato com a realidade e a perda de confiança é generalizada.

Há também a possibilidade de um craque norte-americano, menos provável — mas nunca impossível — porque as políticas monetária e fiscal são capazes de reagir. Mesmo com toda a prosperidade dos EUA, o mundo está sujeito atualmente a uma *overdose* de finanças, e por isso um sério incidente pode ocorrer com muito maior probabilidade. E se ocorrer, podemos estar certos de que o desastre será mundial, e devemos temer o fato de que a reação mais instintiva seja adotar estratégias defensivas e destrutivas similares às da Grande Depressão.

Os cidadãos querem saber quem é que controla a situação. A resposta é "ninguém". Os Estados Unidos não podem mandar no Japão, a Europa não pode dar ordens aos Estados Unidos. Os Estados Unidos exortam a Europa a adotar políticas que favoreçam a prosperidade, mas não encontram ressonância. Os Estados Unidos exortam o Japão a sair da recessão, mas não obtêm resposta alguma e, certamente, sucesso algum. A Europa é crítica dos gigantescos déficits comerciais e insuficiência de poupança dos norte-americanos, sem reconhecer que, se os Estados Unidos começassem a poupar, o dólar cairia e a Europa perderia postos de trabalho em larga escala. Os japoneses sonham em não comprar mais os bônus do Tesouro norte-americano, sem se dar conta de que dessa forma o iene subiria muito rapidamente e o Nikkei despencaria.

O mundo não necessita de mais regulamentação e acordos para acertar isso ou aquilo. Não necessita de uma dose maciça de políticas voltadas à prosperidade. Milton Friedman, fazendo um comentário sobre a Grande Depressão, criticou o Fed por não ter impresso uma quantidade maciça de moeda. Este é o recado para o Japão. E para a Europa: deixem a desregulamentação funcionar de modo que o dinamismo dos negócios e dos empregos comece a liberar recursos fiscais para usos emergenciais. Se o Japão e a Europa colocarem-se em movimento, é tempo de os Estados Unidos começarem a pensar em déficits comerciais mais modestos, o que acontecerá automaticamente, à medida que o resto do mundo se recupera. O papel dos EUA hoje é garantir que os problemas internos dos mercados acionários não se tornem problemas mundiais, assegurar que idéias sobre taxas de câmbio fixas não sejam adotadas em parte alguma, e, juntamente com seus parceiros, insistir em que a economia mundial permaneça aberta.

2

O vaivém do Estado

Há um século, no âmbito econômico, não havia praticamente espaço algum para o Estado: vigia a mais completa liberdade de comércio de bens e serviços, a política econômica se ocupava apenas da manutenção do ouro como moeda internacional (com um uso limitado da prata em áreas periféricas), o *welfare state* era desconhecido e a produção estatal de bens e serviços, excetuando a defesa, simplesmente não existia. Essas mudanças são todas resultados do século XX. Mas, tal como o século chega ao fim, também é chegada a hora de o Estado econômico — uma das piores idéias da época — ter a mesma sorte. Um mundo sem fronteiras, a competição por mercados privados e um drástico redimensionamento do *welfare state* prometem criar uma nova base de prosperidade e flexibilidade para lidar com os colossais desafios resultantes do ingresso em massa de novas tecnologias e de bilhões de pessoas no mercado mundial. Há ainda algumas dúvidas, mas hoje é suposição comum que o Estado é uma idéia pertencente ao passado.

O fim do século XX leva-nos de volta ao ponto em que estávamos há um século: voltamos a ter uma enorme confiança na tecnologia, um mundo de oportunidades e desafios em contínua expansão e um sistema econômico liberal. Durante o século XX, pela primeira vez nos afastamos desse mundo idílico: o estatismo e protecionismo tornaram-se a regra e o *welfare state* fez sua aparição. Hoje a economia mundial toma um rumo confiante, de volta ao ponto de partida: de volta ao liberalismo econômico, ao individualismo, à competição e à oportunidade.

Publicado originalmente em *World Economic Trends* (Trans-National Research Corporation), agosto de 1997, pp. 20-31. Reproduzido com permissão.

Nos últimos anos do século XIX e na virada do século, a economia mundial encontrava-se numa fase de prosperidade alicerçada no livre comércio, na liberdade de movimento de capitais para a periferia, no fluxo de pessoas em busca de oportunidade e liberdade e na estabilidade monetária baseada no padrão-ouro. O colonialismo levou avanço econômico e prosperidade à periferia; ficar rico era a glória. Os países, um após o outro, passaram a fazer parte do sistema: da Argentina ao Japão, da Alemanha aos Estados Unidos.

O internacionalismo era a regra: as Exposições Mundiais de Chicago, em 1889, e de Paris, em 1893 e 1900, eram apenas uma maneira de mostrar entusiasmo suscitado por um mundo que prometia espaço e tecnologias sem fronteiras. O internacionalismo também estava evidente nas conferências internacionais para padronização de praticamente qualquer coisa, desde unidades de pesos e medidas até os correios: obviamente, conseguir um padrão monetário comum era parte essencial dos objetivos. A paz entre os principais atores internacionais e uma profunda confiança na explosão das oportunidades tecnológicas alimentavam a crença em oportunidades sem fim.

Está claro que hoje estamos de volta exatamente a esse mundo. Pensamos que ele é novo, mas de fato ele apenas nos leva de volta para onde estávamos há um século. Vale a pena perguntar como a percepção de ter pela frente um futuro extraordinário, graças a uma economia mundial amplamente aberta, foi perdida, e como foi depois reencontrada. Isso poderia nos ajudar a responder a uma pergunta fundamental: esse radiante mundo novo pode durar?

Dois acontecimentos foram essenciais na desintegração do mundo liberal (no sentido europeu): a ascensão do Estado-nação e a do governo como atores econômicos na esfera do *welfare state* e como operadores de *empresas públicas*. A reversão dessas tendências, pelo menos na esfera econômica, é a grande responsável pela atual prosperidade.

A perda do mundo liberal resultou obviamente das guerras mundiais e da Grande Depressão. Não sabemos se esses eventos foram produtos inevitáveis das forças da história ou apenas conseqüência da pura estupidez de imperadores decadentes e militaristas ou de políticas econômicas mal orientadas. O fato é que a Primeira Guerra Mundial introduziu uma profunda desilusão com o internacionalismo, difundiu o terror do conflito armado mecanizado, desafiando seriamente a obsoleta autoridade constituída e a fraca e despreparada democracia. Junto com o imposto de renda e pesadas dívidas públicas, os anos 20 trouxeram protecionismo, hiperinflação e desvalorização competitiva. O craque de Wall Street e a Grande Depressão deslocaram o governo para o centro da vida econômica: controle do câmbio, contingenciamento no comércio internacional em vez de tarifas, obras públicas visando criar diretamente postos de trabalho, regulamentação da vida econômica, gestão estatal de setores-chave; tudo isso virou rotina, assim como a crença de que a economia capitalista competitiva é, no mínimo, instável, necessitando de sustentação e controle generalizados. Muitos chegaram a dizer que o setor público deve estar no centro da vida econômica e que é essencial para estabilizar a economia privada.

Nem todos os países chegaram a esses extremos, mas sem dúvida na Europa, exceto na Alemanha, esse modelo foi dominante. Erhard, o arquiteto da reforma econômica alemã do final dos anos 40, pode ter conduzido a Alemanha de volta a um sistema de mercado, mas este "mercado" estava todo enredado em restrições de modo que mal podia se mover. O sistema de telefonia alemão, gerido pelos correios, era um monumento aos resultados devastadores do estatismo, assim como as limitações difusas impostas à concorrência no mercado de trabalho. Apenas os Estados Unidos escaparam dessa tendência: nos anos 30, deram alguns passos na direção do estatismo, mas logo os descartaram. O Japão, mesmo no final do século XIX, nunca chegou a ser de fato uma economia aberta: a restauração Meiji foi um começo dramático em termos de modernização, mas o governo militarista imperial se contrapunha à abertura e à concorrência na economia. No período entre guerras, em uma situação de grande dificuldade para o comércio mundial, o Japão encontrou uma via própria, centrada no papel-chave do Estado, que durou até os anos 80. A periferia econômica do mundo, que tinha buscado uma política de abertura no século XIX, fechou-se nos anos 30. A América Latina adotou um sistema de substituição de importações, controle de capitais, nacionalização generalizada das empresas, investimentos públicos em setores estratégicos e uma organização fascista do mercado de trabalho. E o que valia para a América Latina, também valia para a Europa Oriental. De fato, esta região passou diretamente do estatismo para o comunismo.

O RETORNO AO LIVRE COMÉRCIO

Em meados dos anos 30, a economia mundial e a economia liberal tinham sido destruídas tão completamente quanto se possa imaginar. O liberalismo praticamente não tinha mais defensores, e certamente não era colocado em prática em lugar algum. Uma economia keynesiana com intervencionismo do governo como estabilizador do sistema, bem como uma substancial expansão da atividade econômica do Estado, somada a uma profunda contração do comércio, tornaram-se traços característicos antes mesmo que se iniciasse a Segunda Guerra Mundial. Depois desta guerra, começou-se a agir em duas direções. A primeira foi a inversão gradual da drástica contração do comércio: tratava-se de uma tarefa de longo prazo, que ainda hoje está incompleta. A segunda foi a construção do *welfare state*, que apenas agora está sendo questionada.

A reabertura do comércio iniciou bem cedo em duas frentes. Já em 1934, os Estados Unidos começaram a reverter seu protecionismo extremo através do Reciprocal Trade Agreement Act (Lei dos Acordos de Comércio Bilateral), que desde então se tornou a base para a liberalização do comércio multilateral. Depois, assim que terminou a Segunda Guerra Mundial, os Estados Unidos fizeram forte pressão por acordos multilaterais e pela abertura das economias européias: aceitariam ser discriminados se ao menos os países europeus retomassem o comércio entre si. O Plano Marshall forneceu incentivos explícitos, e funcionou: a União Européia que vemos hoje é o resultado das primeiras sementes plantadas pelos arquitetos norte-americanos do sistema internacional do pós-guerra. Por que os formuladores da política econômica estavam tão interessados em reconstruir o comércio mundial? São duas as razões. Em primeiro lugar, o colapso do comércio no período entre guerras foi espetacular. Entre 1929 e o ponto mais baixo, no início dos anos 30 (logo, em apenas poucos anos) o volume de exportações dos EUA teve um declínio de 50%; e isso também aconteceu com o volume da Alemanha e de quase todos os demais países. As políticas do tipo "empobreça seu vizinho" tinham desintegrado toda e qualquer perspectiva de ganhos derivados do comércio, bem como a noção de que o comércio só pode funcionar se for uma via de mão dupla.

Como mostra a figura 2.6, a reabertura do comércio mundial produziu uma espetacular expansão do comércio. De fato, essa expansão ocorreu muito mais velozmente que a do século XIX. Em apenas 35 anos o comércio alemão aumentou em dez vezes, e o japonês, em quase vinte vezes. A liberalização do comércio de mercadorias é um fato notório e — com a rara exceção de patéticas projeções — reconhecido pelo mundo como uma grande dádiva. Todos os países participaram dele, em uma base regional ou mundial. O Japão foi um dos retardatários, mas na década passada avançou bastante em direção a uma eficaz liberalização do comércio de bens.

Naturalmente, ainda resta muito por fazer para abrir inteiramente o comércio mundial: a China precisa ser integrada completamente, e a Índia também; o mercado de serviços está apenas iniciando uma abertura real. Mas tudo faz crer que estes espaços serão preenchidos na próxima década. A emergência de acordos regionais de comércio, longe de frear a globalização, é de fato uma força para levar adiante a liberalização em uma escala menor, estendendo-a depois ao mundo. Se o acordo de cooperação econômica na área do Pacífico coloca-se o objetivo de fazer emergir a liberdade de comércio apenas em 2000, não devemos dar-lhe crédito. Seguramente, ela emergirá muito antes, da mesma forma que a integração da Europa Oriental à União Européia está acontecendo com uma rapidez surpreendente.

O DESAFIO À HIPERTROFIA DA ADMINISTRAÇÃO PÚBLICA

A reconstrução de uma ordem comercial liberal não é a grande surpresa do momento. O que surpreende é o forte desafio lançado ao estatismo nos anos 80. Começou com Thatcher e Reagan; hoje se trata de um tema comum em todo o mundo. Estruturas estatais gigantescas e ineficientes tornaram-se uma característica dominante de todas as economias avançadas, e mais ainda dos países em desenvolvimento. Era a outra face do protecionismo, em oposição ao capitalismo e individualismo. Aqueles que o conceberam como um feito importante, chamaram-no de Estado do bem-estar; aqueles que reconheceram os obstáculos criados à competição e à inovação, bem como o desperdício de recursos, falavam de um Estado invasivo e opressivo.

O crescimento das dimensões do Estado é devido aos gastos públicos com consumo e investimentos, aos gigantescos pagamentos de transferência ligados a todos os programas sociais (da saúde ao desemprego) e também como resultado do crescente serviço da dívida.

Tabela 2.1 Percentagem da Despesa Pública no PIB

	1960	1980	1996
EUA	24,8	31,4	33,3
Europa	27,4	44,7	49,8
Japão	13,0	32,0	36,2

Fonte: OCDE: Organização para a Cooperação e o Desenvolvimento Econômico).

Ainda mais impressionante é a evolução do emprego público: a parcela da força de trabalho empregada pelo Estado, excluindo os Estados Unidos e o Japão, aumentou enormemente. O caso mais dramático é o da Escandinávia, o paraíso do *welfare state*, onde até um terço da força de trabalho chegou (antes da crise dos últimos anos) a ser empregado pelo Estado!

Tabela 2.2 Percentagem do Emprego Público no Total de Empregos

	1960	1968	1974	1994
Alemanha	8,1	10,9	13,0	15,1
França			17,4	24,8
Suécia	12,8	18,4	24,8	32,0
Japão			6,3	6,0
EUA	14,7	17,0	16,1	14,5

Fonte: OCDE.

Por diversas razões, o Estado está hoje sob o foco da crítica e os mercados estão retornando à competição e à iniciativa privada. A primeira e principal razão: o custo do setor público se tornou insustentável. Empresas estatais ineficientes comprometeram o setor produtivo: muito pouca inovação, custos excessivamente altos, impostos demasiadamente elevados para financiar o uso improdutivo de recursos. Quando as empresas precisam competir, elas necessitam de um ambiente econômico aerodinâmico, pelo menos tão bom quanto os de suas melhores concorrentes ao redor do mundo. Mas a principal razão para reduzir a dimensão do Estado é certamente financeira: nos últimos trinta anos, todos os governos do planeta fizeram empréstimos de modo a ampliar a participação nos ganhos resultantes do crescimento econômico. Os subsídios foram generalizados, o desemprego foi tratado com excessivo nervosismo e sempre houve dinheiro para qualquer coisa. Em um país como a Suécia, todos os novos empregos eram no setor público. Atualmente, as dívidas são grandes e as dívidas futuras, na forma de obrigações com pensões não cobertas por fundos, são gigantescas. A conclusão, popular ou não, é de que o aparato estatal deve ser restringido.

O Estado também está sendo atacado quanto a sua atuação no mercado de trabalho. Sobretudo na Europa, os mercados de trabalho sempre foram bastante fossilizados. Sob pressão dos sindicatos, a flexibilidade e a competição foram suspensas, em favor de um sistema de emprego de alto custo e altamente restritivo. É claro que isso significa alto desemprego, mas, se o Estado pode financiá-lo, qual é o problema? Os governos não podem mais defender as restrições existentes, e assim até os mercados de trabalho estão ingressando no terreno da reforma radical. A idéia nova é que o *welfare state* e restrições aos mercados de trabalhos restritos são idéias muito ruins. O *welfare state* está sendo desmantelado e os mercados de trabalho começam a ser liberalizados. Será tarefa para uma década, mas pelo menos foi iniciada. Funcionará? O exemplo dos EUA, a única economia com pleno emprego atualmente no mundo, demonstra claramente que isso é possível: existem empregos suficientes para todo mundo.

Tabela 2.3 Níveis de Dívida e Obrigações com Pensões Não Cobertas por Fundos (porcentagem do PIB)

	Déficit	Dívida bruta	Pensões "descobertas"
Alemanha	–3,2	65,9	160
França	–3,2	64,3	216
Itália	–3,2	124,1	233
Japão	–3,1	90,8	200
EUA	–1,4	63,8	43

Fonte: OCDE e FMI.

São muitas as formas pelas quais o *welfare state* está sendo desmantelado. Nos Estados Unidos, a reforma da previdência social foi um passo crucial. Ninguém sabe se a experiência funcionará, mas o fato é que resta pouco tempo para o *welfare state*; em breve, sabe-se lá como, pessoas que ficaram anos sem trabalhar subitamente terão de trabalhar. Elas necessitam ser integradas a uma vida social normal — isto é, uma vida de trabalho — da qual, em sua perversão, o *welfare state* as tinha licenciado por tempo ilimitado.

Na Europa, onde o desemprego tem sido, por muitos anos, um dos melhores empregos, a substituição de salários por seguro-desemprego alcançou (considerando o ajuste pelos impostos) mais de 70%. Mesmo depois de 60 meses de desemprego, um casal com dois filhos podia obter mais de 60% do salário. Incluindo um pouco de trabalho no mercado informal, pode-se alcançar um bom padrão de vida. Em comparação, nos EUA o desemprego de longo prazo não compensa. Para os segurados, a taxa de substituição cai para 17%!

Não é surpreendente que agora os incentivos precisem ser corrigidos. A Grã-Bretanha é um bom exemplo: o governo exige dos que solicitam o seguro-desemprego que se apresentem e levem em conta as ofertas concretas de emprego. Cutucar as pessoas dá resultado: o desemprego caiu a níveis recordes. Na Alemanha e na França, é particularmente difícil atacar o *welfare state*: o governo alemão é fraco e, por isso, no máximo fala do assunto; o governo francês deu um passo para trás, prometendo criar novos empregos públicos. Isso não vai durar e, em poucos anos, essas grandes economias deverão alinhar-se às demais. A razão para isso é que as dívidas e déficits públicos simplesmente não permitem manter tantas pessoas que não trabalham enquanto os outros se recusam a pagar os impostos necessários para financiar a estrutura existente. Acumular mais dívidas é impossível; disso decorre a necessidade de mudança.

Um Estado de grandes dimensões também está sendo atacado em relação às empresas do setor público, por uma razão muito simples: os serviços são de baixa qualidade, e os custos, gigantescos. Aproximadamente, este é o quadro para o qual as privatizações constituem a solução eficaz. Estão agora em curso, abarcando do setor de telecomunicações até as viações férreas, do setor de energia elétrica até as linhas aéreas. A velha idéia de que o governo deve controlar "o alto comando do capitalismo" parece tola: a concorrência internacional e a ausência de barreiras significativas ao ingresso asseguram a viabilidade de uma empresa muito melhor do que a gestão por parte das autoridades do governo.

Embora as privatizações venham sendo realizadas de Moscou e Kiev até Havana e de Tóquio até Londres, existem lugares onde ela continua sendo objeto de controvérsia. A França é o exemplo típico. O governo socialista — compreendendo perfeitamente bem que uma privatização implica maior produtividade, imposta pelos novos proprietários ou, em outras palavras, drásticos cortes em empregos — resiste. Mas não pode resistir por muito tempo. O balanço do pêndulo vai contra o Estado forte. Todo mundo entende que há ganhos de produtividade de 30% ou mais a serem colhidos. Eles são politicamente controversos, mas uma dívida maior e impostos mais altos também o são. Eis por que a empresa pública está com seus dias contados, ainda que os sindicatos conclamem uma greve geral.

EXISTE UM OUTRO LADO DA MOEDA?

Há perguntas sobre a viabilidade do ataque feito ao Estado. Trata-se apenas do vaivém de um pêndulo, de modo que em breve voltaremos para onde estávamos, talvez com certo desânimo, mas com algumas lições aprendidas? Não existe qualquer possibilidade de voltarmos às empresas públicas. O mercado privado demonstra a cada dia que pode financiar operações em qualquer escala, que pode projetar e inovar de um modo que o Estado tem pouca probabilidade de igualar. A Malásia pode ter acertado ao liderar uma atualização da estrutura industrial, e o vice-presidente Al Gore, ao idealizar a Internet, mas não há motivo para preocupação: foi-se o tempo da produção estatal.

Da mesma forma, não é provável um retorno do Estado-nação, que não é mais a estrutura de referência adequada para a economia. As empresas de sucesso operam em escala mundial nas suas compras, produção e vendas. Elas estão mais interessadas no acesso ao mercado e na desregulamentação do que na defesa do território contra os concorrentes. É verdade que Gephardt, membro do Congresso, é um protecionista que poderia candidatar-se à presidência, mas não há motivo para preocupação: em caso de retração do grau de abertura da economia mundial, os Estados Unidos seriam um dos grandes perdedores. Isso simplesmente não vai ocorrer.

A esfera em que as mudanças em curso tem as piores repercussões políticas é a abolição do *welfare state*, pela qual se combate, por assim dizer, palmo a palmo. A abolição, por Clinton, da previdência social de longo prazo ou a mensagem de Tony Blair aos socialistas europeus — mudem ou contem seus dias — podem trazer esperança. Mas não podemos deixar de reconhecer que a competição, a privatização e a globalização têm um profundo impacto sobre a renda de pessoas relativamente pouco qualificadas. Nos Estados Unidos, a mudança já se deu; na Europa, ainda está sendo combatida. Empregos com baixos salários, para os quais vai a mão-de-obra menos qualificada, são abundantes nos Estados Unidos, concentrando-se no comércio e nos serviços.

A Europa e o Japão terão de permitir uma maior diferenciação dos salários e, com ela, a expansão dos empregos com baixos salários. Esse já é o caso em todos os países nos quais os trabalhadores que recebem os salários mais baixos pertencem ao setor de serviços: 67% de todos os trabalhadores que recebem baixos salários na França contra 74% nos Estados Unidos. Portanto, o que está por vir de fato não é novo, mas terá algumas características acentuadas.

Tabela 2.4 Percentagem da Força de Trabalho em Empregos com Baixos Salários

	França	Alemanha	Itália	Japão	Estados Unidos
Total	13,3	13,3	12,5	15,7	25,0
Por setor:					
Produção	11,5	10,6	14,2	20,9	20,9
Serviços	14,3	16,6	6,6	18,5	24,9
Comércio atacadista/varejista	22,6	22,9	24,2	14,8	40,4

Fonte: OCDE.

O aumento da desigualdade que se anuncia será o novo desdobramento decisivo. De um lado, há os megabilionários que desenvolvem tecnologias que aumentam enormemente a produtividade humana no trabalho e no tempo livre. De outro, há os eleitores outrora pertencentes à classe média que foram excluídos. Até agora, não houve reação violenta, mas, com toda a certeza, com a chegada do novo século, a combinação de democracia com desigualdade e insegurança econômica resultará quase seguramente explosiva.

APÊNDICE: DADOS E PREVISÕES

Tabela 2A.1 Crescimento e Inflação
(variações percentuais)

	Crescimento				Inflação			
	1995	1996	1997	1998	1995	1996	1997	1998
Países Industriais	2,0	2,2	2,8	2,4	2,4	2,2	2,0	2,4
Estados Unidos	2,0	2,3	3,5	2,3	2,8	3,0	2,6	3,0
Japão	0,9	3,7	2,0	2,6	–0,1	0,1	1,2	1,1
Europa	2,3	1,5	2,3	2,6	3,0	2,4	1,9	2,3
Alemanha	1,9	1,4	2,4	2,7	1,8	1,5	1,6	2,0
França	2,2	1,1	2,2	2,8	1,7	2,0	1,4	1,8
Itália	3,0	0,8	0,9	2,1	5,4	3,9	2,0	2,4
Reino Unido	2,4	2,4	3,4	2,8	3,4	2,6	2,7	3,2
Espanha	3,0	2,1	2,8	3,0	2,2	3,6	2,1	2,5

Fonte: Economist Consensus.

Tabela 2A. 2 Impostos em Países da OCDE
(percentagem do PIB)

	Mudança tributária 80/95	Taxa Efetiva 80		Taxa Efetiva 94	
		Capital	Trabalho	Capital	Trabalho
Estados Unidos	0,7	0,46	0,41	0,21	0,23
Alemanha	0,9	0,31	0,24	0,35	0,38
Japão	2,4	0,34	0,40	0,17	0,21
França	2,8	0,26	0,24	0,37	0,45
Itália	11,6	0,18	0,30	0,26	0,35
OCDE	2,5	0,39	0,36	0,25	0,28

Fonte: OCDE, Economic Outlook.

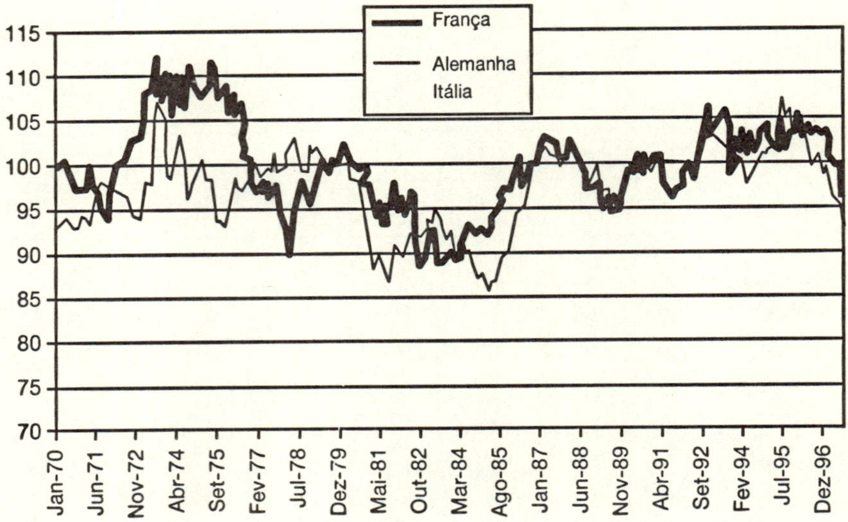

Figura 2.1 Taxas de câmbio efetivas reais européias

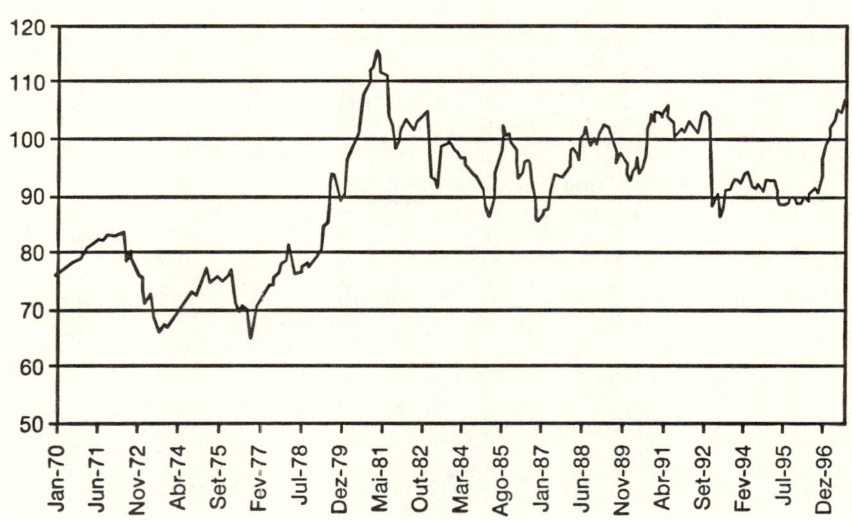

Figura 2.2 Reino Unido: Taxa de câmbio efetiva real

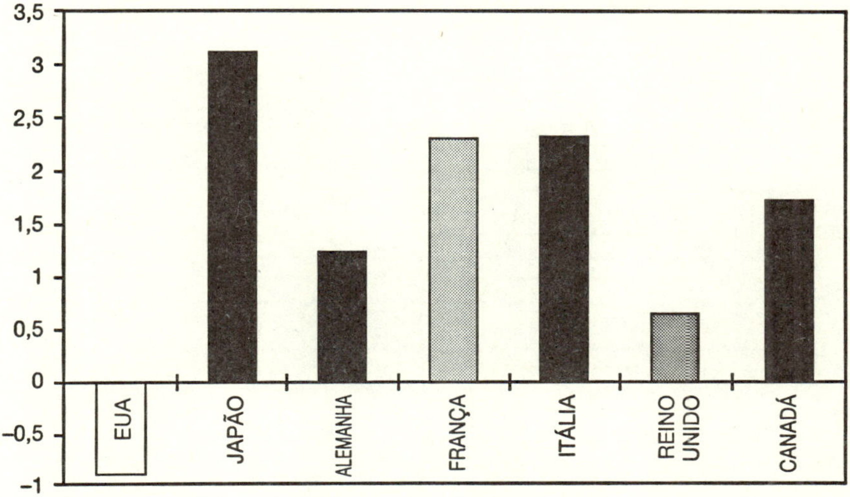

Figura 2.3 Hiato entre produto potencial e real em 1997

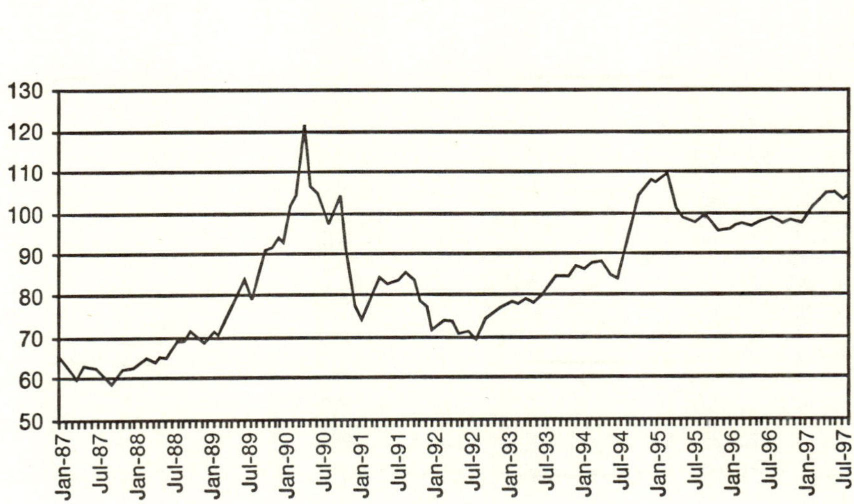

Figura 2.4 Brasil: Taxa de câmbio efetiva real

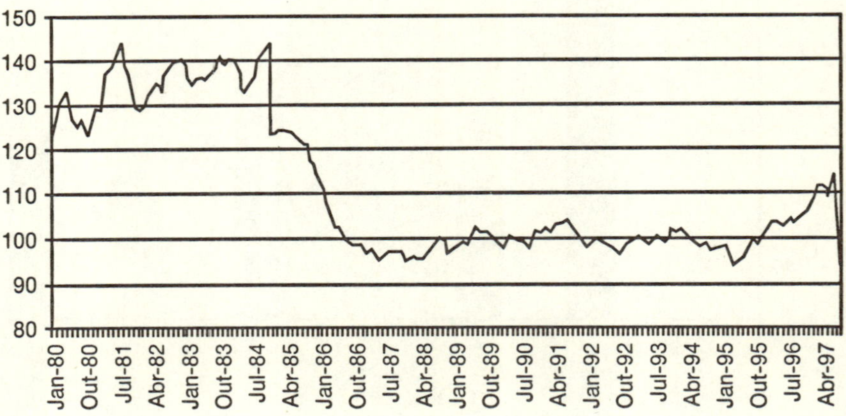

Figura 2.5 Tailândia: Taxa de câmbio efetiva real

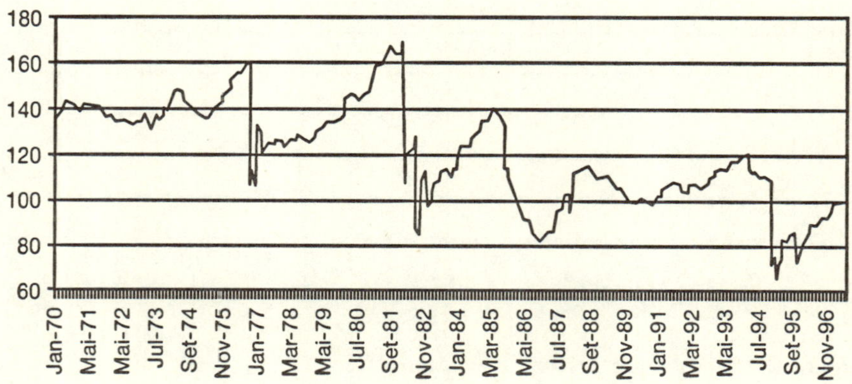

Figura 2.6 México: Taxa de câmbio efetiva real

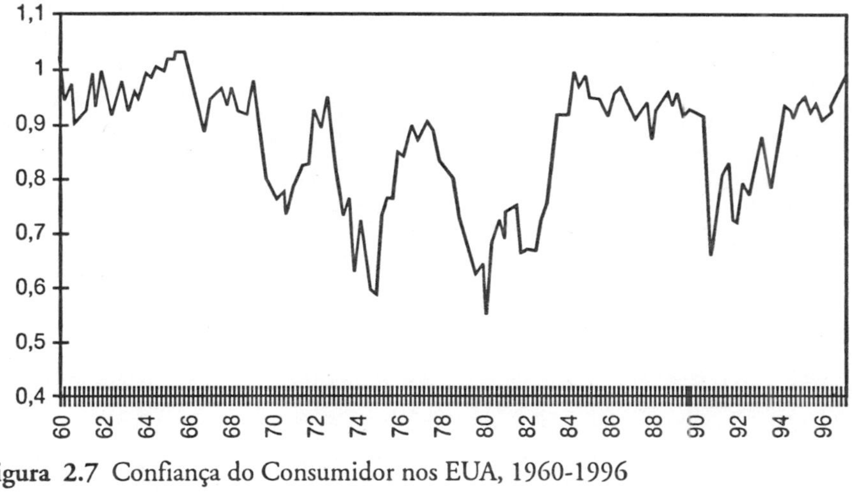

Figura 2.7 Confiança do Consumidor nos EUA, 1960-1996

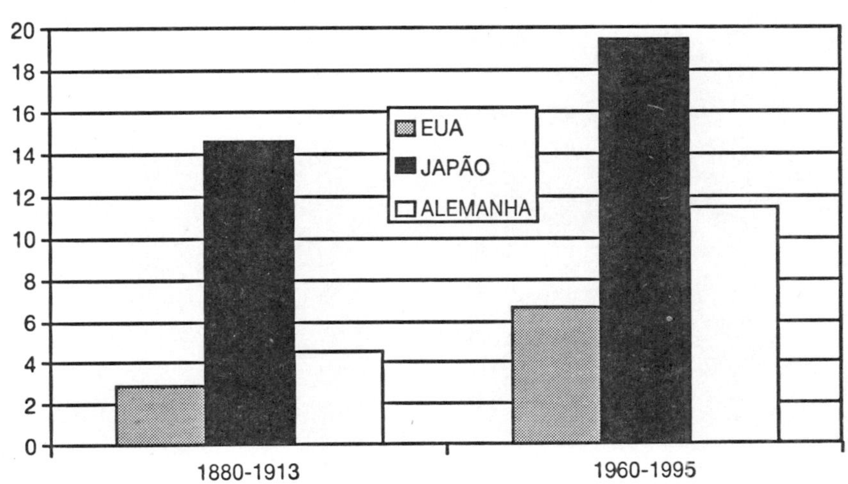

Figura 2.8 Aumento do Volume de Exportações

II

Ingredientes Macroeconômicos do Crescimento e da Prosperidade

3

Crescimento de longo prazo em países emergentes

Existe um grande número de livros sobre o que determina o sucesso de uma empresa ou de um diretor-executivo: *The Six Habits of Successful Leaders* (Os seis hábitos dos líderes de sucesso), *What Makes Attila Special* (O que faz Átila ser especial) etc. O que faz com que os países funcionem sempre foi uma pergunta difícil, cujas respostas tendem a ser mais uma questão de opinião pessoal do que algo demonstrável por meio de boa pesquisa. Hoje um considerável *corpus* empírico está disponível, do qual não emerge nada de surpreendente. Contudo, também vale a pena saber que os lugares-comuns não se impõem com facilidade.

Durante a última década, graças a um importante conjunto de dados cruzados para todo o país coletados por um grupo de pesquisadores da Universidade da Pensilvânia (Summers, Heston e o falecido Irving Kravis), nós sabemos muito sobre as séries temporais de vários agregados macroeconômicos relativos a mais de uma centena de países, para um período de mais de trinta anos. Além disso, o conjunto de dados é progressivamente complementado com dados políticos e socioeconômicos. Robert Barro, economista de Harvard, desenvolveu grande parte desse trabalho, que se encontra descrito em seu livro *Economic Growth* (Crescimento econômico), publicado pela MIT Press. Esse livro transformou-se em uma mina de ouro para a pesquisa empírica e para as hipóteses relacionadas às causas determinantes do sucesso econômico. A pesquisa de forma alguma chegou

---

Publicado originalmente em *World Economic Trends* (Trans-National Research Corporation), junho-julho de 1997, pp. 16-20. Reimpresso com permissão.

ao fim, mas é proveitoso fazer um balanço para saber onde nos encontramos. O mais recente *Economic Outlook* do FMI facilita o trabalho reunindo convenientes tabulações.

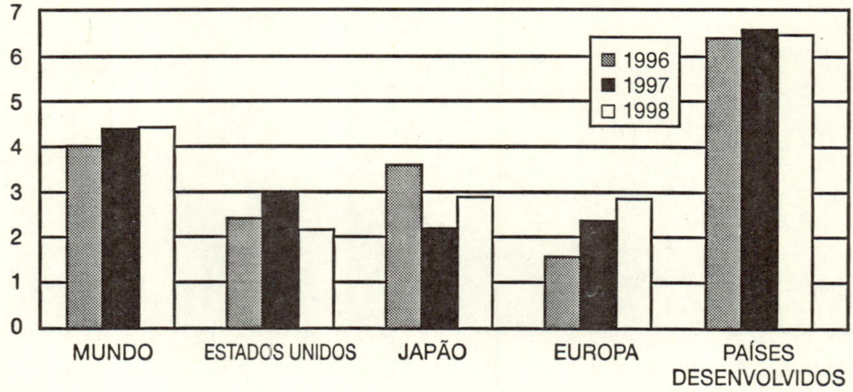

Figura 3.1 Relatório do FMI sobre o crescimento econômico mundial

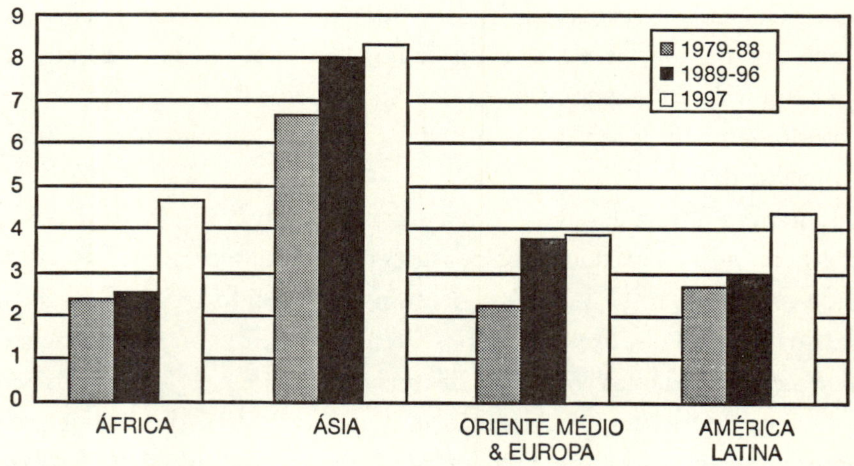

Figura 3.2 Tendências de crescimento em países em desenvolvimento

A hipótese básica da economia do crescimento econômico é que o progresso é constituído por dois fatores: o crescimento dos fatores de produção (capital e trabalho ponderados segundo suas incidências percentuais no produto final) e o crescimento da produtividade total dos fatores (crescimento da PTF). O primeiro significa mais trabalho (mais horas, mais membros da família etc.) ou poupança e investimento, o que implica em adiar o consumo corrente. O crescimento da PTF significa que a mesma quantidade de fatores de produção gera uma taxa maior de crescimento da produção, e por isso representa um melhoramento que aparentemente não implica esforço ou sacrifício; portanto, algo bastante desejável.

Nas economias emergentes, o problema do crescimento da PTF é muito importante por uma série de razões. Sob a perspectiva da política econômica, a questão-chave é saber quais são os determinantes do crescimento da PTF: existem modalidades de gestão da economia que se traduzem em maior crescimento da PTF? Em segundo lugar, aderindo à objeção feita por Paul Krugman, que sustentou que a Ásia era praticamente igual à Rússia — acumulação de capital despropositada e improdutiva, nenhum crescimento da produtividade, adiamento do consumo com uma acumulação de tipo stalinista — há um simples fato a ser considerado: a Ásia teve realmente um crescimento de produtividade tão reduzido? A resposta ainda está sendo investigada, mas a indicação preliminar é de que aproximadamente 30%-40% do crescimento são explicados pelo investimento em educação e pelo crescimento da produtividade total dos fatores. Este fato mina, em grande parte, qualquer objeção às políticas asiáticas de crescimento.

Uma das hipóteses fundamentais mais interessantes sobre o crescimento é a da convergência: países que estão atrás em termos de PIB *per capita* vão crescer mais velozmente de modo a quase alcançar o nível dos países avançados. Esta idéia pareceu estimulante nos anos 80, e parecia funcionar quando aplicada a pequenos grupos de países. Hoje, se colocada sem qualificação, simplesmente não funciona. Em uma amostra completa, com mais de cem países, não há evidência alguma de convergência. Sem dúvida, os casos asiáticos de sucesso têm sido de convergência, mas muitos países pobres perderam terreno em relação aos avançados.

Portanto, o enfoque decisivo é o da convergência condicional, isto é, levar em conta todos os fatores que pesam no crescimento de um país, além do fato de encontrar-se relativamente atrasado. A pesquisa tem se concentrado nesse enfoque, explorando uma lista infindável de fatores potenciais, da democracia aos direitos de propriedade, da inflação à política comercial, dos gastos com educação à parcela do Estado na formação do PIB.

Dividindo a amostra de mais de cem países em três grupos — crescimento do PIB *per capita* menor que 0,5%, entre 0,5% e 2,9%, e maior que 2,9% —

surge o seguinte resultado: países com alto crescimento têm as características esperadas (maior escolaridade, mais investimentos, menos inflação, déficits menores, maior intermediação financeira favorecendo o setor privado). Exatamente como nossas mães nos ensinaram.

Tabela 3.1 Características dos Países em Desenvolvimento: 1985-95 (taxas de crescimento anual — %)

	Baixo crescimento	Crescimento médio	Alto crescimento
Escolaridade	3,3	3,8	5,4
Investimentos	19,4	21,1	31,9
Déficit orçamentário	–5,6	–3,3	–2,4
Inflação	14,1	11,1	7,8
Crédito privado	25,4	31,0	63,1
Conta corrente	–2,6	–1,4	0,3

Notas: Escolaridade = anos de escola para população com pelo menos 5 anos; Investimentos, Orçamento, Conta corrente e Crédito privado = Percentagem do PIB; Inflação = Média do grupo
Fonte: FMI

A pergunta seguinte é se todos os fatores de crescimento conhecidos são necessários ou se é suficiente a presença de apenas alguns deles. A tabela 3.2 lista três características sintéticas, consideradas decisivas: abertura, estabilidade macro e escassa intervenção pública. A tabela mostra a distribuição de países por desempenho do processo de crescimento e a distribuição da amostra segundo as diversas características. Por exemplo, países com alto crescimento e com baixo crescimento são abertos, de modo que a pergunta que surge é exatamente quão importante é a abertura. A evidência inicial é de que nenhuma característica isolada é especialmente decisiva; o que conta é o conjunto. Quando consideramos países que estão bem quanto a duas dessas três características e medianamente bem na terceira, constatamos uma grande incidência de alto crescimento. Assim, muitas coisas têm importância; quanto melhor estivermos em cada uma delas (e quanto menor o número de características com mau desempenho), maior a probabilidade de que se realize um alto crescimento. Embora isso não seja surpreendente, vale a pena destacar dois pontos: primeiro, não se deve descuidar de um único fator sequer; segundo, à maior parte dos fatores deve corresponder um bom desempenho, exatamente como sugere o senso comum.

Tabela 3.2 Crescimento e Características dos Países em Desenvolvimento (percentagem de países na amostra)

	Crescimento do PIB *per capita*		
	Alto (> 2,9%)	Médio (0,5 a 2,9%)	Baixo (< 0,5%)
Total da amostra	28	28	44
Elevada abertura	41	19	41
Alta estabilidade macroeconômica	41	32	27
Limitada intervenção do governo	30	33	37
Pelo menos duas das três características	57	19	24

Fonte: FMI.

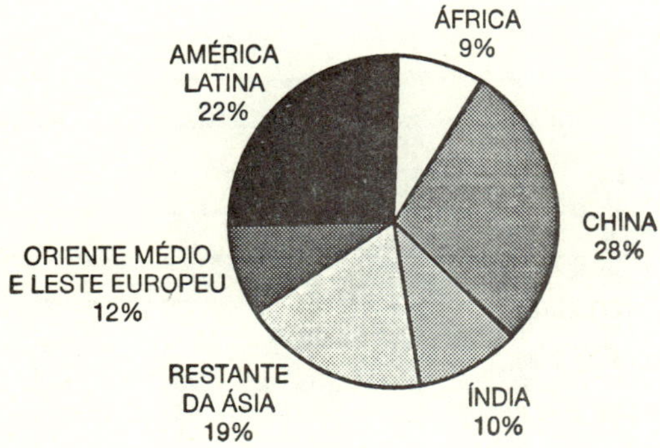

Figura 3.3 PIB de países em desenvolvimento

Não há qualquer indício de que o mundo esteja convergindo para menores diferenças de renda *per capita*. A China pode vir a ser a maior economia mundial, mas pode jamais se emparelhar com os países avançados em termos do PIB *per capita*. A figura 3.4 (que utiliza dados do FMI) exemplifica a posição relativa do PIB (calculado segundo a paridade do poder de compra) de vários países com respeito ao grupo de economias avançadas. Com base nessas considerações, a posição da China corresponde a 13,3%; as de Uganda e Bangladesh, a menos que 7%, enquanto a da Malásia corresponde a quase 50%. Com taxas de crescimento atuais, quanto tempo levará a Malásia para diminuir a diferença pela metade? A resposta é: apenas oito anos. Para a China, esse tempo é de 16 anos, mas certamente ainda resta uma gigantesca diferença depois de um século perseguindo a convergência. Todavia, eis uma observação acertada de Krugman sobre a Ásia: em algum momento, o consumo erguerá sua monstruosa cabeça, o que significa que os investimentos e o crescimento, bem como a velocidade do processo de convergência, irão diminuir.

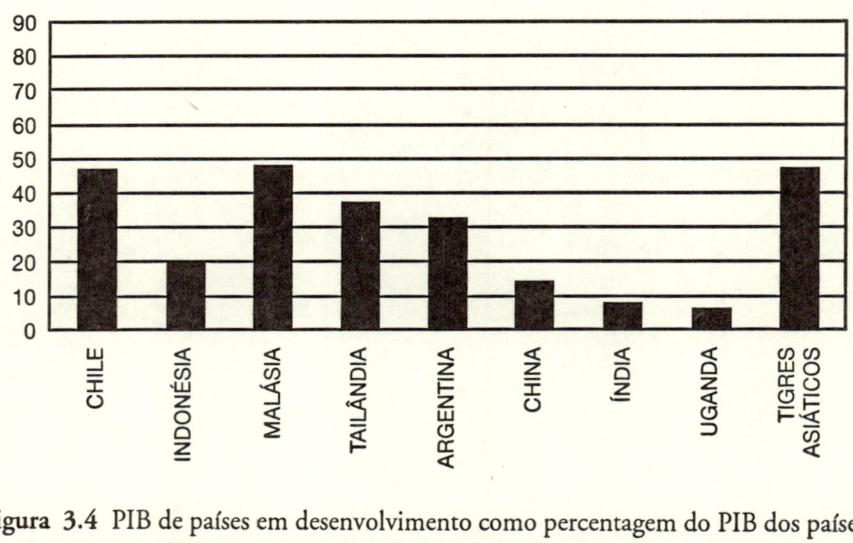

Figura 3.4 PIB de países em desenvolvimento como percentagem do PIB dos países avançados (PIB calculado segundo a paridade do poder de compra)

Até agora, isso não aconteceu, mas certamente ocorrerá durante os próximos dez ou vinte anos. Ao contrário, na América Latina, a idéia de poupança é inteiramente nova e promissora. A privatização da previdência social vai nessa direção, do mesmo modo que a simples estabilidade macroeconômica, que aumenta a poupança e reduz a fuga de capitais. Nesse caso, as velocidades de convergência serão aceleradas.

4

Como conter a inflação alta

A inflação é um problema dramático. Todas as evidências disponíveis apóiam a hipótese de que a inflação mina o crescimento e a estabilidade social em suas próprias raízes. Conter a inflação é, portanto, uma prioridade máxima. Porém, o reconhecimento de que a inflação é destrutiva ainda assim deixa em aberto uma série de questões relativas a como lidar da melhor maneira possível com o problema. A questão importante a ser tratada aqui é estabelecer um limite para a inflação aceitável e começar a pensar nos *trade-offs* em jogo.

Os dados evidenciados em um grande número de estudos demonstram que a inflação alta reduz o desempenho médio de crescimento de um país. Há concepções divergentes sobre o ponto exato em que a inflação começa a ser "alta". Trabalhos do Banco Mundial, por exemplo, estabelecem o limite em 40%: qualquer valor maior é, comprovadamente, contraproducente; qualquer valor menor pode ser um problema para o crescimento, ainda que seja difícil mostrar o porquê. Outros estudos estabelecem o limiar da inflação contraproducente em algum nível bem mais baixo. De fato, um estudo recente do Banco Mundial apóia a hipótese de que os efeitos adversos ao crescimento emergem com taxas de inflação de apenas 8%. Trabalhos ainda mais ambiciosos reconhecem efeitos contraproducentes na faixa entre 0% e 3% e defendem a meta "inflação zero" como a única estratégia favorável ao crescimento.

Há um fio condutor comum atravessando toda essa discussão: ninguém sustentou que a inflação é boa para o crescimento, em qualquer nível. Esta alegação, se é que alguma vez foi feita, simplesmente desapareceu. A pressupo-

---

Publicado originalmente em *World Economic Trends*, outubro-novembro de 1996, pp.10-18. Reproduzido com permissão.

sição dominante hoje é que a inflação não ajuda em nada e que é totalmente indesejável. Permanece a questão de saber se existem custos temporários para baixar a inflação, quão altos podem ser, se é que existem, e, conseqüentemente, para qual espectro de valores das taxas de inflação ela se torna o problema número um da política econômica. É interessante observar que o referido estudo do Banco Mundial propõe uma única resposta: reduzir a inflação que está acima de 40% aumenta o crescimento. Com taxas de inflação mais baixas, o problema é menos claro, como veremos a seguir. Antes de abordarmos esse tópico, convém dar conta de um problema fácil: a inflação extrema.

COMO ESCAPAR DA INFLAÇÃO EXTREMA?

Não é mais controverso afirmar que a inflação extrema não ocorre sem expansão monetária. Certamente, o aumento da velocidade de circulação da moeda impulsionado pelo custo extravagante de retenção da moeda — ou seja, a fuga da moeda — é parte do processo inflacionário. Todavia, a inflação extrema não se manifesta por mero acaso. Tal como Milton Friedman sustentou longamente, a fonte é sempre, e em toda parte, uma criação exagerada de moeda, por sua vez ligada ao financiamento dos déficits orçamentários. Se qualquer inflação acima de 40% (ao ano) prejudica o crescimento, a inflação extrema — 20%, 30%, 40% ao mês — certamente causa gravíssimos danos. Não há dúvida de que a estabilização é uma condição *sine qua non* do crescimento.

Mas restam ainda duas questões importantes. Uma é quando estabilizar; a outra, como estabilizar. Há uma escola de pensamento que sustenta que é bom esperar: quanto mais longa e extrema for a inflação, mais desorientará a opinião pública. No final, esta aprovará qualquer medida necessária para deter a inflação. Começar muito cedo significa apenas saneamentos fracassados e perda de credibilidade.

Esta concepção está errada por duas razões. Primeira, as estabilizações, por quase toda parte, não são feitas por meio de um simples pacote de medidas decisivas que acaba com o problema da noite para o dia. Pelo contrário, é antes uma incessante pesquisa das incontáveis coisas que precisam ser feitas no setor público para reduzir o déficit e aumentar a competição e a responsabilidade. No início, nenhuma dessas coisas é suficiente. Porém, olhando retrospectivamente, depois de uma estabilização bem-sucedida, invariavelmente se revela uma longa série de esforços que, somados, por fim resolvem o problema. Esperar contribui apenas para a destruição do sistema imunológico da economia e da sua estrutura social, que são difíceis de reconstruir ao mesmo tempo. Foi o que aconteceu na Alemanha, na Áustria e na Hungria nos anos 20; poderia acontecer na Rússia ou na Ucrânia atualmente. Algumas vezes pode ser desejável destruir a estrutura social existente, mas isso certamente vai bem além de qualquer objetivo de controle da inflação e, definitivamente, não é um problema técnico a ser enfrentado na otimização da estabilização.

A pergunta seguinte é como parar um processo de inflação extrema. Não há dúvida de que uma *mudança de regime* deve ocorrer. O termo é usado de modo abusivo na literatura, mas neste contexto ele é apropriado e decisivo. O regime fiscal deve ser mudado de forma que os orçamentos não necessitem mais ser financiados pelo banco central. Isso quase invariavelmente significa equilibrar o orçamento. Esta meta poderá ser menos ambiciosa se for obtido um financiamento razoável no mercado de capitais. De qualquer forma, o banco central tem de deixar de emitir moeda para financiar o governo. Além disso, isso necessita ser institucionalizado de modo a não se limitar a meras promessas, que, no passado, foram quebradas com muita freqüência. Necessita-se de algo melhor para mostrar o que há de novo. Este é o campo em que os arranjos institucionais — *currency boards*, emendas constitucionais e outras medidas do gênero — assumem importância.

Em uma situação de inflação extrema, uma economia se dolariza espontaneamente. Se forem permitidos depósitos em dólares, eles passarão a ser a regra. Se eles não forem permitidos, a detenção de dólares em dinheiro e as contas no exterior (via evasão de capitais) tomarão o lugar dos depósitos em moeda local. Tal processo pode ser documentado para qualquer país com inflação alta. As implicações desta quase total desmonetização interna e da dolarização correspondente são realmente fundamentais. Se a economia já estiver quase toda dolarizada, basta um pequeno esforço para alcançá-la por completo. Basta reconhecer que todo mundo já embarcou, faltando apenas o governo. Para a mudança de regime, nada de mais definitivo é necessário, além desse pequeno esforço extra. Isso se mostrou verdadeiro nos anos 20 com o restabelecimento do padrão-ouro nas economias desmonetizadas da Alemanha ou da Áustria, e também é verdadeiro hoje, da Argentina à Rússia.

Há três maneiras de tirar vantagem do fato de que uma moeda estrangeira assumirá um papel central em uma hiperinflação. A mudança mínima e menos decisiva consiste somente em vincular a estabilidade da moeda local ao dólar ou à moeda mais estável na região. É um bom começo, mas não é uma ancoragem confiável a longo prazo, pois joga a maior parte do peso da mudança de regime sobre o processo de oferta de moeda e sobre o orçamento público. Uma vez que não houve mudança institucional, uma recaída no velho curso inflacionário pode facilmente ocorrer.

Uma mudança muito mais forte consiste na adoção de um sistema de *currency board*, tal como fez a Argentina. As regras de um banco central são mudadas de forma drástica e irreversível. A criação de moeda é atrelada aos fluxos de entrada e saída de moeda estrangeira; uma nítida linha divisória é traçada entre o banco central e o tesouro. Certamente, tudo isso pode ser revertido, mas apenas através de uma decisão do Congresso, o que significaria um colapso financeiro antes mesmo de o debate começar. Contudo, poderia haver um debate sobre abrandar o sistema e atenuar os medos latentes das implicações da sobrevalorização. Mas isso levaria à defesa de um sistema ainda mais rígido, que andaria direta e plenamente na direção do dólar.

Mesmo esse sistema pode ser alcançado de duas formas: dolarizar 100%, anulando completamente a criação de moeda doméstica — abstinência monetária — ou deixar um pouco de espaço para a moeda local (e para os heróis nacionais decalcados sobre as moedas e cédulas) nas pequenas denominações. É tentador deixar certo espaço para os heróis nacionais, mas também vale a pena pensar um pouco mais: quem gostaria de ser o dignitário ou herói retratado em uma moeda desvalorizada? Certamente, livros de história são lugares melhores.

Duas considerações reforçam a teoria de que a dolarização completa é preferível a um *currency board*. Em primeiro lugar, enquanto houver alguma moeda local, sempre haverá uma incerteza residual quanto ao retorno de políticas duras e de desvalorização. Isto está claro no caso da Argentina, por exemplo, onde, depois de quatro anos de *currency board*, ainda restam diferenciais de juros entre depósitos em dólar e depósitos em peso com os mesmos vencimentos e nas mesmas instituições financeiras. A discussão nunca cessa, principalmente fora do país, onde a crença em uma mudança de regime "permanente e irreversível" sempre é vista com desconfiança. Em segundo lugar, uma anedota sobre a Polônia dos anos 20 confirma que finanças públicas fracas sempre levam à impressão de cédulas. Um novo banco central tinha sido criado (por Edwin Kemmerer, o "médico da moeda" dos anos 20), com pleno padrão-ouro e completa independência. Contudo, a cunhagem foi deixada a cargo do Tesouro. Por um breve período, a cunhagem inflacionária feita pelo Tesouro resultou em outro assalto da inflação. Evidentemente, isso não poderia durar muito, já que moedas são produzidas com mais dificuldade e são fisicamente incômodas. Esse deve ser um dos mais estranhos episódios de inflação da história.

A conclusão básica é que países que simplesmente não lograram controlar sua moeda, terminando na mais completa decadência de seu sistema monetário, deveriam passar algumas décadas usando o dólar ou o marco alemão. Sua história mostra que ter uma moeda nacional é uma ameaça ao crescimento e ao prestígio internacional: é uma lição para nos livrarmos dela. Argumentos que recorrem à senhoriagem não vêm ao caso quando a tentativa de arrecadar 1% do PIB custa 2%, 3% ou mais em termos de crescimento.

Existe outra maneira de dourar a pílula. Por que um país como a Hungria ou a Polônia deveria cultivar sua própria moeda e tentar, de forma precária, desinflacionar, tendo uma sobrevalorização à espreita? Toda a Europa, à qual tentam desesperadamente se unir, tende a aceitar o fato de que uma moeda européia trará mais estabilidade e um melhor desempenho econômico. Os países com moeda fraca da Europa Oriental deveriam estar na linha de frente, pois necessitam, mais do que quaisquer outros, de estabilidade adicional. O FMI deveria aconselhar rotineiramente, como parte do percurso que leva da hiperinflação à estabilidade, a adoção do dólar, do marco alemão ou do euro.

O argumento político contra essa estratégia, que ganha voz muito freqüentemente em países onde a moeda foi desvalorizada da maneira mais completa possível, fala por si mesmo: nossa moeda nacional é como nossa bandeira. Essas pessoas certamente pensariam duas vezes antes de fazer à sua bandeira o que fizeram à própria moeda!

Os ajustes monetários são apenas parte de uma ação bem-sucedida. Uma mudança no plano fiscal é, pelo menos, igualmente importante. O governo que busca estabilização necessita equilibrar o orçamento, no mínimo. E isso precisa ser realizado de uma forma duradoura e produtiva. Impostos emergenciais são uma forma inadequada de empreender a missão. Reestruturar os gastos do governo, privatizar e combater a evasão fiscal devem constituir 90% da ação de combate à inflação.

Quanto mais desperdícios houver no governo, maior a oportunidade para um forte saneamento fiscal e, por isso, maior o suporte para a estabilidade monetária: o governo não está falido, mas apenas mal administrado. Quanto mais forte a disposição para adotar novas estruturas monetárias ou o dólar, tanto mais firme a base sobre a qual se apóia a reconstrução.

Não é fácil destruir uma moeda. Toma anos e anos de trabalho dedicado. Não é surpreendente que a reconstrução da estabilidade monetária não é questão de dois ou três anos. Leva uma década ou mais. Países que a destruíram completamente e que depois a reconstruíram são, acertadamente, hipersensíveis com relação às instituições que protegem a nova estabilidade e aos compromissos que poderiam reavivar experiências ruins, por menor que seja sua escala. Eles estão certos sendo intransigentes.

INFLAÇÃO MODERADA

Países com uma inflação de 15% *ao mês* devem promover a estabilização com máxima prioridade; possivelmente nada é mais importante. Por outro lado, países com inflação de 15% *ao ano* certamente não devem subestimar a inflação. Eles seguramente deveriam buscar, por via de regra, reduzir a inflação. Contudo, deveriam ver essa meta como uma dentre tantas prioridades; enquadrando-a em um processo de cinco anos ou mais. É importante assumir a perspectiva correta sobre a inflação moderada porque, de outra forma, uma severa recessão, taxas reais de juros elevadíssimas, com os problemas resultantes para o sistema bancário, e a sobrevalorização da moeda, com o risco de um colapso financeiro, poderiam ser o resultado em vez do grande sucesso esperado no *front* da inflação.

Para avaliar este ponto, é útil representar a inflação de um modo formal: a inflação do ano atual é igual à do ano anterior (por efeito da indexação) afora a influência da apreciação real, que tende a baixar a inflação ou desacelerar a inflação do setor público (ao custo de déficits maiores) ou a recessão.

$$\pi_t = \pi_{t-1} + \alpha (e - \pi_t) + \beta (p - \pi_t) + \phi y,$$

onde π é a taxa corrente de inflação, e é a taxa de depreciação, p é a taxa de aumento dos preços do setor público, e y, o hiato entre o produto potencial e o real. A equação resume o enunciado que a inflação de hoje é igual à de ontem — por meio da indexação formal ou implícita, quer dizer, da "inércia", como é freqüentemente chamada — acrescida do efeito de aceleração da depreciação real, do aumento dos preços do setor público e do sobreaquecimento do produto. A desinflação requer então uma apreciação real da taxa de câmbio (com os riscos resultantes de déficit da balança comercial), uma redução da inflação dos preços do setor público (com os riscos resultantes de déficit orçamentário), uma recessão à moda antiga, ou as sempre suspeitas *políticas de renda*, que nunca podem ser um substituto para a disciplina fiscal, mas podem ajudar a coordenar a desinflação. Algum sacrifício precisa ser feito: a redução da inflação não resulta de rituais mágicos do banco central ou de uma irrupção espontânea de credibilidade.

O Chile, por exemplo, teve uma inflação média de 17% durante os últimos dez anos. No início era de 30%; no começo dos anos 90, ainda era de dois dígitos; hoje, dez anos depois, baixou para 7%. A taxa média de crescimento, para o período de dez anos, foi de 7%.

No início, uma profunda recessão, com um desemprego próximo a 30%, deu o tom para taxas nitidamente menores de aumento de preços. Desde então, o crescimento da produtividade, não ultrapassado pelo aumento de salários, e um cuidadoso jogo de cintura do Banco Central cumpriram gradualmente seu papel. A abordagem do Chile tem sido exemplar, particularmente nos últimos anos, quando o Banco Central se recusou a apertar o passo e pressionar a inflação até os 2% em moda nos países industrializados. Os formuladores da política econômica do Chile reconhecem que o forte crescimento, a modernização e a integração na economia mundial não são freados por inflações de 6%, 10% ou mesmo 15%, mas poderiam ser seriamente dificultados se uma desinflação demasiado ambiciosa criasse um problema macroeconômico.

A experiência do México nos anos 90 é de sinal oposto: uma excessiva ênfase na inflação, uma urgência exagerada de alcançar os 2% e uma perigosa desconsideração dos riscos de sobrevalorização. A vontade inflexível de reduzir a inflação no contexto de uma política de rendas, que tinha permitido aumentos significativos dos salários, produziu, ano após ano, uma crescente apreciação real. Todavia, em um país onde o comércio foi liberalizado e a desregulamentação levou à perda de postos de trabalho em muitos setores, a *de*preciação real era uma exigência. A apreciação real cumulativa correspondia no final a mais de 40%! A crise monetária mexicana não foi uma surpresa; de fato, era o que tinha sido previsto há muito tempo. A surpresa foi a extensão do desastre.

Poderíamos pensar que a gravidade da experiência recente ensinou uma lição aos formuladores da política econômica do México: fiquem longe, bem longe, de uma estabilização baseada nas taxas de câmbio. Contudo, buscou-se exatamente a mesma estratégia outra vez. Da gigantesca depreciação real de 1995, sobrou muito menos que a metade. Mesmo em face de uma inflação de mais de 20%, a política monetária defende um peso fixo em vez de permitir que se deprecie no ritmo da inflação. Fala-se de uma taxa de câmbio "flexível", mas, entre taxas de juros e políticas agregadas, ela consegue manter alto peso, manter o influxo de capitais; porém, expõe o México ao risco de outra sobrevalorização. (Ver figuras 4.1 e 4.2.) É cedo para expressar tal preocupação, mas é o momento oportuno já que a correção do curso continua fácil. Uma vez criada uma ampla sobrevalorização — como no México em 1994 ou atualmente no Brasil — fica complicado aguardar que a inflação caia o suficiente

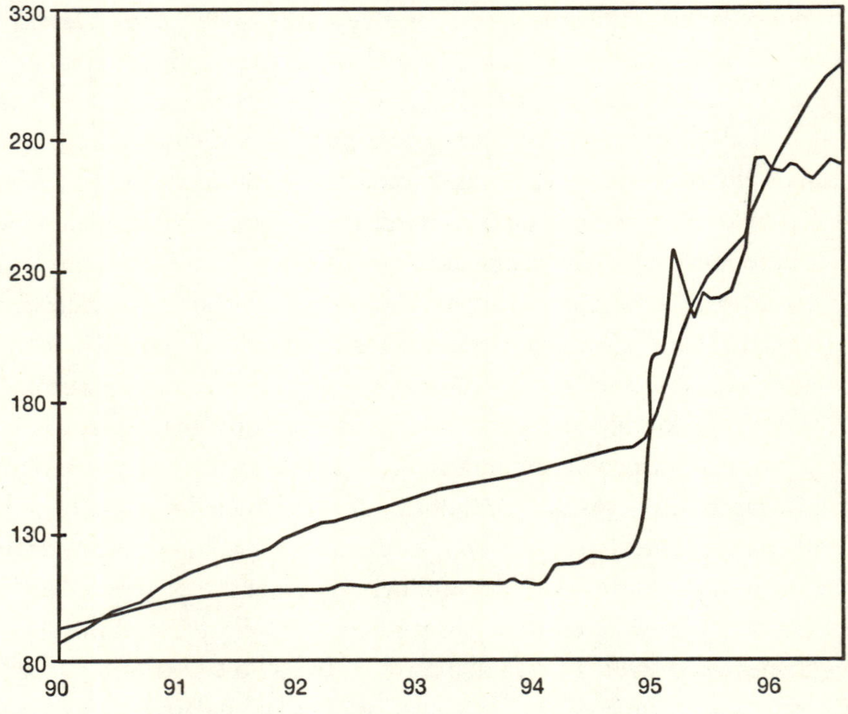

Figura 4.1 México: Taxas de câmbio e preços

abaixo das tendências mundiais de forma a trazer a cura. Uma exaustiva revisão empírica da experiência de apreciação real levada a cabo por Goldfajn e Valdes mostra claramente que grandes sobrevalorizações dificilmente têm um final feliz.

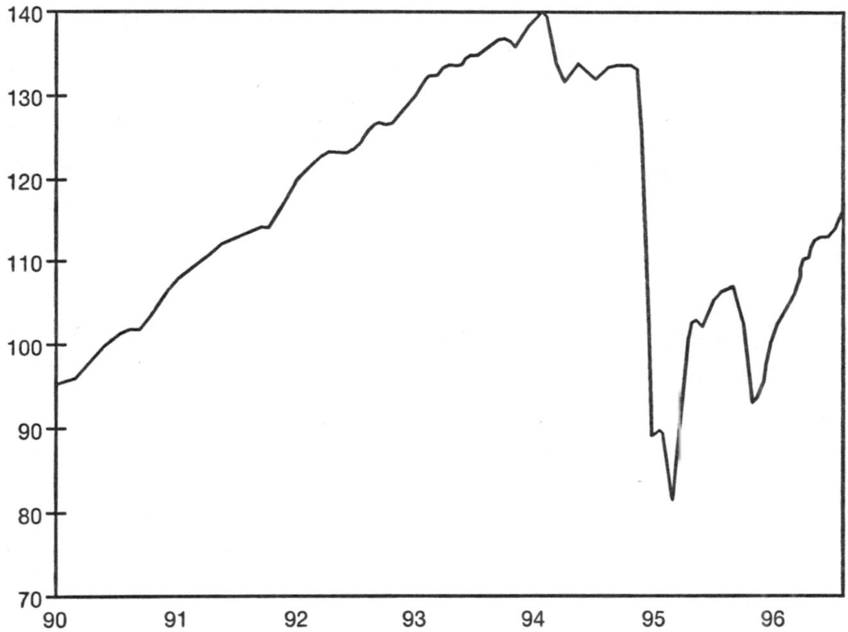

Figura 4.2 México: Nível de preços expresso em dólares

A principal lição que se pode tirar da estabilização da inflação moderada é que de fato é bastante perigoso usar as taxas de câmbio para outra coisa que não seja um esforço inicial bastante transitório de consolidação. As taxas de câmbio não podem suportar a maior parte (nem mesmo uma parte relevante) do ônus da estabilização. Nem a política monetária pode sozinha dar conta de toda a tarefa. A política fiscal e a competição devem realizar uma parte bastante substancial do trabalho.

A preocupação com a inflação é inteiramente pertinente, mas não a obsessão. Em face da inflação moderada, o crescimento também deve ser parte da discussão. Não é certo sustentar que não pode haver crescimento algum na presença da inflação, nem é correto afirmar que até mesmo a inflação moderada é prejudicial ao crescimento. É difícil encontrar qualquer evidência comprovando uma correlação entre inflação moderada e crescimento. Na ausência de um custo em termos do crescimento adiado, fica a sugestão de que uma estratégia de desinflação mais gradual seja aceitável.

É evidente que se poderia sustentar que a única inflação estável é a inflação zero. Este é o tipo de postura dogmática que não tem qualquer fundamento empírico. Nos últimos dez ou vinte anos, os países trabalharam para reduzir a inflação ou para contê-la pelo menos. Países com taxas moderadas de inflação, tal como o Chile, conseguiram realizar com sucesso reduções graduais sem comprometer a credibilidade dessa estratégia, nem sacrificar o crescimento. Pelo contrário, o fato de que a inflação, durante 12 anos, continuou caindo regularmente enquanto o crescimento permanecia forte tornou o programa um exemplo de manual da luta bem-sucedida contra a inflação. O caso do México, em oposição, envolve uma série de falhas e erros grosseiros resultantes de idéias mal digeridas sobre credibilidade, sobre como acabar com a inflação e assim por diante. O Chile é hoje um país com inflação baixa. O México voltou a ter uma inflação intoleravelmente alta. A verdadeira lição é que a inflação deve baixar e que nunca há lugar para a complacência, o que não significa a mesma coisa que dizer "primeiro, baixamos a inflação; mais tarde pensamos no crescimento".

5

Mercados livres funcionam melhor (mas precisam de um empurrãozinho)

Na ampla oscilação do pêndulo da ideologia, a economia do livre mercado tornou-se um antídoto a meio século de malogrado estatismo. Tornou-se claro que a competição, a independência pessoal e os lucros são as forças impulsionadoras da prosperidade. Não há escolha. Além disso, a descoberta de uma corrupção difusa nas economias estatistas — França, Itália, Japão — fortaleceu essa visão. Onde quer que o Estado tenha voz ativa no mercado, os funcionários públicos podem habitualmente esperar fartas recompensas.

Ainda assim, muitos duvidam da promessa dos mercados livres. As transições, reestruturações e reformas parecem, com demasiada freqüência, criar desigualdades, aniquilar uma classe média estabelecida ou produzir fortunas que caem do céu. Na Rússia, forças antimercado têm boa chance de saírem vitoriosas nas próximas eleições; no Leste Europeu, comunistas recauchutados estão vencendo nas pesquisas; na América Latina, céticos sobre o experimento neoliberal conseguem platéias cada vez maiores. Na Europa Ocidental, fala-se muito dos livres mercados, mas não do "jeito americano" (quer dizer, competição sem trégua, sejam quais forem os resultados).

Mas nessa delicada conjuntura não há uma terceira via. O estatismo já teve seu tempo. As regulamentações capilares, as empresas do setor público, um *welfare state* inchado, com esmagadoras taxações onerando os que trabalham — e níveis absurdos de subsídios beneficiando os que não trabalham — fracassaram como alternativas eficazes à tomada de decisão descentralizada e à linha dura dos incentivos, das escolhas privadas e de suas conseqüências.

Publicado originalmente na *Business Week*, 18 de dezembro de 1995, p. 26. Reproduzido com permissão.

NENHUM FAVORITISMO

A transição para mercados livres é problemática porque freqüentemente leva bastante tempo até que a prosperidade tenha ampla difusão. Nesse meio tempo, a redistribuição das oportunidades, da renda e da riqueza é o resultado mais visível. A economia estatista concentra-se na criação de empregos para todos. Disso resultam uma taxa elevada de emprego e uma baixa produtividade. A mudança para mercados livres envolve perdas de emprego e cortes salariais para muitos. É certo que novas oportunidades se abrem, mas, para cada vencedor, são muitos os perdedores.

Além disso, a mudança para mercados livres elimina posições privilegiadas das empresas, dos trabalhadores e dos políticos que se beneficiavam da intervenção do governo na economia. Na reestruturação geral, aqueles que contavam com a proteção e os favores do governo ficam para trás, enquanto os inovadores que vislumbraram novas oportunidades alcançam enormes recompensas. A opinião pública vê os ganhos inesperados, mas não vê os riscos assumidos (e certamente não estima a regra de que, sem recompensas, bloqueia-se o progresso). É claro que na sua redistribuição, a riqueza muitas vezes apenas salta de um bolso para o outro: os chefes comunistas da Ucrânia ficaram ricos captando os ativos mais polpudos em uma privatização administrada em favor próprio.

"Sou do governo, estou aqui para ajudá-los" soa vazio atualmente. A economia não deixa dúvida quanto ao mérito de uma afirmação fundamental: a iniciativa privada, com um mínimo de interferência do governo, é o modo mais seguro de produzir o maior bolo. Não há razão para esperar, avançar devagar ou ser seletivo.

A COESÃO SOCIAL

A adoção plena do livre mercado deixará muitas pessoas com sentimentos conflitantes. Como podemos tornar mais suportável uma dura transição? Não é preciso que você goste do mercado, basta reconhecer a falência de todas as formas de estatismo. Em seguida, que se evite piorar uma escolha já difícil: uma reforma bem-sucedida necessita de um ambiente de prosperidade e oportunidade. O mercado de trabalho deve ser flexível; caso contrário, a reestruturação transforma-se em desemprego de massa.

Ao mesmo tempo, mercados livres devem ser complementados de maneira judiciosa. Há necessidade de regulamentações de modo a evitar falhas de mercado, das finanças a práticas contrárias à livre concorrência. Além disso, a distribuição de renda e riqueza determinada pelo mercado pode fragmentar a sociedade. A criação de oportunidades por meio da educação e da remoção de obstáculos à concorrência impostos pelo governo e sindicatos é importante, como também é importante uma redistribuição fiscal que não chegue a ser um desincentivo. A aspiração de chegar a um ponto de equilíbrio entre as forças de mercado e a coesão social parece uma boa idéia mesmo se, na prática, tenha culminado em algo demasiado "social" e insuficientemente "de mercado". Nos Estados Unidos, a pressa para abolir a previdência social deveria ser contrabalançada por postos de trabalho e despesas com crianças e educação, para ajudar na reconstrução da coesão social essencial para o funcionamento de uma economia de mercado.

Finalmente, o pior inimigo da transição para um mercado livre é um banco central travando combates contra a inflação ou preocupado, indevidamente, com a manutenção de uma moeda forte. Uma inflação estável e moderada é importante para o desempenho da economia, mas há um tempo e um lugar para tudo. Na Europa, atualmente, o combate exagerado à inflação e a disputa de insensatos jogos monetários têm sido mais prejudiciais à causa do livre mercado do que todos os debates ideológicos juntos.

6

E você pensava que a previdência social estivesse em crise...

Neste outono, o Congresso tentará reduzir déficits orçamentários que se avolumam a perder de vista. Sem essa providência, o Congressional Budget Office (CBO: Departamento de Orçamento do Congresso dos EUA) faz a projeção de que as crescentes despesas médicas e os minguantes excedentes da previdência social terminarão ampliando, em 2005, o déficit para 4,1% do produto interno bruto, enquanto a parcela da dívida no PIB subirá para 60%. O equilíbrio do orçamento deixaria espaço para maiores investimentos e reduziria as chances de os mercados financeiros terem de arcar com o financiamento de pesados déficits. O mais importante é que o equilíbrio do orçamento não criará necessariamente uma depressão ou uma recessão. De fato, o governo gastará menos, mas as taxas de juros cairão, e os gastos privados ativarão a economia.

Os problemas fiscais dos Estados Unidos parecem ameaçadores, mas há algo surpreendente: com respeito a suas finanças, os EUA são uma das economias mais saudáveis. Muitos dos outros grandes países industriais enfrentarão um desafio muito mais árduo para conseguir honrar futuras aposentadorias e obrigações da previdência social nos próximos vinte anos. Existe uma preocupação generalizada com a dimensão e o crescimento da dívida norte-americana; porém, até recentemente, pouca atenção foi dada às dívidas "fora do orçamento" das outras nações.

Publicado originalmente na *Business Week*, 28 de agosto de 1995, p. 20. Reproduzido com permissão.

A NUVEM INVISÍVEL

Essas dívidas ocultas surgem dos benefícios pagos a aposentados em países cujas populações envelhecem rapidamente. Quando uma grande parcela da população é relativamente jovem, mais pessoas contribuem para o sistema previdenciário do governo em vez de retirar benefícios. Porém, quando esse grupo começa a envelhecer, o fluxo de caixa termina sendo negativo. O cálculo do valor líquido atual dessas obrigações futuras requer o exame de muitos fatores, mas pode ser feito. Estimativas recentes feitas pela Organização para a Cooperação e o Desenvolvimento Econômico apontam um espantoso problema no horizonte para muitas nações industrializadas.

Eis algumas estimativas cautelosas: no Canadá, a parcela da dívida pública no PIB aproxima-se dos 100%; as obrigações líquidas com pensões futuras equivalem a outros 100%. Na Itália, a já gigantesca parcela da dívida é eclipsada pelas obrigações com pensões, que correspondem a mais de 113% do PIB. Finalmente, no Japão, onde a parcela da dívida é moderada, as pensões públicas a serem pagas correspondem a 110% do PIB. Nos Estados Unidos, as obrigações correspondentes equivalem a somente 31% do PIB.

Esse problema pode ser associado a várias causas. Primeiramente, a força de trabalho ativa que contribui para pensões futuras diminuirá em relação ao número de beneficiários. Esse efeito será notado entre 2010 e 2030, primeiro no Japão, onde o envelhecimento vai se dar mais cedo, e depois na Europa. Em segundo lugar, a longevidade aumentou em todo o mundo, mas na maioria dos países não se trabalha por mais anos. Assim, aumentaram as retiradas de fundos de pensão públicos, embora não tenham aumentado as contribuições. O declínio das taxas de natalidade em países industriais também está contribuindo para diminuir o fluxo da receita destinada a pensões. Por último, as legislaturas foram demasiado generosas nos últimos trinta anos, quando os fundos de pensão geravam superávits.

A ARRECADAÇÃO PRIVADA

Com obrigações futuras tão desnorteantes, alguns argumentam que as pensões nunca serão pagas. Contudo, não é provável que isso aconteça, pois uma sociedade mais envelhecida também significa um eleitorado mais envelhecido. Como poderiam então ser cumpridas as obrigações? Os impostos cobrados das gerações futuras poderiam ser aumentados, mas os níveis de taxação já são altos (e aumentar as taxas é impopular e improdutivo). Outra possibilidade é encontrar um modo de introduzir gradualmente uma aposentadoria mais tardia. Outra alternativa ainda, para as nações industrializadas, é apelar para empréstimos de seus vizinhos menos desenvolvidos: Brasil, China, México e outros países com populações jovens terão altos níveis de poupança que poderiam ser investidos em títulos de nações industrializadas. Todavia, ainda que tais esforços possam remediar o problema, não vão resolvê-lo.

Duas coisas devem ser feitas. Primeiro, a acumulação de obrigações sempre crescentes deve ser contida. Segundo, a poupança nas nações industrializadas deve ser aumentada rapidamente, não apenas cortando gastos do governo, mas também aumentando a poupança privada. A melhor maneira de conseguir isso é por meio de sistemas de poupança privada compulsória, tais como os do Chile e de Cingapura, onde as famílias devem reservar uma parte significativa de suas rendas para a aposentadoria e casos de invalidez. Porém, em vez de pagar ao governo na forma de taxas e contribuições, essas poupanças devem ser destinadas a contas específicas administradas por fundos privados. Dessa forma, a poupança privada não é automaticamente desviada para financiar déficits orçamentários.

Sem um desenvolvimento das poupanças pública e privada, um colapso nos mercados mundiais de capitais deve ser esperado. Governos importantes serão forçados a tomar emprestadas somas gigantescas para financiar as pensões, enquanto as taxas de juros serão arremessadas às nuvens. Felizmente, há tempo suficiente para os formuladores da política econômica acharem uma solução que evite um choque tão assustador com a escassez de capitais.

7

Crescimento sem fim

Um mercado de ações cambaleante, um segundo trimestre modesto e a perspectiva de cifras negativas para o terceiro trimestre fazem surgir uma indagação: a "nova economia" subitamente ficou velha? Embora ainda não esteja claro como precisamente pode terminar a longa expansão, existem três alternativas prováveis. A primeira é que essa expansão vá se travando à medida que a demanda se esgote. A segunda é que a depressão da Ásia pode esmagar as expectativas de ganhos, os valores do mercado de ações e, por conseguinte, a confiança dos investidores. Por último, o presidente do Federal Reserve, Alan Greenspan, pode, como já é costumeiro, eliminar a expansão antes que ela morra de velha.

Mas são todas possibilidades remotas. A economia norte-americana provavelmente não verá nenhuma recessão ainda por muito tempo. Não queremos uma recessão, não necessitamos de uma e — por termos os instrumentos para manter a atual expansão — não teremos nenhuma. Essa expansão continuará para sempre.

SUPERFICIALMENTE ATRATIVA

A idéia de que toda expansão chega a um fim e dá lugar a uma recessão é superficialmente atrativa. Ela tem conotações biológicas e, sem dúvida, é um mero fato histórico. Esta expansão já é a décima do pós-guerra e, pela lei dos grandes números, já deveria ter terminado. Apenas uma dessas expansões, de fevereiro de 1961 a dezembro de 1969, durou tanto tempo. Contudo, nenhuma

Publicado originalmente no *The Wall Street Journal*, 30 de julho de 1998, p. A18. Reproduzido com permissão.

das expansões do pós-guerra morreu de causas naturais: todas foram assassinadas pelo Fed, por causa da inflação. Toda vez que a expansão avançou e o desemprego caiu, aumentou a inflação de salários e preços. Por isso o nosso banco, tal como uma matrona em uma daquelas antigas festas colegiais, observou o presidente do Fed William McChesney Martin (recentemente falecido), sempre decidiu "levar embora o ponche justamente quando a festa começava a engrenar".

A situação hoje — em meio à segunda expansão mais longa — é bem diferente em dois aspectos decisivos. Primeiro, não há inflação. Segundo, os cofres do governo transbordam superávits orçamentários. Por isso, somente causas naturais, e não o Fed, podem paralisar a economia. Felizmente, temos os recursos monetários e fiscais para evitar que isso aconteça, como também uma equipe econômica que não hesitará em usá-los para manter a expansão.

Vamos supor que uma queda no mercado de ações solape a confiança e os gastos dos consumidores, ou que o infortúnio da Ásia mine as exportações e, em conseqüência, o crescimento. O que aconteceria em seguida? Se os déficits orçamentários obstaculizassem o corte de impostos ou se a pressão inflacionária impedisse o Fed de baixar as taxas de juros, seria o fim da expansão. A queda na demanda levaria a cortes na produção, resultando em rendas mais baixas e redução do consumo, o que por sua vez produziria uma recessão. Os formuladores da política econômica assistiriam a tudo lamentando as limitações da política fiscal, e o Fed poderia reservadamente aplaudir a recessão por propiciar um desaquecimento bastante necessário. Alguns falariam tolamente sobre as vantagens da destruição criativa.

Porém, está claro que este cenário não tem relevância para a situação atual. A inflação baixa é recorde e temos pleno emprego. Admito que não sabemos por que é este o caso, e suspeitamos que é bom demais para ser verdade. Contudo, quer a explicação repouse na "nova economia", quer na crise asiática ou em algum outro fator, o importante é que as cifras da inflação não justificam, de forma alguma, que o Fed não apóie a expansão caso ela necessite de estímulo. De fato, quando ouvido pela última vez, Greenspan tentou refrear os mercados ocultando o risco da inflação, como também o das valorizações insensatas de ativos. Mas o fez para o bem. A função do presidente de um banco central não é prescrever esteróides para o índice Dow Jones, mas manter em curso um crescimento com pleno emprego.

O Fed é uma instituição fortemente política simplesmente porque essa é a única maneira de manter a independência necessária para criar boas políticas. Da mesma forma que não elevaria os juros para derrubar o mercado de ações na ausência de inflação, certamente baixaria os juros, de maneira drástica se necessário, se o crescimento se esgotasse em um momento em que não há inflação. Esta é a situação atualmente. É claro que cortar as taxas de juros não é o bastante. O Fed deve agir prontamente, pois pode demorar um ano até que o corte tenha impacto sobre a demanda. Todavia, felizmente os mercados de títulos aprenderam a simular o papel do Fed e, por conseguinte, movimentar a estrutura de prazos à frente das decisões do Federal Open Market Committee (Comitê de Mercado Aberto do Fed). Um tal mecanismo se transformou em estabilizador automático.

A margem de manobra da inflação de que o Fed atualmente dispõe é particularmente importante no caso de um desastre nos mercados de ações. Uma correção mínima certamente não levará o Fed a cortar as taxas de juros: os três falcões de seu conselho, assim como seu presidente, não permitiriam isso. Todavia, se um massacre tiver início, tal como em 1987, seguramente Greenspan agirá com bastante rapidez. Isso garante que os mercados não se dissolvam, o que por sua vez exclui uma potente causa de recessão, a saber, uma precipitada e desmedida perda de confiança.

Ainda assim, se a eficácia da política monetária é indevidamente estorvada por longas demoras, sempre é possível lançar mão das alavancas da política fiscal. Existe um superávit orçamentário à espera do saque. Cortes de impostos abrem buracos nos bolsos porque as famílias correm para gastar e as empresas aumentam seu capital social. E a política fiscal funciona rapidamente, pois sempre pode ser retroativa. Na verdade, existe uma corrida entre o presidente Clinton e os republicanos no Congresso para ver quem oferecerá primeiro cortes de taxas anti-recessivos. Embora eles certamente discutirão sobre quem ficará com o dinheiro — empresas ou famílias, a classe média ou os pobres — há mais que o suficiente para todos. Para formuladores da política econômica que têm a sorte de contar com superávits orçamentários e sem inflação, uma recessão seria um erro imperdoável.

AS ALAVANCAS DE POLÍTICA ECONÔMICA

Alavancas oportunas de política econômica darão uma longa vida à atual expansão. As recompensas para uma economia competitiva e de pleno emprego são uma baixa inflação e superávits orçamentários: artilharia pesada anti-recessão. Por sua vez, essa artilharia tem o potencial de um círculo virtuoso, pois as políticas monetária e fiscal são livres para impedir que a economia saia dos trilhos por acidente. Isso realimenta horizontes mais longos, uma confiança mais profunda, valorizações mais altas e um melhor desempenho.

8

O futuro econômico da Alemanha

A economia da Alemanha tem duas faces. Uma é a de um país de imenso sucesso, próximo ao topo dos padrões de vida mundiais, tão rico e estável que mesmo a momentânea aparição em cena de um Lafontaine não poderia ocasionar mais que uma flexão passageira no mercado de ações. A outra face é a de um país que está completamente paralisado: desemprego em massa, crescimento lento, nenhuma idéia sobre o que fazer nessa situação e ainda menos coragem para tentar mudá-la. Pelo menos não fora dos limites estabelecidos do consenso e sem piorar as coisas. Isso valia para Kohl, que substancialmente não fez coisa alguma (além, é claro, da unificação, pela qual ele merece um lugar de destaque na história). E vale mais ainda para Schroeder, que toma a direção errada sempre que tem a chance de fazer alguma coisa.

O que resta são as muitas iniciativas de funcionários de todos os partidos tentando ensinar às empresas como ir em frente e de especialistas examinando a miríade de distorções para redigir "listas de gastos" com vistas a uma grande reforma. Como era de esperar, isso não leva a lugar algum. E por que haveria de levar? A Alemanha é rica, a maioria das coisas do dia-a-dia funciona e pequenas mudanças na direção certa ajudam a justificar hipocritamente a idéia de que algo mais seria não apenas impossível como, quem sabe, até inútil. Não há crise, não haverá crise no futuro próximo e, sem crise, por que esperar que algo mude?

A PIOR, NÃO

Para começar, uma referência. Sob qualquer perspectiva, a Alemanha não é a pior dentre as economias mais ricas: nem quanto ao padrão de vida, nem quanto ao salário por hora, nem certamente quanto ao puro esforço despendido no trabalho. Longe disso.

A Alemanha está entre as melhores economias do mundo no *ranking* dos salários por hora: paga-se mais aos trabalhadores (e o governo onera-se ao máximo) do que praticamente em qualquer outro lugar do mundo. E, no que diz respeito às horas trabalhadas, os alemães que de fato trabalham gastam ao todo 25% menos tempo trabalhando do que os americanos ou os japoneses. Como tudo isso se traduz em termos de padrão de vida? Não se traduz tão bem! No PIB *per capita*, ajustado para a paridade do poder de compra e numa escala que coloca os Estados Unidos em 100, a Alemanha situa-se em 75, quer dizer, com muito menos sucesso em termos de padrão de vida. De fato, a Alemanha fica atrás da França, Bélgica, Canadá e Escandinávia, e apenas um pouco à frente da Itália. Sem dúvida, os salários são altos, mas o poder de compra é baixo, e esta combinação deixa a Alemanha muito longe da imagem de um país muito rico. Obviamente, podemos debater sobre como essas cifras são obtidas, mas são elas que emergem das medições do Banco Mundial. Certamente, o poder de compra também faz parte da qualidade de vida.

Evidentemente, essas são todas medidas de um sucesso acumulado, um prêmio pelos esforços e pela criatividade das décadas passadas. Uma interpretação mais usual, especialmente desde uma perspectiva dos negócios, é dada pelo Relatório de Competitividade do Fórum Econômico Mundial. De acordo com este relatório, a Alemanha não é nada atrativa, ocupando a 24ª posição, muito atrás das economias anglo-saxônias e de Cingapura, Irlanda e Suíça. Aparece junto a França, Suécia e Espanha, países que compartilham um certo desdém pela economia de livre mercado. O que é alto padrão de vida para os trabalhadores parece ser uma séria falta de competitividade para as empresas. É verdade que quando trabalham, os alemães dão duro! Mas trabalham menos horas e custam uma fortuna. Além disso, cada trabalhador tem seis funcionários e dez sindicalistas que o acompanham para garantir que seu trabalho não escape ao controle.

Uma outra perspectiva da posição ocupada pela Alemanha vem do mercado de ações. Considere-se a relação entre os valores dos mercados de ações alemão e norte-americano. Por muito tempo, o valor relativo do mercado alemão caiu. Os investidores não vêem nenhuma boa notícia pela frente. E eles estão certos: as empresas movimentam-se em câmera lenta em coisas que acontecem velozmente em outras partes. Os investidores são atores secundários: ficam com o que resta depois de os sindicatos, o governo, as regulamentações, a ineficiência e a falta de competitividade levarem suas partes.

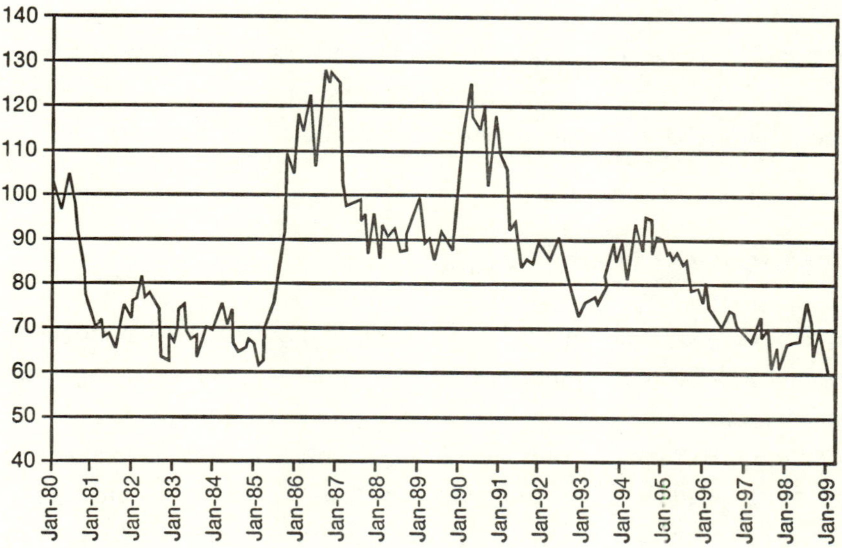

Figura 8.1 Preços relativos das ações: Alemanha/Estados Unidos

Certamente, o mercado de ações norte-americano virá abaixo algum dia, e isso mudará o quadro. Contudo, se e quando isso acontecer, não será seguido pelo mercado alemão? E mesmo que não seja seguido, com uma queda de 30% no mercado norte-americano, os acionistas de empresas norte-americanas ainda estarão à frente dos que apostaram em firmas alemãs. O mercado de ações é antecipador: busca o que está por vir. Das ações alemãs, ele diz: "Lamento, mas não há muita coisa pela frente."

O quadro geral é confuso: sucesso acumulado, padrões de vida confortáveis, talvez abastados. Todavia, não é o lugar visado pelas pessoas que buscam oportunidades de negócio. Nesse caso, quem vai pagar a conta? O desemprego é altíssimo, o *welfare state* é generoso, as dívidas são grandes e as pensões não cobertas por fundos são muitíssimas. Certamente, não existe crise; mas não se estaria negando uma realidade? Nem mesmo isso: já existe um desconforto claro e manifesto. Não se nega completamente a realidade, simplesmente se resiste a ela. Todos sabem que, não obstante toda a conversa sobre o pico de emprego, o desemprego não diminuirá. Todos sabem que não haverá um *boom* capaz de resolver todos os problemas. Todos sabem que existe uma montanha de dívida pública que não desaparecerá. Porém, na falta de uma resposta perfeita, quer dizer, uma resposta que todos possam aceitar, "nenhuma resposta" é a melhor que se pode esperar. Por enquanto, a reforma fiscal é um bom instrumento tópico, mas certamente é apenas uma parte insignificante de qualquer estratégia de solução e tão-somente desvia a atenção do que é essencial.

Esperanças do euro

Convém deixar de lado qualquer idéia de que o euro, ou a União Européia como um todo, forneça respostas que tornam mais admissível o *status quo*. O euro já perdeu bastante de seu *glamour*: pensava-se que conquistaria um lugar de destaque nas finanças internacionais, suplantaria o dólar e voaria alto nos mercados monetários. Não tem sido bem assim, pelo menos até agora. Na verdade, o risco hoje é haver um desdém exagerado pelo euro. Afinal, haverá impactos benéficos no crescimento europeu; benefícios pequenos, contudo, e que não virão rapidamente. Para começar, devemos desmentir uma alegação sem dúvida exagerada:

- O euro não trará grandes ganhos em termos de competitividade e transparência; na Europa as taxas de câmbio são fixas por mais de uma década (descontando-se o desvio momentâneo da Itália). Todo mundo pode dividir pela taxa de câmbio, e qualquer comprador regular certamente dividirá. As discrepâncias de preços na Europa refletem dois fatos. Primeiro, todos os preços (como toda a política) são locais. Existem discrepâncias de preços dentro de cidades americanas e entre elas, do atacado ao varejo e entre taxas de serviços. Não há nada de surpreendente nisso, e nada tem a ver com uma ou muitas moedas. Segundo, as discrepâncias de preço de fato têm muito a ver com a limitação da competição na venda de varejo e, acima de tudo, com uma longa tradição de práticas contrárias à competição. Mas isso ainda nos deixa com muitas questões por resolver.
- Um grande resultado do euro é o desarmamento financeiro da periferia — Itália, Espanha e inclusive França. A moeda única tornou essas regiões seguras para os investidores, o que se refletiu, por sua vez, em taxas de juros mais baixas

e maior crescimento. Os prêmios de risco foram claramente reduzidos por não haver mais bancos centrais ou taxas de câmbio com os quais jogar. As restrições do pacto Waigel ajudaram ainda mais estabilizando o risco soberano, o que se soma aos benefícios das taxas de juros mais baixas. A macroeconomia desapareceu do campo da iniciativa local, o que é um bem em um mundo no qual, sempre que o Banca d'Italia decide praticar uma "política monetária independente", os investidores fogem rapidamente. Sob essa perspectiva, o euro é uma instituição inteiramente moderna, bem adaptada a um mercado mundial de capitais bastante integrado e nervoso.

- A médio prazo, o euro reforçará a desregulamentação financeira (nacional e internacional) na Europa para criar um vasto e profundo mercado de capitais. A Europa vem de estruturas financeiras nacionais dominadas por bancos, bastante delicadas e segmentadas. Está a caminho de um mercado de capitais no estilo norte-americano, onde as famílias sustentam fundos e as empresas emitem títulos e ações, com pequenas margens de intermediação e elevadas margens de gestão. As empresas européias vão se beneficiar dessa transformação, e provavelmente será a mais significativa influência do lado da oferta que veremos.
- Não há perspectiva de que o euro mude profunda e rapidamente o mercado mundial de capitais, no sentido de que as variações de portfólio venham a favorecer o euro, a despeito de qualquer suposto privilégio do dólar. (Lembram do general de Gaulle falando do *exorbitant privilège*, uma permanente obsessão francesa?) O euro por si mesmo não terá uma apreciação em relação ao dólar simplesmente porque é o recém-chegado. No mercado de trabalho, a Europa não pode bancar uma apreciação exagerada e é justamente por isso que ela não ocorrerá. Os bancos centrais estão bem equipados para evitar a apreciação contrabalançando com operações de mercado aberto. E os tesouros nacionais podem reforçá-las com suas políticas de financiamento.

Em suma, o euro — complementando muitas outras medidas de desregulamentação e a força da nova tecnologia financeira — ajudará a Europa a melhorar os mercados de capitais. Isso é muito bom; infelizmente, não significa que o crescimento irá dobrar. Os benefícios talvez correspondam a 1% de crescimento extra. Bom, mas não em uma escala suficiente para solucionar grandes problemas.

ESPERANÇA NO *FRONT* DOMÉSTICO?

Se o resto do mundo não soluciona os problemas alemães, talvez a cura possa vir do *front* doméstico. Não é bem assim, pois dois obstáculos importantes impedem um salto relevante no crescimento e um círculo virtuoso mobilizador de energia para o crescimento e a prosperidade. O primeiro é uma inclinação para o consenso profundamente arraigada.

Historicamente, isso é fácil de compreender. Emergindo dos anos de nazismo e com o comunismo pela frente, a estratégia óbvia para consolidar o sistema político foi um regime econômico bastante inclusivo. O governo, os sindicatos e as empresas arrastaram-se todos para o mesmo barco e nunca saíram dele. "Parceiros sociais" é o eufemismo para um acordo corporativista, que obviamente sufoca a competição e a iniciativa, sem falar da reforma e de desregulamentações drásticas. Em primeiro lugar, o crescimento era alto o suficiente para não provocar problemas de rigidez estrutural. Depois, quando a rigidez de fato começou a vir à tona, o governo simplesmente se endividou por vinte anos para disfarçar os atritos. Atualmente, não há muito crescimento e, sem dúvida, há dívida pública demais. A resposta é clara, mas não espero que seja implementada fora de uma crise mais séria. No meio tempo, fala-se excessivamente de justiça e muito pouco da responsabilidade individual, do esforço pessoal e da inaceitabilidade social de pessoas que se esquivam do trabalho, enganando os contribuintes.

O segundo problema é uma falta endêmica de iniciativa, aprendida nas escolas e reforçada nas empresas, onde circula uma maldosa anedota sobre uma importante empresa alemã que foi à Califórnia comprar itens de alta tecnologia. Na sede da empresa, a equipe de pesquisadores protestou: "Podemos fazer as mesmas coisas", disseram. "E por que não as fizeram então?", perguntaram os gerentes. A resposta: "Porque ninguém nos pediu para fazer." A Alemanha destaca-se — e está atolada — em tecnologias de nível médio: carros maravilhosos. Contudo, pouco detém de tecnologias de nível superior, importantes hoje para ser líder. Tampouco tem a experiência e as estruturas para rapidamente tornar-se uma competidora. Realmente, os níveis de ensino são de longe superiores aos dos Estados Unidos. No entanto, a educação formal de pouco serve se a mentalidade é de passividade e a estrutura de incentivos das empresas desencoraja a exploração de inovações. A tentativa do governo de promover uma "sociedade que aprende", que faz lembrar o pior de Al Gore, completa o quadro de um país capaz de ver onde deveria estar, mas incapaz de dar o grande salto. Isso não surpreende: as coisas vão substancialmente bem; por que então agitar as águas?

O que é então razoável esperar do futuro econômico da Alemanha? O cenário principal é completamente mediano: 2% de crescimento, desemprego estável, problemas fiscais crescentes e uma considerável vulnerabilidade a maus desempenhos da economia mundial. Não é seguramente uma vencedora, sob qualquer ponto de vista, nem um caso problemático. Sendo parte da Europa, que se torna um ator principal na economia mundial, cada vez mais se esquivará das comparações de desempenho econômico entre um país e outro. O século norte-americano terminou, e o europeu não está prestes a começar. É mais provável que os formidáveis problemas econômicos do Japão e os emergentes problemas de segurança da Rússia e da China façam parte, em breve, da agenda. A corrida econômica do período "pós-comunismo" parecerá uma idade de ouro mesmo para os perdedores.

III

Mercados Financeiros Globais: Idéias cujo Momento Chegou

9

Controle de capitais: Uma idéia que já teve a sua vez

"Quando o desenvolvimento de um país se torna um subproduto das atividades de um cassino, provavelmente terá maus resultados."

— J. M. Keynes, *General Theory*

Depois da crise mexicana e, sobretudo, depois do inesperado colapso asiático, a abertura dos mercados de capitais passou a ser seriamente questionada. O Chile, sempre considerado um modelo pelos intervencionistas, deu outro passo nessa direção, adotando um meio eficaz de proteção da economia da instabilidade dos fluxos de capitais internacionais. Como sempre acontece depois de toda crise, todos querem tirar lições; de preferência, lições sistemáticas.

As autoridades japonesas declaram que o colapso da Ásia é a primeira ocorrência de um novo tipo de crise: a crise do capitalismo global. Sua profunda ignorância sobre a América Latina — "A Ásia é diferente..." — leva-os a desconsiderar o fato de que o México tinha um bom desempenho em aspectos fundamentais da economia, incluindo um orçamento equilibrado, mas ainda assim experimentou um colapso, exatamente como a Coréia. Mahathir Mohamad, primeiro-ministro da Malásia, exige um novo sistema no qual os especuladores sejam banidos. Mesmo o FMI, ainda que flertando com a conversibilidade compulsória da conta de capital, não nega que algum controle sobre o movimento de capitais, *ad hoc* e de curto prazo, pode ser necessário. O problema da abertura aos fluxos de capitais, que já está na baila por vinte anos, demanda hoje, em um mundo caracterizado pela intensa mobilidade de capitais, uma resposta de modo tão urgente quanto o problema do sistema correto de taxa de câmbio.

A resposta correta é que não deve haver qualquer restrição à mobilidade de capitais. Os países devem reconhecer, urgentemente, dois corolários. O primeiro diz que o espaço de ação para políticas discricionárias tornou-se extremamente limitado e que elas se beneficiam da arregimentação dos mercados de capitais para a sustentação das boas políticas. O segundo diz que uma intensa mobilidade de capitais impõe grandes encargos a um país para assegurar uma boa supervisão e regulamentação do sistema financeiro. Nenhum problema de seqüência coloca-se como dar precedência ao comércio ou ao capital, mas antes como organizar uma devassa geral do sistema, seguida pela abertura internacional. Adiar ambas, tal como fez a Coréia, é apenas um convite à megacrise.

VELHAS RESPOSTAS

A discussão herdada do passado gira em torno de dois temas. O primeiro, proposto na forma mais articulada por James Tobin (1984), consiste na defesa da idéia de que os mercados de bens devem ser protegidos dos caprichos e extravagâncias dos mercados de capitais internacionais. Quanto maior a possibilidade de fazer rapidamente ingressar e depois sair capitais em um país, tanto maior a influência da volatilidade dos mercados de capitais sobre os mercados de bens. Uma vez que os distúrbios nos mercados de capitais não estão necessariamente associados a mudanças em coisas fundamentais, o remédio consiste em "jogar areia nas engrenagens" taxando as conversões de moeda estrangeira. O outro tema da discussão, melhor representado por McKinnon & Pill (1995), focaliza a seqüência: o que deve ser priorizado, a conta de capital ou a conta corrente? Segundo McKinnon, não resta dúvida: a conta de capital deve ser priorizada. Vários incidentes na América Latina são invocados como prova do que pode acontecer quando a seqüência não é orientada adequadamente.

Consideremos primeiro a taxa Tobin, advogada no contexto dos países ricos, mas hoje igualmente relevante, se não mais relevante, para economias emergentes que enfrentam pela primeira vez os capitais internacionais e o livre mercado. Tobin sustentou, da mesma forma que Keynes havia sustentado, que um imposto sobre as transações financeiras alargaria o horizonte temporal, deslocando a atenção da *especulação para o empreendimento*.

Em Dornbusch (1986, 1996, 1997), eu incorporei esse argumento à defesa de um imposto sobre pagamentos transnacionais, enfatizando exatamente a mesma razão apontada por Tobin: uma taxa pequena amplia o horizonte, e nada mais. Acrescentei que se não bastar a areia, que se usem pedras. Porém, no último artigo também reconheço que, por mais desejável que seja a taxa Tobin para o controle do ruído de fundo, ela não pode fazer muita coisa. A taxa apenas abafa um certo ruído, mas não garante aos governos nenhuma oportunidade para buscar políticas que, sem qualquer impacto sobre as condições correntes do mercado de câmbio, piorem as perspectivas de longo prazo para o capital. A Ásia não foi derrubada por uma incursão míope, de curto prazo, de capitais: uma taxa Tobin não teria evitado a crise. Qualquer pessoa que preveja uma depreciação de 30% pagará de bom grado uma taxa Tobin de 0,1%.

Uma taxa Tobin não é uma solução para a fuga de capitais resultante da previsão de colapso do preço dos ativos, das instituições financeiras e mesmo da continuidade política. A solução neste caso, por mais tola que possa parecer, depende da prudência e não do cinto de segurança.

Se a idéia de Tobin é que um imposto sobre transações em moeda estrangeira limita a possibilidade de uma fuga rápida de capitais, a verdade é que em mercados emergentes já existe um tal imposto. Na realidade, a segmentação ainda é tal que os custos de transações são bastante substanciais. As comissões a serem pagas e os diferenciais entre preço de compra e preço de venda (os *bid-ask spreads*) são tais que, na prática, equivalem a uma taxa Tobin. Além disso, no início de uma crise, elevam-se rapidamente. Logo, uma taxa Tobin existe de fato. Ainda assim, diante da perspectiva de um colapso financeiro, o capital tenderá a fugir. Precisa-se de algo mais fundamental.

O debate levantado por McKinnon, se deve vir em primeiro lugar a liberdade de comércio ou a liberdade dos fluxos de capitais, perde de vista o lado prático. Tanto a abertura comercial como a financeira envolvem reestruturações industriais: no primeiro caso, a do setor de bens e serviços; no segundo, a do setor financeiro. Nada é pressuposto a respeito de qual delas deve esperar ou qual deve vir primeiro. Já que uma situação de protecionismo equivale a um desperdício de recursos em ambos os setores, quanto mais rápida a resposta, tanto melhor. Dado que é mais provável que o gradualismo e a seqüência sejam feitos reféns de pressões políticas contrárias à melhor utilização dos recursos e que um argumento convincente a favor do gradualismo nunca foi apresentado, a resposta correta é seguir em frente a todo vapor.

Contudo, a análise de McKinnon enfoca corretamente uma questão fundamental que deve ser destacada: o problema do balanço. Para produtores que competem com artigos têxteis importados, o problema do balanço não tem interesse: eles podem ou não falir; porém, isso não deve preocupar o economista do bem-estar. Para os bancos e outras instituições financeiras, todavia, o problema é preeminente, pois a situação deles é especial: implicitamente ou explicitamente, seus passivos são garantidos. Ao emergirem de um período de repressão financeira e controle político, os bancos tendem a agir mal ou muito mal.

Mesmo antes da crise, o FMI (1996, p. 114) registrou a força financeira dos bancos em mercados emergentes. De um total de 151 grandes bancos, apenas 11% foram avaliados com pelo menos C+. De fato, não havia sequer um banco com A e somente Cingapura tinha bancos com B+, e apenas Hong Kong bancos com B. Para nenhuma surpresa, os restantes 90% desmoronaram sob a mais fraca tempestade.

A abertura da conta de capital desencadeia, portanto, um processo quase inevitável de falência: bancos de má qualidade concedem maus empréstimos domésticos e, buscando sustentá-los, tomam empréstimos no exterior, o que cria um risco nacional porque, por definição, eles não são capazes de pagá-los. A dinâmica vai ainda mais adiante: bons clientes deixam esses bancos de má qualidade porque podem obter melhores condições em novos ingressos. Dessa forma, os bancos de má qualidade têm as entradas em seu portfólio de créditos reduzidas, e seus custos de refinanciamento aumentados. Fazem mais empréstimos especulativos e por isso ficam em pior situação. Também tomam empréstimos com vencimentos mais curtos porque esse é o único dinheiro que conseguem obter. Tomam empréstimos não hedgeados em moeda estrangeira porque só se pode falir uma vez, e essa parece ser a melhor maneira de evitar a morte lenta. De fato, ela é evitada, mas pode resultar em uma inesperada morte súbita, tal como presenciamos em toda a Ásia.

A lição é que a abertura financeira não deve ocorrer em um ambiente com um sistema bancário e financeiro mal regulamentados e mal controlados. Isso não é tanto um argumento para que se retarde a abertura, mas um argumento para que se apresse a eliminação da repressão financeira, das más regulamentações e da desagradável supervisão financeira.

IDÉIAS NOVAS SOBRE CONTROLES DE CAPITAIS

O debate atual sobre as lições tiradas da crise comporta dois tipos de defesa. Alguns defendem controles de capitais *ex post* e *ad hoc*. Diante de uma crise, segundo essa escola de pensamento, as autoridades deveriam simplesmente suspender a conversibilidade da conta de capital. Os que estão no meio da crise estão presos numa armadilha, não podem sair, não podem derrubar a moeda corrente, e por isso não conseguem amplificar a crise. Eles se tornariam parte da solução em vez de amplificar a crise.

Esta resposta é simplista e profundamente equivocada. É verdade que em uma situação especial, controles *ad hoc* de movimentos de capitais limitariam os danos imediatos. Contudo, isso se daria apenas superficialmente, pois se seguiriam duas ordens de conseqüências. Em primeiro lugar, num cenário global, controles *ad hoc* de capitais em um país contagiariam imediatamente não apenas os suspeitos usuais, mas também outros: temerosos de que a crise pudesse se propagar ou se propagasse de fato, os investidores, por toda parte, agiriam de forma preventiva, retirando seu dinheiro sem esperar por mais más notícias. Inevitavelmente, controles de capitais espocariam em todo o mundo, o que reduziria enormemente a possibilidade de intervir para estabilizar a especulação. Não é sábio emprestar em países que se tornam ilíquidos quando a situação piora. Surgiriam prêmios de risco sobre o investimento nesses países, os vencimentos encurtariam, e a fuga preventiva de capitais viria a ser a regra. Controles *ad hoc* de capitais são simplesmente o pior tipo de sistema.

Muito mais preferível é o sistema de controles preventivos sobre os movimentos de capitais, que limita, antes de tudo, o tamanho dos fluxos de entrada, ou que ao menos estrutura os vencimentos. Nesse quadro, o melhor investimento é em ações ordinárias, seguido de títulos de longo prazo e acompanhado por uma clara reprovação dos empréstimos com vencimento curto. Se isso puder ser feito, a avalanche de fluxos de saída de capitais deixa de ser uma possibilidade imediata ou, se ela acontecer, a flexibilidade do câmbio torna-se um importante mecanismo de estabilização. Se um país tem uma montanha de dívidas de curto prazo, os movimentos da taxa de câmbio aumentam os riscos de falência. O que não é o caso dos títulos de longo prazo ou das ações, dado que os movimentos da taxa de câmbio aumentam os rendimentos e por isso encorajam a estabilização da especulação. Em toda a Ásia, o predomínio de dívidas de curto prazo, muito mais que o excesso de reservas, exclui esse mecanismo de estabilização da especulação.

É claro que a implementação de controles de fluxos de entrada de capitais é a parte mais difícil. O Chile foi eficaz nisso, mas é difícil acreditar que países com estruturas de governo menos consistentes possam efetivamente dar conta da situação do modo honrado como o Chile conseguiu. A Coréia é um exemplo. O capital externo se limitava a empréstimos de curto prazo; títulos de longo prazo e ações foram excluídos. Boa parte dos empréstimos de curto prazo foi investida em títulos da Rússia e *Brady bonds* brasileiros, sem sequer entrar no país. A solução é dada pelos controles sobre os movimentos de capitais ou por uma melhor estrutura de gestão do risco?

Como alguns argumentaram, limitar os fluxos de entrada de capital é a melhor estratégia. Forçar o recurso a vencimentos com prazo maior e taxar empréstimos de curto prazo representam melhores soluções.

MELHORES SOLUÇÕES

Uma resposta moderna ao problema da integração no mercado mundial de capitais é entusiasticamente positiva. O mercado de capitais exerce uma importante função de supervisão das tentações de colocar em prática políticas econômicas inadequadas. Talvez os governos não gostem de estar sob a vigilância do mercado de títulos, mas poupadores e investidores devem estar entusiasmados. É a lição clara que emerge depois de uma década de reorientação à política de ajuste macroeconômico nos Estados Unidos e na Europa. Hoje em dia, a primeira preocupação do governo é o mercado de títulos, o que contribuiu para disciplinar a política econômica. As economias emergentes podem se permitir menos ainda estar em desacordo com o mercado mundial de capitais, pois a maioria delas necessita de capitais: por isso não deveriam desligar o monitor que as ajuda a prover-se deles em condições melhores e mais duradouras.

Um exame na crise financeira da Ásia, ou na anterior do México, revela uma assustadora falta de supervisão adequada por parte de todos os interessados. O FMI é claramente culpado: depois do México, alardeou um novo sistema de difusão de dados, incluindo estruturas de vencimento de dívidas.

Ninguém jamais viu funcionando qualquer coisa desse gênero e muito menos um sistema que tivesse chamado a atenção para a grande vulnerabilidade em jogo.

Os próximos a serem criticados são as agências de classificação de risco de crédito. Sua análise do risco está absurdamente defasada e sua competição para fornecer avaliações mais positivas, objetivando fomentar a demanda por negócios, é muito questionável. Sem dúvida, devem ter tirado alguma lição da crise, mas é duvidoso que seus funcionários e os recursos técnicos existentes tenham realmente a capacidade de estimar o risco-país. O fato de se concentrarem na relação entre dívida e exportações, por exemplo, deixa claro que não percebem suficientemente a importância dos problemas de balanço relativamente aos velhos problemas de conta corrente.

Os credores recebem sua parcela de crítica, como ocorre depois de toda crise. Há bastante tempo, Frank Taussig (1928, p. 130) disse o seguinte sobre os fluxos excessivos de capitais e sua brusca reversão:

> Os empréstimos dos países credores começam com valores modestos e depois aumentam num crescendo. Costumam ser feitos em quantidades excepcionalmente elevadas quando próximos da fase culminante de um período de atividade econômica e alta especulativa e, durante essa fase, aumentam de mês em mês enquanto durar a alta. Com a chegada de uma crise, são cortados de um só golpe e drasticamente, podendo inclusive cessar inteiramente.

O padrão permanece obviamente sendo o mesmo padrão, apesar de toda a experiência passada. Os governos de países em crise evidentemente têm boa dose de responsabilidade. Clientelismo e corrupção generalizada são fatores essenciais de uma crise, da Tailândia à Indonésia e Coréia. Más políticas de taxas de câmbio se somam às condições que levaram à crise (ver Dornbusch & Park, 1995), além da extraordinária incompetência dos burocratas que apostam até o último níquel das reservas, tão-somente provocando uma crise ainda mais aguda.

Um sistema eficaz de supervisão ao menos colocaria obrigatoriamente em operação uma análise de *value-at-risk* (VAR — valor sob risco) não apenas para cada instituição financeira (como a que opera nos Estados Unidos, por exemplo), mas de fato para o país inteiro. A grande questão sobre como o FMI poderia ser mais eficaz na prevenção em vez da solução de crises tem uma resposta simples. Admitindo um período de transição de um ou dois anos, de qualquer membro do FMI seria exigido fazer operar um sistema de supervisão e regulamentação satisfazendo tanto padrões internacionais como também uma avaliação de VAR. Tudo isso seria monitorado pelo FMI, e qualquer país que se mostrasse deficiente não estaria habilitado a receber ajuda do FMI.

Dessa forma, toda crise honesta seria generosamente solucionada com créditos concedidos pelo FMI, enquanto crises previsíveis, devidas à desordem e à falta de regulamentação adequada recairiam pesadamente sobre o país responsável, sem qualquer socorro internacional. Os mercados de capitais evidentemente buscariam o aval das avaliações de condições financeiras feitas pelo FMI e puniriam severamente, com *spreads* maiores, defeitos na avaliação do risco. Em uma autópsia das crises, um único fator se destaca: um número muito elevado de passivos de curto prazo denominados em dólares. É evidente que qualquer análise de VAR colocaria imediatamente em evidência os riscos resultantes: grandes oscilações das taxas de câmbio poderiam devastar balanços sem cobertura. Condições adversas poderiam levar a uma crise de financiamento, que traria consigo uma generalização do risco de crédito atribuído ao país e, como conseqüência, o desaparecimento de mercados ordenados. Em sentido amplo, isso poderia acontecer com qualquer país, mas quanto maior a dívida em dólares relativamente aos balanços e às reservas (por isso os gigantescos coeficientes de endividamento, como no caso da Coréia, fazem crescer a possibilidade de uma explosão) e quanto menores os prazos de vencimento, tanto maior a probabilidade de que ocorra. No momento em que o foco se desloca da sustentabilidade para a vulnerabilidade, a discussão inteira se altera: o centro das atenções é ocupado pelo cenário desfavorável e a possibilidade de que piore. Uma análise de VAR sistemática destaca exatamente isso. Conseqüentemente, os países se dedicariam a aliviar uma exposição excessiva, alongando prazos de vencimento e recorrendo à cobertura dos passivos, aumentariam suas reservas, restringiriam seus orçamentos e fariam tudo o que fosse necessário para baixar os níveis de risco. Desse modo, os países poderiam conviver muito bem com um mercado aberto de capitais e capitais de grande mobilidade.

Uma outra dimensão de uma resposta à perspectiva de vulnerabilidade é estabelecer mecanismos de resseguro. Governos falidos, que apostaram e perderam suas reservas de moeda estrangeira e sua posição no mercado internacional de crédito, não podem exercer a função de emprestadores de última instância, nem para suas instituições financeiras nem para o país inteiro. A resposta apropriada ao risco de uma crise de crédito internacional consiste em estabelecer estruturas de sustentação. Uma ótima solução é exigir do sistema bancário de um país que busque a capacidade de recorrer a estruturas internacionais. A Argentina de fato fez funcionar um tal sistema. O atrativo desse mecanismo não é apenas tornar disponíveis os recursos que estejam faltando e, dessa forma, aliviar a dificuldade, mas, sobretudo, que os emprestadores têm um forte interesse em não emprestar a devedores que se encontram em má situação. Conseqüentemente, eles mesmos fiscalizarão a solvência e a liquidez de seus potenciais clientes. Esse mecanismo opera na prevenção do acúmulo de maus empréstimos e assim previne as crises ou as torna menos severas. O mercado mundial de capitais está aí para prover não somente dinheiro, mas também controle, contanto que lhe concedamos poder para isso.

REFERÊNCIAS

Dornbusch, R. 1986. "Flexible Exchange Rates and Excess Capital Mobility", *Brookings Papers on Economic Activity*, 1.

—— 1996. "It's Time for a Financial Transactions Tax". *The International Economy*, ago./set. 1970.

—— 1997. "Cross-Border Payments Taxes and Alternative Capital-Account Regimes", em *International Monetary and Financial Issues for the 1990s*, pesquisa para o grupo dos 24, vol. 8, UNCTD, Nações Unidas, Nova York e Genebra, pp. 22-35.

Dornbusch, R., e Y.C. Park (orgs.) (1995). "Financial Integration in a Second Best World", em *Financial Opening*. Centro Internacional para o Crescimento Econômico (ICEG).

FMI (1996) *International Capital Markets*. Washington, D.C.: FMI.

McKinnon, R., e H. Pill (1995). "Credit Liberalization and International Capital Flows". Mimeo, Stanford University.

Taussing, F. (1928) *International Trade*. Nova York: Macmillan.

Tobin, J. (1984) "On the Efficiency of the Financial System". *Lloyds Bank Review*, julho.

10

Por que os pacotes de ajuda são um mau remédio

Em todo o mundo, as autoridades financeiras estão apreensivas. Dificilmente passa um mês sem que se descubra uma grande fraude: Metall Gesellschaft, Barings, Daiwa Securities, Sumitomo Bank, e inúmeras outras. De tempos em tempos, um país inteiro despenca no abismo financeiro. Os formuladores de política econômica esperam que novos controles, regulamentações e formas de vigilância agirão rapidamente, antes que algum novo desastre mine todo o sistema financeiro internacional.

Enquanto isso não ocorre, cabe ao mercado punir os transgressores. A desintegração do Barings e o vigoroso julgamento da Daiwa em Nova York são exemplos. Contudo, a punição é muito mais rigorosa quando economias inteiras são mal administradas financeiramente.

Consideremos a autópsia do colapso do México e do socorro prestado ao país. Há um consenso de que a crise mostrou a necessidade de duas coisas: melhor vigilância e maiores recursos financeiros. Porém, uma terceira poderia ser ainda mais importante: nenhuma intervenção automática para socorrer os investidores.

Países isolados têm a capacidade de regulamentar e fiscalizar seus próprios mercados. Se essas funções forem desempenhadas conscienciosamente, os acidentes de larga escala tornam-se menos prováveis.

Contudo, na comunidade internacional, não é assim que as coisas funcionam. Não existe um organismo reconhecido internacionalmente que estabeleça regras de comportamento com respeito às taxas de câmbio ou a outra questão

---

Publicado originalmente na *Business Week*, 8 de julho de 1995, p. 20. Reproduzido com permissão.

macroeconômica. Se, por exemplo, um país decide aumentar secretamente sua oferta de moeda, não é provável que alguém conteste essa política. Enquanto a moeda estrangeira continuar fluindo, o ministro das Finanças estará em alta. Quando os investidores estrangeiros descobrirem o problema e o dinheiro começar a estancar, será tarde demais para prevenir uma crise. Quando então o Fundo Monetário Internacional e os bancos centrais tentarem ajudar, o país já estará numa situação profundamente complicada.

NÃO FALTAM DADOS

Não devemos nos enganar acreditando que uma maior disponibilidade de dados preveniria esse tipo de crise. Há informações abundantes sobre crescimento, problemas bancários, taxas de juros e comércio. Mais dados não ajudarão os investidores que se recusam a encarar os fatos.

No pacote de ajuda ao México, o Tesouro dos EUA e o Fundo Monetário Internacional se uniram para organizar um empréstimo colossal. Buscou-se apressadamente a participação dos europeus do FMI. A posição alemã foi que socorrer os investidores seria um erro. O Bundesbank em especial acreditava que os pacotes de ajuda financeira dão aos investidores uma falsa sensação de segurança e que deveriam ser reservados para problemas que ameaçam o sistema financeiro inteiro.

A visão dos EUA, ao contrário, é de que o sistema financeiro global é extremamente frágil. A crise mexicana mostra o risco de não se ter bastante dinheiro em mãos para intervir rapidamente. O governo Clinton teve de lutar com o Congresso para obter fundos, mesmo em pleno colapso mexicano.

Ambas as visões do problema dos pacotes de ajuda estão obviamente certas. Dizer aos investidores que serão sempre salvos envolve um risco. Contudo, também há um risco da crise de um país fugir ao controle e ameaçar todo o sistema financeiro global. O problema é como chegar a um ponto de equilíbrio. No século XIX e até os primeiros anos da década de 1980, os governos não intervinham para socorrer os investidores privados. A história dos empréstimos estrangeiros está repleta de países em perigo, empréstimos não-liquidados e investidores decepcionados. Os Foreign Bond Holders Protective Councils (Conselhos para a Proteção dos Detentores de Títulos Estrangeiros) organizaram uma multidão de credores e renegociaram os termos dos acordos com os países insolventes. Esses conselhos funcionaram muito bem. O Conselho norte-americano durou até meados dos anos 60.

SINAIS CONFUSOS

Na história dos empréstimos estrangeiros, nada sugere que os mercados privados não sejam capazes de gerir créditos ou que a inadimplência de alguns países termine inevitavelmente em crise sistêmica. É importante permitir que os mercados façam seu trabalho, deixando os governos fora dos pacotes de ajuda. Os investidores privados precisam aprender de novo o risco e transferir sua aversão a más políticas para potenciais devedores. Em um tal sistema, boas políticas são premiadas com baixas taxas de juros e crédito abundante, enquanto más políticas comportariam elevadas taxas punitivas e escassez de crédito. O atual sistema de socorro preventivo (baseado na pressuposição de que os países são grandes demais para falir) confunde os sinais do mercado, leva a más políticas e, com isso, cria problemas recorrentes.

Assim, da próxima vez que um país estiver em perigo, as instituições financeiras internacionais e as principais potências deveriam lhe dar as costas. Isso vai exigir sangue-frio dos formuladores da política econômica internacional, mas o mundo continuará funcionando, da mesma forma que tem feito durante 150 de anos países inadimplentes. Ensinar uma lição em menor escala libera o sistema financeiro para intervir com mais vigor no caso de uma verdadeira crise.

11

Verifique as leis antes de investir no exterior

Investimentos transnacionais em ações e títulos estiveram em voga na maior parte dos anos 90. Foi possível pensar que o colapso mexicano haveria de moderar o entusiasmo por tais fluxos de capitais, mas essa moderação não ocorreu. O capital precipita-se em todo tipo de mercados emergentes, do México, mais uma vez, à Rússia, às Filipinas e à Argentina. Segundo os últimos cálculos, mais de 1.200 fundos de países emergentes administram mais de cem bilhões de dólares em ações. Acrescentem a isso os bilhões investidos em instrumentos negociáveis em dólares e em moeda local, e o total é assombroso. Mas as pessoas de fato sabem o que estão comprando? Elas compreendem o risco?

Uma equipe de estudiosos de Harvard — Rafael La Porta, Florencio Lopez De Silanes e Andrei Shleifer — e Robert W. Vishny, da Universidade de Chicago, são os autores de um estudo, publicado pelo National Bureau of Economic Research, que trata exatamente desse problema. *Law and Finance* (Direito e Finanças) pergunta quais são as instituições que operam na proteção de acionistas contra abusos e apropriações indevidas. O que acontece aos possuidores de títulos emitidos por corporações quando países ou empresas estrangeiras se tornam inadimplentes?

A pergunta não é acadêmica. Na Rússia, os investidores descobriram que não podem comparecer a assembléias de acionistas sem serem agredidos. No Brasil, as ações locais tendem a ser mais baratas do que as de multinacionais porque a administração freqüentemente suga os lucros usando subfornecedores

Publicado originalmente na *Business Week*, 28 de outubro de 1996, p. 34. Reproduzido com permissão.

inteiramente sob o seu controle, deixando bem pouco aos acionistas. No México, detentores de títulos descobriram que os processos de falência podem levar uma década: terminam renegociando a dívida em vez de passarem anos tentando tomar posse das garantias reais. No Japão, T. Boone Pickens Jr. descobriu que as assembléias de acionistas são manipuladas de modo a proteger a administração: ter um investimento significativo não equivale a exercer um controle significativo.

PROTEÇÕES DO DIREITO COSTUMEIRO

O estudo em questão examina minuciosamente os sistemas jurídicos nacionais para verificar se os investidores têm efetivamente a possibilidade de recorrer a mecanismos legais. Conclui que dois sistemas jurídicos dominantes, o direito costumeiro anglo-saxão e o direito civil francês, foram adotados ao redor do mundo, provendo o arcabouço básico para o investimento. O direito francês é o que menos protege os investidores. Os países que adotam o direito costumeiro proporcionam aos investidores inúmeros meios de salvaguardar seus interesses: voto a distância, permissão para transferir quotas durante as assembléias de acionistas, menor número de quotas exigido para convocar uma assembléia extraordinária, leis para proteger acionistas minoritários etc. Isso vale tanto para os detentores de ações como para os credores.

Nos países em que vige o direito civil francês, vale o princípio *caveat investor* ("que o investidor esteja avisado", isto é, o investidor deve estar atento — pelo menos se supõe que esteja — às condições da operação de investimento que está prestes a realizar, de forma que não poderá contar com um respaldo legal para posterior reclamação, exceto nos casos de fraude ou garantias expressas no contrato). Os investidores são os que ganham menos entre todos. Toda a América Latina opera com o sistema francês, enquanto a maior parte da Ásia faz uso do direito costumeiro. O Japão adotou o direito costumeiro alemão, que fica em um nível intermediário entre os dois sistemas dominantes quanto à proteção dos direitos dos investidores.

Tudo isso faz diferença para os fluxos de capital e para a disponibilidade de finanças ao redor do mundo? Certamente. Se os investidores não estiverem suficientemente protegidos, eles se manterão afastados. Os financiamentos externos estancarão, e menos recursos estarão disponíveis para o crescimento. Portanto, aplicar aos investidores algo que não seja o direito costumeiro é uma estratégia pobre para o crescimento.

MARÉ CHEIA

Há várias maneiras de os investidores contornarem uma fraca proteção. Uma delas é simplesmente adquirir uma quota de ações majoritária e juntar-se ao grupo dirigente local como parceiros de negócios e não apenas como investidores. O lado negativo é que essa estratégia é bem menos eficiente em termos macroeconômicos abrangentes, não havendo garantia de que os parceiros locais protegerão os investidores estrangeiros em qualquer caso. Outra estratégia é estabelecer parcerias com os próprios governos estrangeiros.

Precisamente agora, estamos vivendo em um mundo no qual os mercados de ações e de títulos crescem: uma maré cheia faz subir todos os barcos. O contexto legal não faz muita diferença porque os administradores e os acionistas estão do mesmo lado. Contudo, quando a atmosfera atual amainar e os mercados enfraquecerem, os investidores terão de pensar seriamente em como recuperar suas perdas quando surgirem dificuldades.

Em todo o mundo, os países emergentes estão reformando seus sistemas financeiros, abrindo-se ao capital externo e reduzindo o tamanho do aparato estatal. O problema de como proteger os investidores é fundamental para o desempenho de um sistema financeiro. A estabilidade macroeconômica e a ausência de crises monetárias são apenas um ponto de partida.

Na corrida para diversificar internacionalmente o portfólio, e na pressa de colher ganhos de capital sobre ativos aparentemente subvalorizados, os investidores compraram títulos estrangeiros em grandíssima escala. Seria surpreendente se, contrariamente à experiência do século passado, essa atmosfera continuasse para sempre.

12

Como o Federal Reserve pode domar os mercados monetários selvagens

Em 1944, os líderes financeiros do mundo livre reuniram-se em Bretton Woods, New Hampshire, para planificar o sistema financeiro do pós-guerra. Nos anos 30, a economia mundial havia se desintegrado; o mundo do pós-guerra necessitava de uma estrutura para manter abertas as rotas comerciais. Os especialistas procuraram criar novas instituições que prevenissem a instabilidade monetária, desvalorizações competitivas, tarifas e quotas de importação. Eles queriam fixar as taxas de câmbio e realinhá-las somente em caso de "desequilíbrio fundamental".

Em grande parte, eles tiveram sucesso. Depois da Segunda Guerra Mundial, o comércio internacional se expandiu mais rápido que a produção mundial. A Alemanha e o Japão, derrotados, experimentaram uma sólida retomada econômica. A despeito das fricções comerciais do dia-a-dia, o mundo mudou de sistema fechado em economia aberta.

Bretton Woods levou boa parte do crédito, mas de fato pouco tinha a ver com ele: a maior parte do crédito é dos Estados Unidos. Começando com a Lei dos Acordos de Comércio Bilateral, de 1934, os Estados Unidos reverteram o protecionismo internamente e promoveram o livre comércio internacionalmente.

O mundo dos câmbios fixos de Bretton Woods nunca foi tão idílico como muitos pretenderam nos fazer crer. Muitas moedas permaneceram inconversíveis durante vários anos após a guerra. As leis de controle do câmbio prevaleceram e os burocratas decidiam sobre as transações monetárias espe-

Publicado originalmente na *Business Week*, 22 de agosto de 1994, p. 18. Reproduzido com permissão.

cíficas. Na Inglaterra, essa situação incômoda continuaria até a eleição de Margaret Thatcher como primeira-ministra em 1979. No Japão, durou até os anos 80.

As taxas de câmbio também nunca foram completamente fixas: havia constantes realinhamentos. As crises monetárias eram rotineiras, concentrando-se em torno de um forte marco alemão, uma anêmica libra esterlina, um abalado franco francês e um dólar norte-americano demasiado oneroso.

POLÍTICA PRAGMÁTICA

O sistema de câmbios fixos fictícios entrou em colapso no início dos anos 70, quando os Estados Unidos consideraram inoportuno gerir sua própria economia usando padrões que o Bundesbank estabelecera para a Alemanha. Uma substancial desvalorização do dólar mostrou que ele vinha sendo sobrevalorizado por vários anos, prejudicando o crescimento norte-americano.

O mundo das flutuações cambiais tampouco tem sido um paraíso desde então, como ficou particularmente evidente nos anos 80, quando um mal orientado Tesouro norte-americano tornou-se dogmático, mantendo-se afastado de qualquer intervenção sobre o dólar nos mercados monetários. Em meio a taxas de juros estratosféricas, durante a recessão Volcker, o dólar disparou, alcançando uma gloriosa sobrevalorização de 30% a 50%.

Comparado aos anos 80, temos hoje uma política pragmática. Há muita "flutuação suja", com os governos intervindo nos mercados. Quaisquer que fossem os sonhos dos românticos de Bretton Woods, os governos estão determinados a não repetir o erro de imobilizar suas moedas, apenas para torná-las alvo fácil de ataques especulativos.

É verdade que a volatilidade da taxa de câmbio marco/dólar é quase três vezes maior atualmente, com taxas flutuantes, do que no período de taxas fixas. Mas quais são as conseqüências? Uma é que as taxas flexíveis deram aos países a capacidade de seguir uma política independente, voltada ao atendimento de necessidades domésticas em vez de exigências dos mercados monetários.

SEM RETORNO

Contudo, essa política favorável ao crescimento pode trazer consigo um inerente viés inflacionário. Aqueles que gostariam de retornar a um sistema de câmbios fixos acreditam que vincular um país a bancos centrais estrangeiros mais responsáveis no exterior limitaria essa tendência e reduziria a instabilidade dos mercados financeiros. Infelizmente, não se pode retornar a sistemas como o de Bretton Woods: o Bundesbank não aceitaria uma política monetária estabelecida pelos Estados Unidos; os Estados Unidos não aceitariam uma camisa-de-força imposta pelo Bundesbank sobre sua economia. Assim, para bem ou mal, os câmbios fixos não têm nenhuma possibilidade de sucesso.

É claro que há a experiência do Sistema Monetário Europeu (SME). Tão logo os países europeus ancoraram suas moedas ao marco alemão, permitiram ao Bundesbank que guiasse suas políticas monetárias. Os países obtiveram ganhos no *front* da inflação; porém, Grã-Bretanha, Itália e Espanha assistiram ao colapso de suas moedas em meio a uma corrida especulativa sem quartel. Apenas as nações que mantiveram câmbios fixos foram verdadeiros adeptos da política do Bundesbank. Ainda assim, as margens de oscilação dos câmbios nos países do SME têm sido ampliadas desde então.

Resta, contudo, a pergunta: por que não anunciar bandas cambiais para as relações entre as principais moedas — tais como dólar/marco ou dólar/iene — a fim de gerar maior previsibilidade? A resposta é que, a menos que haja uma firme coordenação monetária, um tal sistema é tão suscetível de sofrer ataques quanto o sistema rigidamente fixo.

Uma estratégia melhor é deixar que o Federal Reserve anuncie publicamente uma meta de inflação para os próximos anos, entre 1% e 3 %. E que o Congresso controle a situação e o Fed busque vigorosamente políticas que realizem tal meta. Com o tempo, a meta será aceita pelos mercados em todo o mundo e então terá desaparecido a principal razão das flutuações monetárias selvagens: a preocupação com a inflação e com a capacidade do Fed para detê-la.

O sistema monetário internacional é importante. O melhor é aquele que combina as vantagens da flexibilidade das taxas de câmbio com uma meta firme de inflação. Poder prever baixas taxas de inflação traz grandes benefícios: a estabilidade monetária é um deles. Os puristas não ficarão satisfeitos porque as moedas ainda continuarão a se mover, mas as flutuações amplas e perturbadoras terão, em sua maior parte, desaparecido. E qual é o problema se, quando aparecerem, os governos intervirem nos mercados cambiais para desaquecê-los?

13

A eficácia das mudanças da taxa de câmbio

INTRODUÇÃO

Este capítulo é dedicado ao seguinte problema: as taxas de câmbio são um instrumento vantajoso de política econômica?[1] É um problema que acirra os ânimos, porque a idéia de que a taxa de câmbio *real* é uma variável de política econômica é firmemente rejeitada por qualquer expoente da escola "neoclássica", e mesmo por um grupo mais abrangente que resista a atribuir à quantidade nominal de moeda ou à taxa de câmbio nominal um papel importante no âmbito da política econômica. Qualquer uma delas pode, é claro, ser manipulada. Contudo, saber se tais operações permitem modificar a quantidade *real* de moeda ou a taxa de câmbio *real* é uma outra questão.

O artigo busca destacar os casos em que as taxas de câmbio são apropriadas na mescla de instrumentos de política econômica. Dois problemas devem ser levados em consideração. O primeiro: os fluxos comerciais são responsivos aos preços relativos? O segundo: as mudanças nominais das taxas de câmbio podem mudar os preços relativos? Se ambas as respostas forem afirmativas, então os ajustes da taxa de câmbio podem ter um papel valioso.

Os ajustes da taxa de câmbio certamente não são uma panacéia: em caso de dúvida, desvalorizar é a resposta equivocada. Porém, em circunstâncias onde há desemprego e déficit (indicando que há necessidade de uma deflação para restabelecer a competitividade), a depreciação do câmbio é, com freqüência, a resposta correta. É claramente equivocado insistir dogmaticamente que a desva-

---

Publicado originalmente em *Oxford Review of Economic Policy*, vol. 12, n. 3, 1996, pp. 26-38. Reproduzido com permissão.

lorização implica necessariamente uma inflação. Da mesma forma que um aumento da quantidade nominal de moeda, em certas circunstâncias, pode aliviar uma deficiência de demanda, uma depreciação da moeda pode evitar que se necessite de uma deflação. Os puristas estão certos: a deflação sempre é uma alternativa praticável. Todavia, em se tratando de política econômica, continua sendo apropriado pressupor que a deflação tem seus custos.

Admitir a possibilidade de a depreciação nominal mudar os preços relativos é muito diferente de sustentar que uma estratégia de depreciações recorrentes, previsíveis e acentuadas é uma estratégia eficaz de administração das taxas de câmbio. É claro que as expectativas viriam a refletir esse regime, que a fixação dos salários anteciparia a estratégia de desvalorização e que para os formuladores da política econômica restaria a inflação em vez de mudanças duradouras das taxas de câmbio reais.[2] Por isso, uma desvalorização bem-sucedida é um acontecimento muito raro e bastante especial. Tendo definido o âmbito de validade dessa estratégia, agora é apropriado defender vigorosamente esse âmbito restrito de validade das afirmações insensatas de que se trata de uma estratégia que nunca funciona, não pode funcionar e nunca funcionou.

A má reputação da proposta de utilizar a desvalorização como um instrumento de política econômica que pode funcionar em alguns casos obviamente pode estar associada ao medo de aderir a políticas inspiradas em um tempo e uma mentalidade que já desapareceram, um mundo de salários viscosos e preços rígidos "para baixo" (em outros termos, o velho *keynesianismo*). Mas o pêndulo está oscilando de volta ao passado: uma certa rigidez de preços e salários, devido às contratações, está de novo em voga e, à medida que os países desenvolvidos tendem à deflação, até mesmo a rigidez "para baixo" dos salários tornou-se um respeitável tópico de pesquisa.[3]

Nos últimos trinta anos, a teoria do equilíbrio e vários discursos de solidez monetária, incluindo o conceito de credibilidade, ganharam terreno: tudo isso é benéfico. Nas décadas precedentes, um keynesianismo bastante restrito dominou sem contestação: os preços eram adornos e não a pedra fundamental da macroeconomia, o ativismo econômico era a norma e a inflação era o resultado. Agora é necessário encontrar um novo ponto de equilíbrio. Como a inflação desapareceu em muitos países, e a deflação é uma perspectiva concreta (e dolorosa, como já mostraram os exemplos da Argentina, do Canadá, da Finlândia e da Suíça), não perdemos muito ao perguntar sob quais condições restritas e especiais uma depreciação nominal pode ser eficaz. Para responder a essa questão, devemos obviamente ter uma resposta à questão central de se uma desvalorização pode mudar os preços relativos de uma forma duradoura. Não será surpresa descobrir que a desvalorização pode funcionar se e somente se houver necessidade de uma redução dos salários reais, e os salários não forem flexíveis "para baixo", mas não havendo uma verdadeira rigidez salarial. Ocorrem tais circunstâncias? Algumas vezes, sim.

O MODELO DE EQUILÍBRIO

Um ponto de partida apropriado para a discussão é um modelo de equilíbrio para uma pequena economia aberta. Focaliza o mercado de trabalho (equilíbrio interno) e a conta comercial (equilíbrio externo). Para o que quero destacar, não há necessidade de levar em consideração os mercados de ativos e a mobilidade internacional dos capitais. Portanto, somente o mercado de trabalho e o equilíbrio externo serão focalizados.

Duas variáveis determinam o produto e o emprego: o salário em dólares, W/e, e a quantidade de moeda em dólares, H/e. W e H denotam, respectivamente, o salário nominal e a quantidade de moeda; e denota a taxa de câmbio (medida como o número de unidades da moeda doméstica para comprar uma unidade de dólar). Um aumento do salário em dólares prejudica o emprego porque piora a competitividade internacional.[4] Para manter o emprego ao nível precedente, é necessário um aumento dos saldos reais (e, como conseqüência, aumento da despesa) que compense a perda súbita, como mostra a curva com inclinação positiva LL na figura 13.1. Todos os pontos ao longo dessa curva correspondem a situações de equilíbrio interno; pontos acima e à esquerda dela indicam casos de desemprego, enquanto pontos abaixo e à direita correspondem a um excesso de demanda de bens e mão-de-obra.

No *front* externo, um aumento dos salários em dólares prejudica a competitividade e leva, por isso, a um déficit comercial. Um corte compensatório dos saldos reais — e, conseqüentemente, da despesa — é necessário para equilibrar as contas externas. Por esta razão, a curva de equilíbrio da balança comercial (T=0) tem inclinação negativa. Os pontos abaixo e à

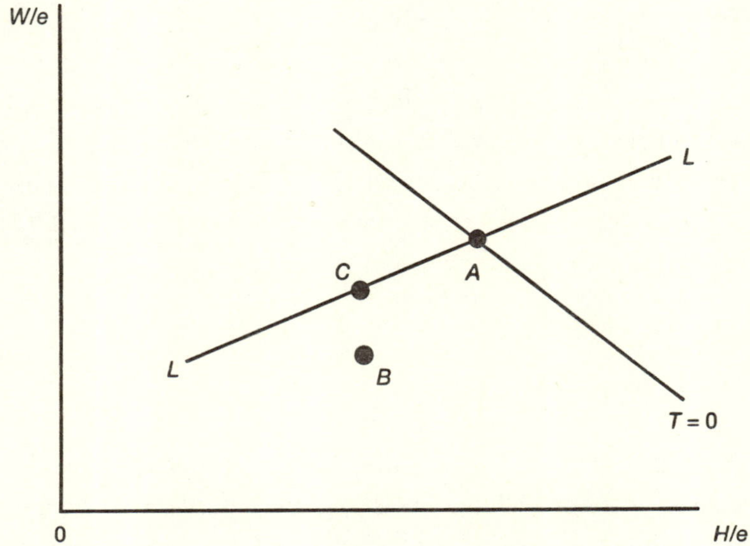

Figura 13.1 Salários, oferta de moeda e taxa de câmbio: Equilíbrio interno e equilíbrio externo

esquerda de T=0 representam superávits comerciais devidos à elevada competitividade ou à baixa despesa. Inversamente, os pontos acima e à direita correspondem a situações de baixa competitividade ou de elevada despesa; logo, de déficits comerciais.

Dada essa estrutura geral, podemos agora representar vários cenários do processo de ajuste. O mundo mais simples é aquele de uma plena flexibilidade das taxas de câmbio e dos preços: é a abordagem de equilíbrio.[5] Estaríamos sempre e continuamente no ponto *A*, que corresponde tanto ao equilíbrio interno como ao externo. Eventuais perturbações reais poderiam modificar os preços relativos, quer dizer, o salário em dólares. Uma perturbação monetária não teria efeitos reais: salários e taxas de câmbio variariam na mesma proporção, de forma a manter inalterado o equilíbrio real.

Um mundo mais interessante é aquele em que se conserva a flexibilidade de preços e salários, mas as taxas de câmbio são mantidas fixas, o que implica intervenções no mercado de câmbio e, em conseqüência, um estoque endógeno de moeda. Quando há superávits (abaixo da reta T=0), a quantidade de moeda está crescendo; quando há déficits, a quantidade de moeda está diminuindo. Portanto, a economia se move ao longo de *LL* devido à flexibilidade dos salários, mas apenas no decorrer do tempo converge para o ponto *A*. No curto prazo, a moeda tem efeitos reais. No longo prazo, a economia está sempre no ponto *A*. Outra vez, perturbações reais podem mudar os preços relativos de equilíbrio.

Considere-se agora o caso cujo ponto de partida é *A* e que ocorra uma desvalorização. O efeito imediato é uma redução dos salários e o deslocamento da quantidade de moeda expressa em dólares para o ponto *B*. Evidentemente, a desvalorização torna mais barata a mão-de-obra nacional, o que está na origem de um excesso de demanda. Os salários aumentarão *imediatamente*, alcançando o ponto *C* sobre *LL*, de forma a restaurar o equilíbrio do mercado de trabalho. Assim, com salários flexíveis, uma parte da desvalorização é imediatamente desfeita. Contudo, o impacto monetário dura pelo menos por um tempo. Somente quando um período de superávits recuperar os saldos reais iniciais, fazendo a economia se deslocar do ponto *C* para o *A* ao longo de *LL*, a economia retornará ao equilíbrio inicial. Portanto, no modelo de equilíbrio, uma desvalorização é um fenômeno puramente monetário: funciona se e porque produz uma redução da quantidade real de moeda. Pelo fato de ser endógena, a moeda não pode durar.[6]

Conseqüentemente, com salários *nominais* completamente flexíveis, mudanças da taxa de câmbio não têm nenhuma função interessante a desempenhar. Eis um *insight* crucial: força-nos a perguntar por que e como uma mudança da taxa de câmbio *deveria* afetar o emprego ou o equilíbrio externo. Por exemplo, em uma situação em que a moeda é passiva, no sentido de reagir, digamos, por meio do déficit orçamentário aos salários e às taxas de câmbio, nem mesmo efeitos de curto prazo podem ser esperados. Uma depreciação do câmbio significaria apenas uma outra rodada de inflação.

No extremo oposto aos salários totalmente flexíveis, estão os salários *reais* completamente rígidos. Em um mundo assim, as mudanças das taxas de câmbio tampouco podem surtir efeito algum. Suponhamos, na figura 13.2, que o salário real é fixado a um nível correspondente à reta *ww*. O equilíbrio do mercado de trabalho em *D* é incompatível com o equilíbrio externo em *C*. O mecanismo monetário fará a economia convergir para o ponto *C*. Uma desvalorização conduz a economia imediatamente a *F*, mas a rigidez dos salários reais implica um rápido ajuste ao nível inicial em *G*. A partir daí, devido à redução dos saldos reais, haverá um superávit temporário. Rapidamente, estaremos de

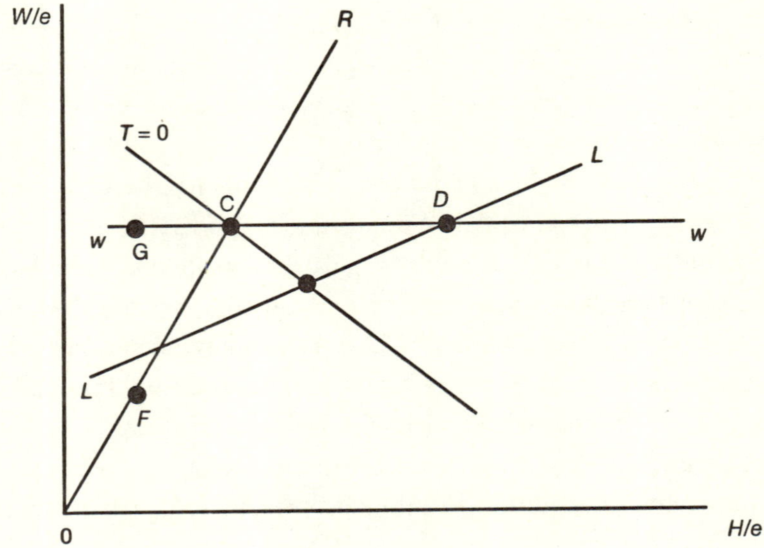

Figura 13.2 A relação entre salários e quantidade de moeda

volta ao ponto *C*, onde tudo começou. Assim, salários reais inflexíveis de fato implicam um problema de política econômica em termos de desemprego, mas as mudanças da taxa de câmbio não constituem uma resposta correta.

O último caso é o único em que uma desvalorização é genuinamente vantajosa: se os salários nominais são rígidos "para baixo", mas não há rigidez dos salários reais, então uma desvalorização pode ser útil. Uma desvalorização reduz os salários em dólares e estimula a competitividade, ajudando a criar emprego e a melhorar o balanço de pagamentos. É o instrumento que falta em uma situação em que há necessidade de uma expansão interna, mas a restrição externa (e talvez o orçamento) impede os cortes de impostos ou outras medidas fiscais. A esta altura, duas perguntas vêm à tona. A primeira: existe rigidez salarial "para baixo"? A segunda: a desvalorização é um instrumento útil?

QUAL É O MODELO?

A sugestão de que salários e preços são rígidos "para baixo" nos acompanhou durante a maior parte do século. Contudo, continua sendo uma hipótese ou afirmação sobre o mundo e não uma implicação de um modelo. Em outras palavras, não se segue de nenhuma modalidade de otimização comumente aceita, nem existe qualquer teoria prevendo esse resultado; logo, trata-se de uma afirmação suspeita. Todavia, ela continua de pé.

Evidentemente, existem modelos interessantes de contratação ou precificação que implicam rigidez prolongada.[7] Por exemplo, o modelo de Taylor de fixação de preços e salários leva em consideração contratos de trabalho sobrepostos, parcialmente fixos em relação às perspectivas futuras. Em um mundo como esse, uma redução permanente da demanda dos produtos de um país (sem alterações das regras monetárias, nem das regras relativas às taxas de câmbio) conduz a uma redução gradual de preços e salários. Somente com o tempo (anos, e não dias ou meses), o nível dos preços cairá o suficiente para gerar o nível de saldos reais e de taxa de câmbio real necessário para restituir o pleno emprego.

De forma semelhante, no modelo de precificação de Calvo, as empresas fixam os preços levando em conta perspectivas futuras e com uma duração casual. Em qualquer momento, o *nível* de preços e — para uma dada taxa de câmbio — a taxa de câmbio real são dados. Uma redução permanente da demanda levará apenas gradualmente a um conjunto de novos preços e a um novo nível de preços que restitui o pleno emprego. Tal como no modelo de Taylor, uma desvalorização (ainda que inconsistente com o regime cambial pressuposto) resolverá o problema imediatamente.

Evidentemente, este não é o fim dessa história. O rompimento com o regime cambial existente tem suas próprias conseqüências, uma vez que suscita a questão sobre o que acontecerá em seguida. Restringe inevitavelmente o uso da desvalorização a circunstâncias que envolvem desequilíbrios suficientemente graves e excepcionais para autorizar uma ruptura de regime.

Também é útil colocar a questão de outra forma: sobre qual base pressupomos que o mercado, deixado por si mesmo, responde rápida e eficazmente a uma severa redução na demanda por meio de uma queda de salários e preços? Não há qualquer base para essa pressuposição, talvez porque os mercados nunca têm realmente a oportunidade de mostrar o que poderiam fazer na ausência de redes de proteção e de confusões sobre regimes de política econômica.

Em suma, não existe um modelo específico para explicar como uma desvalorização pode funcionar. A história é sempre a mesma: quando há desemprego causado por uma queda da demanda (não por um aumento dos salários reais) e os mercados falham em coordenar uma redução rápida e indolor de preços e salários, uma desvalorização pode ser uma imediata solução do problema, como de fato sugerem alguns episódios recentes de depreciação do câmbio.

ALGUNS EXEMPLOS

Nesta seção, analisaremos alguns episódios de mudanças importantes das taxas de câmbio reais. Poucos governos buscam ativamente uma drástica depreciação real. É mais provável que seja aceita como uma medida inevitável em tentativas de reconciliar os objetivos de equilíbrio interno e externo, ou que seja imposta aos governos pelas forças do mercado. De uma forma ou de outra, as depreciações reais de fato ocorrem e de fato duram. Quando realmente ocorrem, melhoram as contas externas e contribuem para o crescimento. Não são uma panacéia, nem são indolores, mas funcionam.

Nos primeiros anos da década de 1990, a Finlândia entrou em uma crise profunda, devido a uma queda vertiginosa dos preços da polpa de celulose e do papel, à dissolução do mercado russo, à recessão mundial, que freava as exportações, e à falência do sistema bancário em conseqüência de uma política da taxa de câmbio "orientada para a credibilidade". O desemprego atingiu níveis altíssimos e o impacto do ciclo sobre o orçamento estatal criou déficits gigantescos. O governo finalmente abandonou a inadequada política de sustentação da moeda (figura 13.3) e a taxa de câmbio despencou.

Um problema evidente na análise dos dados é que a taxa de câmbio é apenas um dos muitos fatores que afetam o equilíbrio externo. Além disso, a demanda doméstica tem um papel-chave, da mesma forma que as condições cíclicas externas. Não há como contornar esse problema. Todavia, o impor-

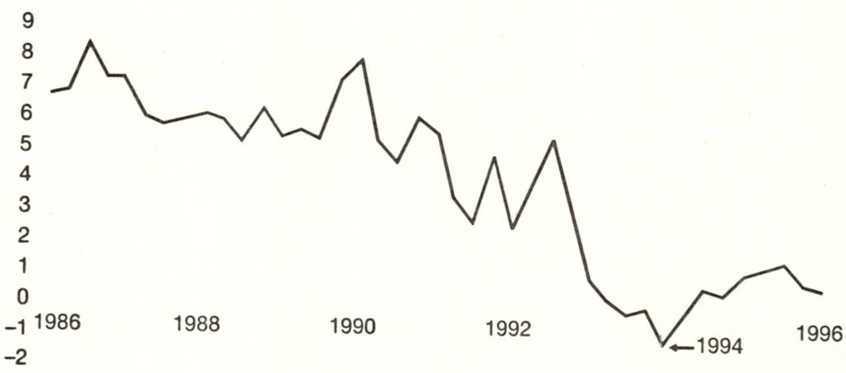

Figura 13.3 Diferenciais de taxas de juros entre Finlândia e Alemanha
Fonte: FMI, *International Financial Statistics.*

tante a ser sublinhado é a forte sustentação que o balanço de pagamentos pode dar ao crescimento interno (tabela 13.1). Mesmo que a produção esteja caindo, o setor externo ajuda a absorver o choque, mitigando a extensão da contração. O saldo em conta corrente (em percentual do PIB) variou de um déficit de 5% em 1991 para um superávit de 3,5% em 1995.

A figura 13.4 mostra as taxas de câmbio efetivas reais para três países — Finlândia, Itália e Canadá — para os anos 1980-95. É evidente que, no caso finlandês, a depreciação real durou diversos anos. A razão mais plausível para isso é o nível bastante elevado de desemprego e a severa recessão interna. Aqui temos um caso em que não parece haver plena flexibilidade de preços e salários e, em conseqüência, uma depreciação nominal do câmbio pode ter um papel útil, estimulando a demanda e corrigindo um pesado déficit externo. Aqueles que professam uma estrita adesão ao modelo com perfeita flexibilidade salarial poderiam afirmar que, em caso de choques externos desfavoráveis, a depreciação real é a solução de equilíbrio. Também poderiam sustentar que o elevado desemprego é o resultado de benefícios excessivamente generosos para os desempregados. Assim, na sua concepção, não provamos coisa alguma: na falta de uma depreciação da moeda, teríamos observado uma vigorosa deflação.[8] Dada a estrutura dos benefícios para os desempregados, uma depreciação pelo menos reduz o custo do ajuste.

Tabela 13.1 Finlândia: Efeitos da Depreciação
(variações percentuais em relação ao ano precedente)

	1991	1992	1993	1994	1995
TCER[a] (1990 = 100)[a]	92	75	63	65	71
Importações[b]	–11,7	1,1	0,8	12,6	9,6
Exportações[b]	–6,6	10,0	16,7	13,3	7,6
Equilíbrio Externo[c]	1,4	2,1	4,2	1,4	1,1
PIB	–7,1	–3,6	–1,2	4,4	4,2
Preços ao consumidor	4,1	2,6	2,1	1,1	1,0

Notas: [a]Taxa de câmbio efetiva real (custos da mão-de-obra, relativos e normalizados, por unidade de produto) informada pelo FMI. Um declínio do índice representa um ganho de competitividade.
[b]Volumes de bens e serviços.
[c]Variações das exportações líquidas em percentual do PIB.
Fontes: FMI, *International Financial Statistics* e OCDE, *Economic Outlook.*

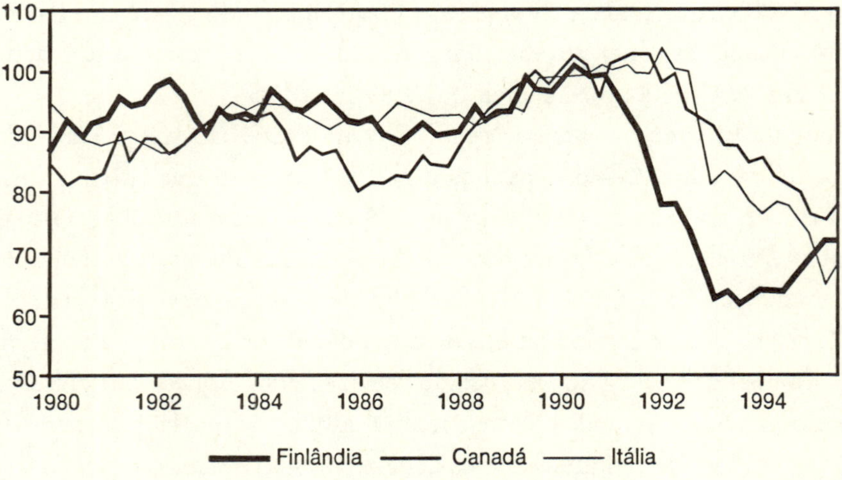

Figura 13.4 Taxas de câmbio efetivas reais (1990 = 100)
Nota: [a]Custos de mão-de obra, relativos e normalizados, por unidade de produto.
Fonte: FMI, *International Financial Statistics.*

Um outro caso de ajuste eficaz da taxa de câmbio é o da Itália dos primeiros anos 90. Uma parte essencial da história foi o abandono da *scala mobile*, um sistema de indexação salarial automática que incluía os efeitos de uma depreciação da taxa de câmbio sobre os preços. A tabela 13.2 mostra uma substancial depreciação real do câmbio em 1992. Os efeitos da depreciação sobre os preços são de especial interesse. Os preços das importações refletem em grande parte a depreciação cumulativa, mas os preços das exportações ou a taxa de inflação não a refletem. O resultado foi um ganho significativo de competitividade. Como se podia prever, as importações diminuíram, o crescimento das exportações foi recuperado e a posição externa líquida contribuiu substancialmente para o crescimento.

Tabela 13.2 Itália: Efeitos da Depreciação
(variações percentuais em relação ao ano precedente)

	1992	1993	1994	1995
Taxa de câmbio efetiva nominal (1990 = 100)	96	80	77	69
TCER (1990 = 100)[a]	99	82	77	67
Preços das importações	–0,7	10,6	4,9	16,2
Preços das exportações	0,8	8,8	3,9	13,6
Volume de importações[b]	3,3	–9,3	10,5	7,7
Volume de exportações[b]	3,6	11,1	10,5	10,4
Equilíbrio externo[c]	–0,1	4,6	0,3	0,4
PIB	0,7	–1,2	2,2	3,0
Preços ao consumidor	5,1	4,5	4,0	5,2

Notas: [a]Taxa de câmbio efetiva real (custos da mão-de-obra, relativos e normalizados, por unidade de produto) informada pelo FMI. Um declínio do índice representa um ganho de competitividade.
[b]Somente volumes de bens.
[c]Variação das exportações líquidas em percentual do PIB.
Fontes: As mesmas da tabela 13.1.

No caso da Itália, a depreciação real foi um contrapeso eficaz para a austeridade fiscal. É um caso ideal, onde os efeitos de composição da depreciação sobre a despesa e os efeitos de redução das políticas fiscais sobre a despesa combinam-se para sustentar o crescimento.

No caso do Canadá (tabela 13.3), a depreciação real compensou uma deterioração dos termos de troca e uma significativa consolidação fiscal. O déficit orçamentário estrutural declinou em 2% do PIB entre 1992 e 1995. Isso foi possível juntamente com a manutenção de um certo crescimento porque a depreciação real conservou alta a contribuição externa para a taxa de crescimento. Observe-se também que, como no caso da Itália, a inflação declinou em resposta à significativa depreciação do câmbio.

Tabela 13.3 Canadá: Efeitos da Depreciação
(variações percentuais em relação ao ano precedente)

	1992	1993	1994	1995
TCER (1990 = 100)[a]	96	88	83	77
Equilíbrio externo[b]	0,4	0,3	1,1	1,0
PIB	0,8	2,2	4,6	2,2
Preços ao consumidor	1,5	1,8	0,2	2,2

Notas: [a]Taxa de câmbio efetiva real (custos da mão-de-obra, relativos e normalizados, por unidade de produto) informada pelo FMI. Um declínio do índice representa um ganho de competitividade.
[b]Variação das exportações líquidas em percentual do PIB.
Fontes: As mesmas da tabela 13.1.

O México (tabela 13.4) é outro exemplo de depreciação real bem-sucedida. Nos anos 1990-94, uma política de desinflação baseada na taxa de câmbio tinha levado a uma significativa sobrevalorização. O crescimento desacelerou, o sistema bancário deteriorou-se e o balanço de pagamentos exibia um pesado déficit. O colapso do peso entre o final de 1994 e o início de 1995 criou desde então condições para uma situação macroeconômica mais equilibrada. As posições do balanço de pagamentos se inverteram, em parte como conseqüência da depreciação real, em parte devido à profunda recessão. Em meio a um processo de ajuste do orçamento, o estímulo externo representava a única fonte de crescimento.

Claramente, o revés mexicano não pára aí. A drástica depreciação nominal do peso — 150% entre meados de 1994 e 1996 — produziu um grande choque inflacionário, que hoje está sendo reabsorvido. Porém, tal como no passado,

Tabela 13.4 México: Efeitos da Depreciação
(variações percentuais em relação ao ano precedente)

	1993	1994	1995
TCER (1990 = 100)[a]	117	112	79
Equilíbrio externo[b]	0,9	–0,9	10,8
PIB	0,6	3,5	–6,8
Preços ao consumidor	9,8	7,0	35,0

Notas: [a]Taxa de câmbio efetiva real (preços relativos no atacado) informada por J. P. Morgan.
[b]Variação de exportações líquidas em percentual do PIB.
Fontes: J. P. Morgan e OCDE.

o governo continua servindo-se da taxa de câmbio com propósito desinflacionário, o que resulta atualmente numa apreciação da taxa de câmbio real. Em meados de 1996 ela estava apenas 20% abaixo do nível alcançado em 1994, imediatamente antes da crise.

REVISANDO AS ESTIMATIVAS PARA OS PAÍSES INDUSTRIALIZADOS

O próximo passo é perguntar o que se sabe, mais sistematicamente, sobre o efeito das mudanças nas taxas de câmbio sobre preços, fluxos comerciais e balanço de pagamentos. Esses temas vêm sendo estudados durante os últimos cinqüenta anos. Inicialmente, concebiam-se os fluxos comerciais como relativamente pouco reativos (havia um certo pessimismo quanto à elasticidade); conseqüentemente, uma desvalorização era um instrumento relativamente pouco atrativo, se não completamente ineficaz. Essa concepção foi reforçada ainda mais por um enganoso debate, que felizmente foi esquecido, entre uma abordagem em termos de elasticidade e uma abordagem em termos de absorção.

Uma investigação abrangente levada a cabo por Hooper & Marquez (1995) reúne sólidas provas do quanto os fluxos comerciais podem responder a variações dos preços relativos. A vasta amostra de estimativas está representada na tabela 13.5.

Tabela 13.5 Estimativas Consensuais da Elasticidade dos Preços

	EUA	Japão	Alemanha
Exportações	–1,31	–1,68	–1,06
	(0,92)	(3,70)	(1,87)
Importações	–1,35	–0,97	–0,50
	(0,93)	(0,78)	(0,44)

Nota: Os números entre parênteses representam os desvios-padrão de estimativas relatadas em vários estudos.
Fonte: Hooper & Marquez (1995, tabela 4.2).

O aspecto mais importante que essas cifras colocam em evidência é que são elevadas: a elasticidade dos fluxos comerciais com relação aos preços relativos apresenta uma grande incidência na região em que a desvalorização funciona! Este é o caso dos principais países industrializados, e presumivelmente é o caso de todos os outros países. Encontrar fluxos comerciais que não exibem correlações com os preços seria uma descoberta extraordinária: uma baixa responsividade (por exemplo, uma elasticidade igual a 0,1) seria bastante incomum. Observe-se também que essas estimativas satisfazem facilmente a famosa condição de Marshall-Lerner, segundo a qual uma desvalorização melhora a balança comercial se a soma das elasticidades das importações e das exportações é superior à unidade. Desta forma, depois de cinqüenta anos de pesquisa sobre o tema, as evidências reforçam firmemente a idéia da eficácia do mecanismo dos preços.

Para chegar a algo mais detalhado, além das estimativas consensuais, registramos na tabela 13.6 as estimativas preferidas por Hooper e Marquez para o seu próprio modelo. Assim como antes, o volume dos fluxos comerciais reage de modo significativo aos preços relativos.

A outra questão diz respeito aos determinantes dos preços das exportações e das importações. Observe-se que, no lado das exportações, são os custos internos, e não preços externos, que suportam o maior peso. Em conseqüência, uma variação das taxas de câmbio afetará os preços relativos.[9] Isso também vale para o lado das importações. Assim, não há dúvida de que as variações nominais da taxa de câmbio se traduzem em grande parte em mudanças do câmbio real, embora possa haver diferenças, de país para país, quanto ao modo em que a tradução se dá.

Tabela 13.6 Estimativas da Elasticidade do Comércio de Hooper e Marquez

	EUA		Japão	
	Exportação	Importação	Exportação	Importação
Volume do comércio				
Renda	1,00	2,50	1,06	1,03
Preços relativos	–1,01	–1,03	–0,80	–0,73
Preços comerciais				
Custos internos	0,77		0,61	
Custos externos		0,55		0,78
Preços internos		0,51		
Preços externos	0,16		0,15	
Preços das matérias-primas			0,34	0,33

Fonte: Hooper & Marquez (1995, tabelas 4.4 e 4.5).

Juntando as peças, pode ser proveitoso observar os efeitos combinados de um realinhamento das moedas. Um conjunto de estimativas está disponível, por exemplo, para a economia dos Estados Unidos.[10] Para este caso, os efeitos de uma depreciação de 10% com relação aos países do G-10 são mostrados na tabela 13.7.

Observe-se primeiro que o impacto da depreciação sobre o nível de preços é pequeno: o *trade-off* de 10 para 1 é bastante favorável na tradução da depreciação nominal em depreciação real relativamente duradoura. Uma grande depreciação — isto é, de 10% — pode ter efeitos de vulto na economia? No caso dos Estados Unidos, os efeitos são substanciais, mas não esmagadores. Meio por cento de crescimento adicional, quando o crescimento tendencial está em torno de 2%, é um impacto de bom tamanho. O mesmo pode ser dito do efeito da taxa de câmbio na conta corrente. No segundo ano, a melhoria da balança comercial é da ordem de 0,5% do PIB. É um valor considerável, quando o déficit efetivo é de aproximadamente 160 bilhões de dólares.[11]

Tabela 13.7 Impacto Simulado de uma Depreciação de 10% do Dólar sobre a Economia Norte-americana (desvio da situação inicial)

	Ano 1	Ano 2
Preços ao consumidor (%)	0,4	1,3
Conta corrente (bilhões de $)	15	38
PIB real (%)	0,5	0,6

Fonte: Federal Reserve, simulação de modelo, não publicada.

Um outro conjunto de resultados simulados foi disponibilizado pela OCDE (tabela 13.8). Neste caso, o experimento incluiu uma apreciação de 30% do iene, tal como ocorreu no início dos anos 90.[12] Como previsto, uma apreciação nominal significa apreciação real, com uma conversão de quase um para um, dado que o impacto sobre os preços é desprezível. Em segundo lugar, há um declínio substancial, mas não duradouro, do PIB real do Japão, que reflete, em certa medida, as políticas monetária e fiscal que a acompanharam. Todavia, é claro que a melhoria nos termos de troca na forma de preços mais baixos das matérias-primas ajuda, pelo menos em parte, a contrabalançar a perda de competitividade. Finalmente, as exportações líquidas continuam declinando, e declinando substancialmente.

Tabela 13.8 Impacto Simulado de uma Apreciação de 30% do Iene sobre a Economia Japonesa (desvio da situação inicial)

	1993	1994	1995
Deflator do PIB (%)	–0,7	–2,1	–2,0
Balanço de pagamentos (%)[a]	–1,2	–1,3	–0,1
PIB real	–0,5	–1,1	–0,4

Nota: [a]Variação das exportações em percentual do PIB.
Fonte: OCDE, *Economic Outlook*, dezembro de 1993, p. 10.

Ambos os resultados simulados expostos aqui se aplicam a economias relativamente fechadas. Em economias bem mais abertas, o impacto de uma desvalorização sobre o nível de preços — atingindo potencialmente os salários — é, evidentemente, mais significativo. Ainda assim, como mostraram os exemplos da seção anterior, freqüentemente a desvalorização de forma alguma equivale à inflação. Isso é mais provável em caso de elevado desemprego.

Por um momento, consideremos de novo a medida das elasticidades. Desde a perspectiva do funcionamento do mecanismo dos preços ou da condição de Marshall-Lerner, essas elasticidades são grandes, quer dizer, grandes o suficiente para que a desvalorização opere seus efeitos. Contudo, de outra perspectiva, elas podem ser decepcionantemente pequenas. Suponhamos que um déficit da balança comercial de 3% do PIB tenha que ser eliminado: de quanto seria a depreciação exigida para alcançar esse objetivo? A resposta certa neste caso é que uma variação na taxa de câmbio não é, em si mesma, a política acertada. A correção de um déficit do balanço de pagamentos exige tanto uma estratégia de mudança da composição dos gastos como uma estratégia de ajuste dos gastos. Por exemplo, poderíamos observar o impacto combinado de um equilíbrio do orçamento dos Estados Unidos e, ao mesmo tempo, de uma depreciação real do dólar. A observação do experimento adequado mostra a importância dos efeitos dos gastos juntamente com o ajuste dos preços, exigindo-se assim uma menor contribuição dos preços relativos.[13]

Em resumo, tanto as estimativas estruturais como os resultados simulados mostram que, no caso de países industrializados, variações da taxa de câmbio podem funcionar, dado que a responsividade dos fluxos comerciais às mudanças nos preços relativos é considerável. Além disso, modificações nominais das taxas de câmbio não são comumente contrabalançadas por ajustes inflacionários que deixam inalteradas as taxas de câmbio reais. Isso não é o mesmo que dizer que elas funcionam sempre e em qualquer lugar. Em uma economia com pleno emprego, em rápida expansão e inflacionária, é evidente que essas modificações não podem fazer muito.

Países em desenvolvimento

O grupo de países em desenvolvimento torna-se, progressivamente, uma parte importante da macroeconomia mundial e dos cenários de ajustes. Em especial, isso vem ocorrendo desde que esses países se tornaram crescentes produtores de manufaturas e não apenas de matérias-primas. À medida que saem de um padrão de economia sufocada e controlada, suas taxas de câmbio começam a cumprir um papel importante na análise de suas políticas econômicas. Não surpreende que muito do que é válido para países industrializados também seja válido para economias emergentes: os preços relativos influenciam seus fluxos comerciais. Portanto, pelo menos em parte, estão dadas as condições para um uso eficaz das taxas de câmbio.

As provas que mostram um ajuste dos fluxos comerciais foram reunidas em um importante artigo de Reinhardt (1995), do qual foi tirada a tabela 13.9. Reinhardt mostra que para países em desenvolvimento, agregados e subdivididos em grandes áreas geográficas, os fluxos comerciais reagem de forma significativa aos preços relativos. Isso vale também para as elasticidades de importações de países industriais em seu comércio com economias emergentes, o que está representado na metade direita da tabela. Observe-se, contudo, que as elasticidades aí mostradas são muito menores do que as indicadas anteriormente, referentes a países industriais. A razão para este resultado ainda necessita ser investigada. O pessimismo sobre a elasticidade deve ficar suspenso até que se obtenham observações adicionais.[14]

Tabela 13.9 Elasticidades Regionais e Agregadas da Demanda de Importações

	Países em desenvolvimento		Países industrializados	
	Preços relativo	Renda	Preços relativo	Renda
América Latina	–0,36	0,964	–0,19	2,07
	(0,07)	(0,08)	(0,08)	(0,12)
Ásia	–0,40	1,34	–0,40	2,49
	(0,07)	(0,05)	(0,09)	(0,14)
África	–1,36	1,14	–0,27	1,25
	(0,54)	(0,12)	(0,1)	(0,17)
Países em	–0,53	1,22	–0,32	2,05
desenvolvimento	(0,05)	(0,04)	(0,05)	(0,98)

Nota: Desvio-padrão entre parênteses. A demanda dos países industrializados é relativa à demanda de importações dos países em desenvolvimento.
Fonte: Reinhardt (1995, tabela 6.)

É evidente que não basta mostrar que os fluxos comerciais reagem aos preços para provar a eficácia das variações da taxa de câmbio. Também é necessário que uma modificação da taxa de câmbio nominal se traduza em uma variação substancial do câmbio real. Com bastante freqüência, não é o que acontece! Quanto mais inflacionária a economia, quanto mais indexada, tanto menor a probabilidade de que uma desvalorização tenha efeitos reais duradouros.[15] O fato de que a maior parte das economias em desenvolvimento seja bastante aberta aumenta a dificuldade de fazer com que uma depreciação real significativa se estabilize, pela razão de ela levar claramente a um corte nos salários reais.

Duas aplicações ajudam a concluir satisfatoriamente a discussão sobre as taxas de câmbio reais dos países em desenvolvimento. A primeira diz respeito à liberalização do comércio e à resposta apropriada aos preços relativos. Quando um país — a típica economia emergente com três camadas de proteção: tarifas, cotas e licenças — abre sua economia, as importações tornam-se relativamente baratas, mas as exportações ficam mais competitivas apenas porque o comércio foi liberalizado. É verdade que, sob essa nova condição, alguns bens intermediários importados podem ajudar a melhorar a competitividade das exportações, mas isso não será suficiente. Uma depreciação real é o movimento necessário para equilibrar a economia. Devido aos temores de ondas inflacionárias, especialmente quando a liberalização do comércio é usada para combater a inflação, os governos resistem a uma depreciação real e acham a fase de liberalização um processo muito penoso. Se permitirem, sob a pressão dos fluxos de entrada de capital, uma apreciação do câmbio real, é quase certo que enfrentarão uma crise de pagamentos em pouco tempo. Esse foi o caso do México recentemente, e do Chile no final dos anos 70.

A nossa segunda aplicação diz respeito às taxas de câmbio da Ásia. Como um bloco, a Ásia desfrutou de um modelo de desenvolvimento centrado no crescimento orientado para a exportação, muito parecido com o que ocorreu na Europa do pós-guerra. Em dado momento, o emparelhamento com os países mais avançados deu lugar a uma significativa apreciação real que eliminou a subvalorização, suporte essencial do modelo baseado nas exportações. Por isso é interessante perguntar qual seria o impacto de uma apreciação simultânea de todas as economias asiáticas emergentes em relação às economias da OCDE (tabela 13.10).

Tabela 13.10 Impacto Simulado de uma Apreciação de 10% por Parte dos "Tigres Asiáticos" (desvios do nível inicial, avaliados no segundo ano)

	PIB real (%)	Conta corrente (% do PIB)
Tigres asiáticos	n.a.	–2,7
OCDE	0,3	0,2

Nota: "Tigres asiáticos" = Hong Kong, Cingapura, Coréia do Sul e Taiwan.
Fonte: OCDE, *Economic Outlook*, 1996, p. 138.

O impacto de uma apreciação asiática sobre as economias da OCDE é uma melhoria das contas externas e um certo crescimento extra. Não é provável que o impacto seja vasto, simplesmente porque o comércio da OCDE com as economias asiáticas emergentes (incluindo a China) equivale a apenas 1,6% do PIB dos países da OCDE. Ainda assim, o impacto da apreciação asiática é mais do que um erro de arredondamento. E nas próprias economias asiáticas o impacto é considerável: uma variação da balança comercial equivalente a 2,7% do PIB é um ajuste imponente. Observe-se ainda que se a China, a Índia, as Filipinas e a Tailândia são incluídas no cálculo, o impacto aumenta em torno de 60%.

CONCLUSÃO: DEPRECIAÇÃO E CREDIBILIDADE

Com freqüência, há uma resistência feroz à depreciação. São muitos os argumentos contra um realinhamento, mas dois aparecem no topo da lista. O primeiro é que ele não funciona: um movimento da taxa de câmbio não se traduz em depreciação real, apenas causa inflação. O segundo é que a depreciação equivale a jogar fora a credibilidade, abandonando-se tudo o que foi ganho pela adoção de uma âncora nominal. Juntos, esses dois argumentos constituem um espantoso argumento contra a depreciação da moeda, que é ainda mais forte quando se leva em conta a economia política: Cooper (1978) observa que uma depreciação é comumente seguida pela queda do ministro das Finanças. Lamont na Grã-Bretanha e Serra no México são apenas os últimos nomes acrescentados a uma longa lista.

É por isso que uma depreciação goza de má fama. Existe alguma alternativa para ela? A resposta óbvia é tentar resistir, conter a demanda, limitar o déficit das contas externas e buscar financiamentos do déficit interno. Tudo isso acontece a expensas do crescimento. A evidência na Europa em 1992 mostra certamente que a perda de credibilidade — se é que de fato há perda — é relativamente pequena. Além disso, resistir tem seus custos: prejudica o crescimento e o orçamento, como o exemplo da França deixa claro. Voltando aos nossos exemplos anteriores, hoje os diferenciais de taxas de juros finlandeses em relação aos franceses ou alemães são inferiores aos anteriores à depreciação de 1992. Supostamente, a explicação é que uma depreciação não equivale a descartar toda a disciplina acumulada, mas consiste em reunir forças para uma estratégia macroeconômica mais sensata.

Em suma, as taxas de câmbio são úteis e devem ser usadas cedo e de forma sensata. Não são nenhuma panacéia, podem ser usadas exageradamente e não podem funcionar sozinhas, fora de um contexto macroeconômico e sem a sustentação de políticas macroeconômicas. Quanto mais forem usadas incorretamente, tanto menos se pode esperar que funcionem. Seu uso pode até mesmo se tornar completamente contraproducente. Contudo, quando o contexto for precisamente adequado, as taxas de câmbio constituem um componente essencial da caixa de instrumentos da política econômica.

Keynes continua valendo: para a ortodoxia, é melhor errar utilizando meios convencionais do que acertar por meios não convencionais. Preferir uma desvalorização bem-sucedida a um desemprego prolongado seria uma modalidade de intervenção não convencional. Nada provoca mais inveja e amargura nos tradicionalistas da moeda forte do que uma desvalorização bastante bem-sucedida. Muitos dos ajustes que tiveram lugar em 1992 são precisamente desse tipo. Até agora, quatro anos mais tarde, os efeitos para países como a Itália ainda são positivos.

NOTAS

1. Sou grato a dois críticos anônimos por suas preciosas sugestões. Eles me convenceram a moderar as afirmações e a pôr as cartas na mesa.
2. Ver Taylor (1979) e Dornbusch (1980), onde o regime de política econômica, incluindo as regras relativas às taxas de câmbio, é incorporado nas expectativas e, como conseqüência, no processo inflacionário.

3. Ver o importante artigo de Akerlof, Dickens & Perry (1996), no qual se mostra que, nos Estados Unidos, a suposta flexibilidade "para baixo" dos salários de fato não existe. O artigo chega à conclusão de que a estratégia de inflação zero pode ser arriscada, porque chega ao limite da deflação.
4. Pressupõe-se implicitamente a hipótese de que o efeito de renda de um aumento dos salários sobre a despesa seja mais que compensado pelo efeito de substituição devido ao aumento dos preços relativos. Os conservadores defendem a visão de que os efeitos de substituição são dominantes. Trata-se de um aspecto importante na discussão dos casos de desvalorização acompanhada por contração econômica. Ver Lizondo & Montiel (1989) e Agenor & Montiel (1996).
5. Ver Stockman (1987) e Obstfeld & Rogoff (1995, 1996).
6. Na presença de mobilidade dos capitais, a eficácia de uma desvalorização se reduz ainda mais pelo fato de que a moeda é endógena mesmo no curto prazo. A redução dos saldos reais devida à demanda de moeda real conduz a influxos de capitais e à monetização destes últimos. A desvalorização afeta somente a composição do portfólio do Banco Central; quanto a seus efeitos reais, não são sentidos nem mesmo temporariamente.
7. Entre os muitos trabalhos existentes na literatura, ver, como exemplos de abordagens possíveis, Taylor (1979), Calvo (1996), Obstfeld & Rogoff (1995, 1996) e Dornbusch (1980).
8. A Argentina dos anos 1995-96 é um exemplo a este propósito: a taxa de câmbio nominal foi fixada, ancorada ao dólar, o desemprego era superior a 17%, os benefícios para os desempregados eram insignificantes e os salários caíram quase nada.
9. Para maiores detalhes sobre a questão dos preços no caso do Japão, ver Gagnon & Knetter (1995) e Klitgaard (1996).
10. É difícil obter simulações de choques do câmbio porque, com câmbios flexíveis, eles são tipicamente o efeito secundário de choques de política econômica tais como distúrbios monetários ou fiscais.
11. Naturalmente, muitas questões não são levadas em conta nesta simulação: por exemplo, o impacto sobre os investimentos diretos ou os efeitos de histerese, como em Baldwin & Krugman (1989).
12. Para maiores detalhes, ver a fonte da tabela. Considerar também a discussão adicional sobre o tema em OCDE, *Economic Outlook*, dezembro de 1995.
13. Para uma discussão adicional, ver também Vines & Currie (1995).
14. Os estudos dedicados à substitutibilidade entre fornecedores de produtos manufaturados que concorrem em mercados emergentes evidenciam, de fato, elasticidades muito elevadas.
15. Ver Cooper (1978), Rodriguez (1978), Dornbusch (1980) e Agenor & Montiel (1996).

REFERÊNCIAS

Agenor, P.-R. e Montiel, P. (1996). *Development Macroeconomics*, Princeton, NJ, Princeton University Press.

Akerlof, G.A., Dickens, W.T. e Perry, G.L. (1996). "The Macroeconomics of Low Inflation", *Brookings Papers on Economic Activity*, 1, 1-76.

Baldwin, R. e Krugman, P. (1989). "Persistent Effects of Large Exchange Rate Shocks", *Quarterly Journal of Economics*, 104 (1), 16-32.

Calvo, G. (1996). *Money, Exchange Rates and Output*, Cambridge, MA, MIT Press.

Cooper, R.N. (1978). "An Assessment of Currency Depreciation in Developing Countries", em G. Ranis (org.), *Government and the Economy*, New Haven, CT, Yale University Press.

Dornbusch, R. (1980). *Open Economy Macroeconomics*, Nova York, NY, Basic Books.

Gagnon, J. e Knetter, M. (1995). "Markup Adjustment and Exchange Rate Fluctuations: Evidence from Panel Data on Automobile Exports", *Journal of International Money and Finance*, 14 (2), 289-310.

Hooper, P. e Marques, J. (1995). "Exchange Rates, Prices and External Adjustment in the United States and Japan", em P. Kenen (org.), *Understanding Interdependence. The Macroeconomics of the Open Economy*, Princeton, NJ, Princeton University Press.

Klitgaard, T. (1996). "Coping with the Rising Yen: Japan's Recent Export Experience", *Federal Reserve Bank of New York Current Issues*, 2 (1), 1-5.

Lizondo, J.S. e Montiel, P. (1980). "Contractionary Devaluation in Developing Countries: An Analytical Overview", *IMF Staff Papers*, 36 (1), 182-227.

Obstfeld, M. e Rogoff, K. (1995), "The Intertemporal Approach to the Current Account", em G. Grossmann e K. Rogoff (orgs.), *Handbook of International Economics*, Vol. III, Amsterdam, Elseviver.

—— (1996), *Foundations of International Macroeconomics*, Cambridge, MA, MIT Press.

Reinhardt, C. (1995). "Devaluation, Relative Prices and International Trade", *IMF Staff Papers*, 42 (2), 290-312.

Rodriguez, C. A. (1978), "A Stylized Model of the Devaluation-Inflation Spiral", *IMF Staff Papers*, 25 (1), 76-89.

Stockman, A. (1987). "The Equilibrium Approach to Exchange Rates", FRB de Richmond, *Economic Review*, 73 (1), 12-30.

Taylor, J. (1979), "Staggered Wage Setting in a Macro Model", *American Economic Review*, 69 (2), 108-13.

Vines, D. e Currie, D. (orgs.) (1995), *North-South, Linkages and International Macroeconomic Policy*, Cambridge, Cambridge University Press.

14

Não há como salvar o dólar, nem necessidade disso

O dólar teve baixas recordes em relação ao iene japonês e ao marco alemão. Mas não se preocupem, pois os comunicados da morte do dólar foram imensamente exagerados. Não há nada que possa ser feito; nem que necessite ser feito.

A despeito das grandes oscilações, o dólar vem declinando frente ao iene e ao marco por mais de 35 anos. O Japão e a Alemanha tiveram um melhor desempenho que os Estados Unidos em produtividade e inflação durante esse tempo, e assumiram uma posição fiscal mais conservadora. Disso resultou uma apreciação estável de suas moedas frente ao dólar. Soma-se a isso o crescente endividamento dos Estados Unidos e o emergente *status* de credores líquidos do Japão e da Alemanha.

Esta não é a primeira vez que o dólar parece deslizar para um buraco sem fundo. Evidentemente, o dólar não vai despencar mais 20% ou 30%, como se fosse a lira ou o peso. Contudo, a dimensão do declínio do dólar até agora não é surpreendente.

O PODER DA ASPIRINA

Por que um dólar em queda não é nada vantajoso? O dólar realmente não caiu tanto (em valores ponderados pelos termos de troca, a depreciação mal chegou a 3,5% desde dezembro de 1994) e seu enfraquecimento frente ao

Publicado originalmente na *Business Week*, 10 de abril de 1995, p. 26. Reproduzido com permissão.

iene e marco tem sido fortemente contrabalançado. As moedas canadense e mexicana se depreciaram em relação ao dólar. Os efeitos sobre o comércio foram abafados na Alemanha porque a maior parte de seu comércio é feita com a Europa ou competindo com o Japão em mercados em desenvolvimento. Quanto ao Japão, a apreciação do iene manteve um produtor rival sob controle. O resultado é que o crescimento e a inflação não foram muito afetados; com certeza, não o suficiente para desviar a política de taxas de juros de sua responsabilidade básica, a estabilização dos preços junto com um crescimento estável.

Sempre que moedas-chave se movimentam acentuadamente, os gurus da moeda forte exigem uma volta ao padrão-ouro, enquanto os reformadores mais moderados pedem um "novo Bretton Woods". Obrigado, mas não necessitamos de ouro. A década passada testemunhou que os bancos centrais em todo o mundo estão levando a sério a inflação. Nos Estados Unidos especialmente, o combate à inflação antes de ela estourar — tal como tomar uma aspirina antes que se tenha dor de cabeça — tem um efeito extraordinário sobre o desempenho da política monetária. Da mesma forma, um novo acordo de Bretton Woods — sobre um câmbio fixo e uma política monetária única — simplesmente não é uma alternativa, mesmo se fosse uma boa idéia. Já que os europeus não conseguem manter suas moedas fixas, não há razão para pensar que um acordo desse tipo possa funcionar para o Atlântico Norte.

Uma alternativa mais moderada para estabilizar moedas é a intervenção coordenada: ingressar no mercado monetário com força e provocar grandes estragos, lançando bilhões sobre os especuladores. A idéia de um novo acordo para uma intervenção conjunta, tal como os acordos do Plaza (em 1985) e do Louvre (em 1987), é apenas um castelo de areia. A menos que os bancos centrais arregimentem políticas de taxas de câmbio para apoiar sua intervenção, barreiras de areia não vão bastar.

De fato, há evidências de que a intervenção sozinha pode ter ao menos efeitos de curta duração, especialmente se ela atingir um mercado incerto já no final do dia, com todos os bancos centrais mantendo-se firmes no caso das taxas de câmbio terem fugido ao controle. Todavia, nenhuma dessas condições está satisfeita atualmente. É mais provável que vejamos Bruxelas ansiosa por colocar suas mãos sobre problemas monetários europeus, agora que sua iniciativa para uma moeda única passa por dificuldades. Não surpreende que se apodere do dólar. Para um homem que insiste com um martelo, tudo lhe parecerá um prego.

Tudo isso é demasiado conformista? A inflação norte-americana não vai aumentar? Japão e Alemanha não vão desmoronar sob o peso da apreciação? Os bancos centrais não vão se desfazer dos trilhões em ativos em dólares que eles comumente mantêm? A Alemanha pode enfrentar bem a situação. Contudo, não se pode dizer o mesmo do Japão, onde essas preocupações são inteiramente justificadas. Sua economia anêmica tropeça de recessão em recessão. A pena é suspensa somente por meio de projetos tais como as obras públicas que se seguem a um terremoto.

UM GRANDE BUNDESBANK?

O forte iene japonês pode ser guiado por superávits comerciais, mas isso dificilmente é uma cura, pois o enfraquecimento da economia reduz o nível das importações rapidamente, enquanto a perda de competitividade não o eleva tão rapidamente. O Japão necessita de um corte nas taxas de juros — até zero — para fazer frente a falências disseminadas e à capacidade ociosa. A condução, pelo presidente do Fed, Alan Greenspan, das taxas de curto prazo até 3% curou a economia dos EUA. A afogada economia japonesa, com preços descendentes, necessita de uma certa dose do mesmo remédio.

Não se preocupe com o fato de o dólar perder seu *status*. O alarme soa toda vez que a moeda escorrega. Logo o dólar estará se erguendo e as pessoas ficarão felizes por não terem abandonado o navio. Na história, o dólar teve seus rivais como moeda de reserva internacional, mas o mundo está muito longe de querer confiar todos os seus ativos ao ministro das Finanças do Japão ou mesmo ao Bundesbank.

15

Lições da crise mexicana

Enquanto a memória está fresca, duas lições devem ser tiradas do colapso do México. A primeira é que práticas incisivas na gestão da moeda e da dívida pública podem dar muito errado. Pessoas que compram títulos de alto risco (*junk bonds*) devem culpar apenas a si mesmas. A segunda ensina que seguramente não devemos instituir um fundo mundial de socorro para dívidas e moedas de economias mal administradas. Em todo o mundo, onde quer que as oportunidades acenem, um emprestador de última instância faz sentido quando há uma substancial supervisão preventiva, não em uma simples situação de fato consumado.

Até pouco tempo, o México era o favorito de todos; agora, ele é o bode expiatório de qualquer um. Não obstante todas as reformas afiadas, o México cometeu o erro de sobrevalorizar sua moeda e insistir e insistir nisso. Para dar aos credores apreensivos a impressão de um risco reduzido da moeda e de crescente liquidez, a dívida pública foi indexada em dólares e os prazos de vencimento encurtados. Importantes empresas e bancos mexicanos foram encorajados a especular tomando emprestado dólares para burlar as altas taxas de juros mexicanas sobre empréstimos em pesos. A política de rendas perpetuou a inflação e prejudicou a competição e o emprego. O recém-"independente" Banco Central expandiu vigorosamente o crédito, financiando em vez de represar a evasão de capitais.

Quando o México ficou sem moeda, passou por duas crises em uma: uma crise monetária, que só poderia ser remediada por meio de uma profunda depreciação do peso, e uma crise de endividamento, que surgiu de uma dívida líquida totalmente em dólares. A desilusão dos investidores foi tal que ninguém sabia se o México estava numa situação de iliquidez ou insolvência; isso significava que mesmo 30 ou 40% em dólares eram muito pouco para arregimentar empréstimos. Além disso, a história ensina que qualquer um que promete pagar 30 ou 40% muito provavelmente não pagará nunca.

Por séculos, a América Latina e outras partes do mundo decepcionaram investidores estrangeiros. Desde os tempos da Bolha do South Sea até a bem recente inadimplência da América Latina no início dos anos 80, os investidores detiveram ações e títulos além das fronteiras de seus países. Deveriam eles se surpreender com os 52% de média dos retornos das ações no período 1989-1993? Uma avaliação realista do México teria levado em conta os aspectos negativos. Entre os indícios que prenunciavam dificuldades estavam: nenhum crescimento digno de nota (comparando-se, digamos, ao Chile ou à Ásia), um déficit externo gigantesco, uma notória sobrevalorização, uma crescente incidência, no sistema bancário, de empréstimos que não se efetivam e a evasão de capitais patrocinada por mexicanos ricos. Os investidores estavam cegos pelos retornos do passado e queriam eles mesmos ser carregados pela bolha. Não lamente pelos investidores em Cetes, Tesobonos ou Telmex. Desde o colapso da Mania das Tulipas às perdas do México, de *junk bonds*, do condado de Orange e de mercados imobiliários, a lição é *caveat emptor*. O próximo *round* dos investidores no México não deve ocorrer antes que eles vejam um Banco Central genuinamente independente, uma taxa de câmbio competitiva, um déficit externo moderado, o fim da política de rendas e uma expectativa de crescimento. Qualquer outra coisa indica instabilidade, financeira e política.

Uma outra lição diz respeito ao emprestador de última instância. Devemos institucionalizar pacotes de socorro para tê-los à mão mais oportunamente? As autoridades da comunidade internacional podem enfrentar uma crise financeira em qualquer país de duas maneiras. Uma consiste em considerar o outro lado. Nesse caso, os acionistas sofrem perda de capital e os que detêm títulos estão sujeitos à inadimplência e a uma reestruturação, unilateral ou com os credores. Há abundante precedente na história, como testemunhado pelas Associações de Proteção a Portadores de Títulos que floresceram durante o século passado e funcionaram pelos anos 60. A outra maneira consiste na intervenção do G-7 ou do FMI em uma crise, evitando a evasão de capitais e o ataque especulativo por meio de um pacote financeiro esmagadoramente abrangente. Se os fundos fossem suficientemente volumosos, até mesmo George Soros teria que recuar. Seja qual for o mérito da tentativa dos EUA de amparar o México, deve ficar claro que um fundo mundial antiespeculação é uma péssima idéia. Trata-se de questões sérias sobre a adequação do socorro a grandes bancos ou empresas dentro de um país. Não é de bom senso imaginar o socorro a países que passaram os últimos vinte anos se recusando a privatizar, perpetuando a complacência fiscal e a má gestão da moeda. Suas dívidas ruins estão no lugar certo, à espera de um acordo com desiludidos investidores. Um fundo para apoiar essas economias — digamos, para ser específico, a Grécia ou a Itália — custaria uma fortuna, recompensaria más políticas e muito provavelmente daria à má administração meio ano de sobrevida. A comunidade internacional reluta em — e é incapaz de — regulamentar e supervisionar eficazmente o que acontece nas finanças públicas e na administração monetária de um país soberano. A implicação clara desse fato é que a comunidade deve dizer firmemente "não" a qualquer estrutura de socorro.

A melhor garantia para uma política monetária e fiscal sólida são investidores esgotados que se revoltam e formuladores da política econômica que ascendem e caem por causa de suas políticas. Ninguém deseja uma crise, e muito menos uma que se espalhe até atingir espectadores inocentes. Contudo, em um mundo com investidores soberanos e formuladores da política econômica soberanos, socializar as perdas irá maximizar as perdas. A relutância da Europa em seguir a liderança dos EUA no programa mexicano reflete, em parte, uma percepção de que não havia de fato uma crise do sistema, mas antes uma reação exagerada dos EUA. Em parte e com razão, ela reflete a preocupação de não ser carregada para uma situação muito mais dispendiosa do que aquela que já se vislumbra no horizonte da Europa meridional.

16

Depois da Ásia: Novas orientações para o sistema financeiro internacional

No espantoso terremoto ocorrido no México alguns anos atrás, muitos dos suntuosos novos edifícios desabaram, soterrando e matando um grande número de pessoas sob os escombros. Sem o terremoto, eles certamente não teriam desmoronado. Na verdade, teriam ornamentado a linha do horizonte por muitos anos, como monumentos a seus orgulhosos proprietários e construtores. Contudo, exames revelaram que o concreto continha areia demais e muito pouco dos demais ingredientes. Não foi nada surpreendente que, sob carga, tenham se espatifado. Isso certamente não aconteceu por acidente: existiam códigos regulamentando as construções, mas também inspetores cobrando propinas para deixar passar construções não muito sólidas. O mesmo aconteceu com as finanças transnacionais. Os balanços dos mercados emergentes suportam climas bons, mas sob tensão entram em colapso. *Vulnerabilidade* é a palavra-chave; risco é outra maneira de entendê-la. Duas crises nunca são idênticas, mas todas compartilham o fato de que sem uma significativa vulnerabilidade, os colapsos monetário e financeiro são bastante improváveis. Depois de toda crise, envolvendo guerra ou colapso monetário, sempre há um esforço autêntico para construir um mundo melhor. Um esforço desse tipo foi empreendido após o desastre mexicano, mas durou pouco e não deixou vestígios. Um outro está sendo conduzido hoje. As causas que o desencadearam são o colapso da Ásia e a implosão do Japão. É um momento propício para que más idéias, ou idéias simplesmente impraticáveis, chamem a atenção e ganhem respeitabilidade. Primeiro, vamos esclarecer de onde as crises procedem e qual a maneira mais eficaz de enfrentá-las, antes de nos lançarmos precipitadamente pelo caminho errado.

No passado, as crises de balanço de pagamentos eram predominantemente crises de balança comercial, e a história se passava mais ou menos da seguinte forma. Um país tinha um grande déficit comercial resultante de uma sobrevalorização da moeda nacional ou de uma excessiva expansão, ou de ambas. Já havia serviço da dívida e não havia dinheiro suficiente à disposição. As reservas já tinham sido exauridas e novos empréstimos não podiam ser obtidos. Mais cedo ou mais tarde, uma desvalorização e/ou recessão colocaria as coisas em ordem. Em breve, os freqüentes infratores estariam de volta à mesma situação. Com bastante freqüência, o déficit externo era apenas a contrapartida do déficit orçamentário: gêmeos felizes dos gastos excessivos. Eram sempre acompanhados por câmbios fixos, para conter a inflação, concedendo assim também um privilégio ao grande público, elevando os salários reais em dólares. Paz social significa altos salários em dólares, expansão do setor público e pleno emprego, ao passo que o vínculo externo significa apenas continuar pagando. Certo, os dois objetivos podem entrar em conflito: a realidade, quer dizer, a restrição externa, sempre sai vencedora, mais cedo ou mais tarde. Na hora do acerto de contas, os gastos necessitam ser cortados e os salários em dólares têm que cair: a austeridade é a saída.

As crises mais recentes, começando com a do início dos anos 80 na América Latina, no México em 1994-95, e atualmente na Ásia e na Rússia são fundamentalmente diferentes, porque os problemas de balanço são essenciais para seu aparecimento e, certamente, para sua propagação. Além disso, elas envolvem cada vez mais o setor privado, e não apenas a dívida externa do setor público, como na crise de endividamento dos anos 80 e no caso do México. Essas crises estão relacionadas com a incapacidade de rolar a dívida existente, a escalada de liquidações e o colapso monetário resultante.[1] Por sua natureza, as crises devidas a problemas de balanço influenciam mais o colapso da estrutura financeira de um país (e, por isso, da sua economia), contribuindo também para espalhar a contaminação. Elas são crises de mercado de capitais. Quando ocorrem, são mais fragorosas: o termo que as descreve melhor é dissolução total. Solucioná-las também é mais complicado e, certamente, custa mais caro.

O projeto de um sistema internacional menos propenso a crises deve enfrentar o problema central das crises de mercados de capitais: finanças sem solidez, que se traduzem em vulnerabilidade do balanço nacional. É ingênuo acreditar que podemos abolir completamente as crises, mas sem dúvida devemos nos capacitar para limitar suas repercussões.

INTERPRETANDO A CRISE ASIÁTICA

A crise asiática é facilmente interpretada como uma crise de mercado de capitais, não como uma crise do capitalismo, tal como as autoridades japonesas gostam de apregoar. Vários elementos são fundamentais para essa interpretação:

- Nos balanços do sistema financeiro e das grandes corporações, havia um sistemático descasamento de *vencimentos*. Bancos e empresas de mercados emergentes fazem empréstimos de curto prazo porque são mais baratos ou porque ninguém se dispõe a conceder-lhes empréstimos com vencimento longo. Do ponto de vista dos ativos, esses empréstimos serviam para financiar despesas de longo prazo, tais como investimentos imobiliários, formação de capital corporativo e até mesmo infra-estrutura (não é uma boa idéia financiar auto-estradas com dinheiro aplicado no *overnight*.) Quanto aos empréstimos, já deixamos implícito que a participação acionária poderia ter sido um veículo bem superior. A vulnerabilidade resultante assume a forma de risco de liquidez: a súbita incapacidade de renovar as próprias dívidas, que precipita as empresas e países de um céu claro na tempestade da crise de financiamento.
- A segunda fonte de vulnerabilidade era o descasamento de *denominações*. A Ásia contraiu dívidas em dólares ou ienes para financiar investimentos com rendimentos em moeda local. Em conseqüência, os balanços ficavam expostos ao risco de variações do valor da moeda nacional. Uma substancial depreciação da moeda estenderia o risco de falência a uma grande parte do sistema financeiro e dos clientes que obtiveram empréstimos. Denominações descasadas assemelham-se a dirigir um automóvel não segurado: todo dia sem acidente significa dinheiro poupado, mas quando acontece um acidente, a falta de cobertura se revela desastrosamente cara.
- A terceira fonte de vulnerabilidade era o *risco de mercado*, vale dizer, endividar-se para deter ativos expostos a grandes flutuações em seus valores de capital: ações, *commodities*, moeda estrangeira ou instrumentos de alto risco tal como os *Brady bonds*. As instituições financeiras coreanas, por exemplo, tinham adquirido posições consideráveis em títulos russos e *Brady bonds* brasileiros. Quando os preços destes caíram bruscamente, criaram-se instantaneamente rombos gigantescos nos balanços coreanos.

- A última fonte de vulnerabilidade é o *risco de crédito nacional*. Pelo fato de vários bancos e empresas terem assumido coletivamente uma posição de grande risco, a avaliação e classificação de ativos financeiros passou a incluir um risco de crédito nacional ("risco-país"), com repercussões generalizadas em caso de escalada de liquidações, tanto em termos do valor de capital de seus ativos, como do acesso a fontes alternativas de crédito.

Em um sistema financeiro bem supervisionado — digamos, o dos Estados Unidos ou da Grã-Bretanha atualmente — tudo isso poderia não ter acontecido, mas é, naturalmente, a norma no Japão, Rússia e em toda a América Latina. A falta, negligente ou deliberada, de regulamentação, supervisão e transparência explica a fragilidade da estrutura financeira. Tudo isso se complicou ainda mais devido a um erro fundamental dos bancos centrais: jogar com as reservas de moeda estrangeira. Os bancos centrais da Tailândia e da Coréia esforçaram-se bastante por especular nos mercados a termo enquanto não se esgotaram suas reservas, empenhando-se em trapacear os números. A desordem e a falta de transparência eram reforçadas pela participação ativa dos burocratas, que trabalhavam incansavelmente para embolsar propinas, fazer vista grossa aos flagrantes riscos assumidos e, ao falsearem os ativos dos bancos centrais, aumentavam a vulnerabilidade. Tudo isso não teria sido possível sem a contribuição ativa de políticos. Neste último sentido, a crise asiática também é uma crise de governos corruptos.

É claro que somente a vulnerabilidade não basta para provocar um incidente. Algo que causa fragilidade tem que acontecer: nisto, os fatores externos têm um papel essencial. Seria um erro atribuir toda a culpa à má administração das próprias economias asiáticas. Duas complicações cruciais vieram de fora. Mas a distinção existe somente a título de explicação, pois a vulnerabilidade tem a ver justamente com tais eventualidades. Em primeiro lugar, o Japão entrou em recessão, e a resultante deterioração do ambiente comercial no qual as economias asiáticas operavam explica parte do problema. A sombra que caiu sobre as oportunidades de investimento na Ásia piorou a situação.

Em segundo lugar, e talvez o problema mais importante, houve variações acentuadas na taxa de câmbio dólar/iene, deixando as moedas asiáticas ancoradas ao dólar em grande dificuldade. Isto também é dito somente a título de explicação. O iene esteve forte o bastante para levar o câmbio a oitenta ienes por dólar apenas em 1995; esteve tão débil a ponto de chegar a duzentos ienes por dólar em meados dos anos 80. A idéia de que o iene poderia depreciar-se não era um conceito totalmente novo, de modo que aqueles que assumiram riscos pudessem ser desculpados por tê-lo desconsiderado. Aqueles que se beneficiaram da forte sobrevalorização do iene, e da maior competitividade das exportações ancoradas ao dólar, certamente deveriam ter compreendido que as oscilações do pêndulo vão em *ambos* os sentidos.

O conjunto dos fatores pode ser talhado sob medida para cada país. Por exemplo, como as Filipinas fizeram para evitar o desastre? Elas entraram tarde no jogo, fizeram ingressar pouca moeda estrangeira e, conseqüentemente, tiveram menos problemas de balanço e uma menor dissolução. Em suma, permaneceram mais próximas do velho modelo de crise. Ou a Malásia, que realmente tinha dificuldades bancárias, mas um problema reduzido de dívida externa, porque os financiamentos tinham assumido a forma de investimentos diretos. Ou a Coréia, cuja estrutura corporativa pouco funcional agravou as circunstâncias: coeficientes de endividamento eram superiores a 500% para os *chaebols*, que controlam 50% do PIB. Mas se tantos problemas são hoje criados pela vulnerabilidade, por que nada de grave ocorreu no passado? A resposta é que a vulnerabilidade é um fato muito recente, de três ou quatro anos e não mais. A abertura financeira, e portanto a possibilidade mesma de assumir grandes riscos em vez de simplesmente inserir nos balanços empréstimos inadimplentes, é um problema recente.

O cenário típico, depois de uma liberalização financeira, é um *boom* de empréstimos, financiado por dinheiro obtido no exterior sob a cobertura de um câmbio fixo ou pelo menos muito estável. Em seguida, uma vez criadas as posições credoras e devedoras, surge uma perturbação no horizonte: o investimento interno, notavelmente exagerado, torna-se difícil de manter e logo se cria um conflito entre continuar financiando-o, mantendo altas as taxas de juros, e manter as instituições internas, bancos e empresas, baixando as taxas de juros. Se as taxas de juros são cortadas, a moeda quebra, mas se são elevadas, quebram os bancos e as empresas. No final, todos quebram, porque os investidores estrangeiros compreendem que a situação não é sustentável: os rendimentos não cobrem o risco, a manada está em disparada, e ninguém quer ficar segurando uma bolsa vazia.

A vulnerabilidade é em parte um fato objetivo, mas, tal como nas corridas bancárias, em parte depende da opinião de cada espectador. Portanto, a *contaminação* faz parte do jogo. Se a insustentabilidade dos bancos ou das dívidas torna-se evidente em um lugar, imediatamente surgem difíceis perguntas sobre o que acontecerá a seguir. Por que esses problemas não foram levantados antes é uma pergunta interessante, mas irrelevante para o que nos ocupa no momento. "A segurança em primeiro lugar" é o mote dos investidores quando desconfiam de algo. Por causa disso, as economias vulneráveis tombam uma após a outra. Não é que tenham que tombar, segundo algum critério imutável da previsão estatística; apenas caíram em suspeita, e o resto da história todo mundo sabe. Países não vulneráveis também são testados, mas eles são capazes de elevar suas taxas e defender suas moedas, o que rapidamente se transforma em derrota para os investidores, levando-os a levantar o cerco, pelo menos até o próximo sinal.[2]

Observe-se que nem os déficits de conta corrente, nem os déficits orçamentários e nem mesmo taxas de câmbio mal alinhadas fizeram parte da história da crise de balanços patrimoniais. Na verdade, a situação orçamentária na maioria das economias asiáticas era bastante forte e, embora as taxas de câmbio tenham caído, elas certamente não foram grosseiramente sobrevalorizadas, se medidas por comparações baseadas na PPP (paridade de poder de compra). (Pelo menos esse foi o caso da Ásia, ainda que não o do México, evidentemente.) Se havia indício de algo defeituoso, era a atmosfera que produzira um *boom* nas construções e ao aumento do consumo e da importação de artigos de luxo. Tudo dava a impressão de ser — tal como os argentinos chamaram no final dos anos 70 — *plata dulce*.

Boas respostas

A resposta correta para evitar a crise é controlar o risco. Isso é feito rotineiramente no sistema financeiro do Reino Unido ou dos Estados Unidos, onde as autoridades encarregadas da supervisão estabelecem e fazem cumprir padrões de capitalização como também sofisticados métodos de mensuração do risco. As autoridades de Londres vão ainda mais longe, impondo exigências diferenciadas sobre capitais destinados a empréstimos internacionais para regiões onde os padrões de regulamentação ou supervisão são classificados como brandos. Isto se chama enfrentar o risco com seriedade.

Como isso poderia ser feito em nível internacional? Uma pretensão modesta consiste em criar uma nova cultura, que enfoque a difusão da forma correta de pensar e tire lições da crise atual para que se redijam balanços mais responsáveis. Um plano mais ambicioso poderia incluir a ajuda em caso de acidentes "honestos", desde que os países tenham aceitado o cumprimento de um plano rigorosamente detalhado e submetido a auditoria.

O ponto de partida de qualquer discussão é o fato de que os encarregados da regulamentação e supervisão, na maioria dos países, ainda hoje não dispõem de um fio condutor para seguir. O mesmo pode ser dito das agências de classificação de risco. A estrutura conceitual adequada é o valor sob risco, quer dizer, uma estimativa, seguindo um modelo, do risco máximo para cada situação singular do balanço patrimonial, para um horizonte temporal dado. Existem problemas genuínos quanto à construção do modelo, mas não há controvérsia de espécie alguma quanto ao reconhecimento dessa abordagem como a correta. Medidas tais como a relação entre dívida e exportações nunca constam nessa abordagem, mas a parcela de passivos externos no total de passivos ou a parcela de passivos de curto prazo seria tão importante quanto a variabilidade dos preços de ativos e a probabilidade de um choque externo que desencadeia uma contaminação.

Se as autoridades de todo o mundo impusessem uma cultura de avaliação de balanços orientada à estimativa do risco, situações extremas como a da Ásia simplesmente desapareceriam ou, na pior das hipóteses, virariam uma espécie rara. Talvez seja preciso uma experiência negativa para compreender que o problema é o risco, que é latente em um balanço e não algo que cai do céu.

O passo mais ambicioso, com um período de transição apropriado, é usar efetivamente as consultas regulares do FMI como uma oportunidade para inspecionar o balanço nacional. Os países que pretendem ter um apoio do FMI em caso de problemas estariam habilitados somente se estiveram, no passado recente, de fato cumprido com a estratégia acordada de controle do risco. Este procedimento tem três vantagens. A primeira e mais importante é que institucionaliza a análise do risco, tornando-a parte do processo local de supervisão e criando assim a cultura certa. A segunda é que reduz diretamente os níveis de risco em todo o mundo porque os países estarão ansiosos por habilitar-se ao apoio do FMI em caso de acidentes honestos, que ainda seriam possíveis, embora menos prováveis. A terceira é que qualquer um que queira se retirar e gerir um cassino nacional teria a possibilidade de fazê-lo. Porém, estaria claro para os mercados financeiros que o valor sob risco excede patamares aceitos internacionalmente e que, em conseqüência, seria difícil e custoso obter financiamentos. Por isso, mesmo para países trapaceiros, emerge um incentivo para ingressar no clube.

Não há nada de desvairado nessa proposta, especialmente se existir um período de transição no qual os países possam implementar o que cada um e todos julgam dever fazer com a máxima urgência. Contudo, isso não significa que tudo ocorrerá no FMI. O FMI é possuído e gerido por componentes de seu conselho de administração, isto é, por representantes de países como o Japão, que não tem nenhuma idéia do que sejam finanças sólidas e que não estão inclinados a alcançá-las brevemente. O FMI e seu conselho tiram proveito das situações de crise, uma vez que elas propiciam aos seus burocratas a oportunidade de exercer poder, e à organização, a de expandir o próprio âmbito de ação e o próprio mandato. A noção de que toda medida preventiva é pouco prática é aceita com extrema facilidade. Conseqüentemente, a atenção fica inteiramente voltada a interesses imediatos: por exemplo, o que fazer com a Rússia? Como construir um sistema menos exposto ao risco, em quatro ou cinco anos, é um problema totalmente ignorado.

Os programas do FMI

Outra área de disputa diz respeito ao que exatamente o FMI deve solicitar aos vários países à mesa de negociações. Durante a crise asiática, o FMI ganhou má fama, tal como já tinha acontecido na América Latina nos anos 70 e 80. No passado, o FMI era visto como um gênio maligno; é algo surpreendente que tenha recuperado sua reputação ou, pelo menos, perdido o estigma. Talvez isso tenha acontecido devido ao sucesso do México com políticas ultra-FMI.

Muitos, mas mais surpreendentemente o economista-chefe do Banco Mundial, Joe Stiglitz, têm pregado uma teologia da libertação. Sua mensagem é simplesmente a seguinte: o FMI está errado, taxas de juros elevadas durante um processo de estabilização destroem a segurança do crédito, enquanto políticas fiscais restritivas são inoportunas porque aumentam as forças recessivas. Não se compreende bem em que deve consistir uma estabilização se não em restrição monetária e saneamento das finanças públicas.

Uma questão central é a separação entre reestruturação da dívida, que é impopular, mas às vezes inevitável, e elevação das taxas de juros. Para restaurar a estabilidade financeira, o primeiro passo é colocar um tipo de pavimento, de nível mínimo abaixo do qual a moeda não possa cair. Se todo mundo quiser escapar porque o *trade-off* entre risco e remuneração é demasiado desfavorável, a equação só se modifica com elevadas taxas de juros. Uma estabilização bem-sucedida sem uma elevação das taxas de juros assemelha-se a um Hamlet sem o príncipe da Dinamarca. Contudo, ainda poderia sobrar o problema das dívidas ruins de bancos e companhias e, como conseqüência, os riscos de falência. A resposta para este problema apresenta dois aspectos. Em primeiro lugar, não se pode fazer omeletes sem quebrar ovos. Em segundo lugar, o cancelamento das dívidas pode ser inevitável; não elevar taxas de juros não é uma solução, é simplesmente uma má idéia.

O México, por exemplo, implementou plenamente um programa de rigor monetário, exigido pelo FMI e pelos EUA, para estabilizar a moeda e recuperar a própria credibilidade. Implementou uma política fiscal rigorosa para recuperar o crédito público. Partindo de uma situação próxima da dissolução, a confiança retornou e, em um ano, o país se encontrava na parte ascendente de um processo de recuperação. A política de taxas de juros elevadas não foi nada fácil, nem economicamente, nem politicamente, e um perdão parcial da dívida foi concedido a diversos setores, a expensas do setor público. Esse modo pragmático de lidar com a questão das elevadas taxas de juros deve ser o exemplo de como separar a questão da dívida (moeda morta) do problema da reversão da fuga de capitais e estabilização das taxas de câmbio. O FMI está absolutamente certo ao insistir em taxas elevadas como a linha de frente do processo de estabilização.

A questão fiscal é, em princípio, mais complicada. Se um país vai ao encontro de uma crise monetária, mas de fato não tem qualquer problema fiscal ou de dívida pública, por que o orçamento deveria ser enxugado? A resposta é que certamente não deveria, pois não há razão para infligir um sofrimento desnecessário. Obviamente, na prática não é isso que acontece. Na Ásia, o esgotamento financeiro de bancos e empresas foi a causa de substanciais passivos. Em conseqüência, houve uma importante deterioração fiscal, da qual resultou a necessidade de subvenções. Uma queda de 30% do PIB no crédito público requer uma compensação no orçamento, de modo a recuperar a confiança dos investidores. De fato, quanto menos for feito em termos de orçamento, mais terá de ser feito com as taxas de juros. Logo, embora o FMI possa ter sido exageradamente zeloso em alguns casos, não é provável que tenha cometido erros grosseiros. Em uma situação de maciça deterioração das finanças públicas, é totalmente acertado cancelar megaprojetos de infra-estrutura.

Deve ter causado perplexidade aos ministérios das Finanças e bancos centrais em todo o mundo assistir ao Banco Mundial atirando contra eles pelas costas precisamente quando tentavam estabilizar suas moedas. A teologia da libertação do Banco Mundial é uma idéia muito ruim, que torna a missão de estabilização de cada um ainda mais difícil do que já é. Se existem práticas incorretas em alguma instituição de Washington, elas certamente têm lugar na sede do Banco Mundial.

Todavia, existe uma questão ainda mais crucial: a que opõe o remédio à prevenção. Parte da gestão de uma crise consiste em mudar o modo como o jogo é jogado. Líderes inteligentes usam uma situação de crise para alcançar objetivos mais abrangentes do que simplesmente fazer o país funcionar melhor. Indubitavelmente, o FMI não deve se restringir a deslocar centenas de bilhões de dólares para o *front* de salvamento. Mais ainda, em uma crise sistêmica, como se julga ser a asiática, deve haver melhorias na forma como o sistema opera. É preciso atrelar sua função de salvamento a uma rigorosa inspeção e controle dos balanços nacionais, de modo que os programas de ajuda financeira fiquem mais alinhados a um padrão aceitável de risco moral em vez de pactuarem com flagrantes afirmações descaradas do tipo "somos grandes demais para falir" por parte do cliente, como acontece hoje na Rússia.

Se os programas de estabilização do FMI são corretos em seu desenho básico (sempre existe um problema de calibragem das intervenções, e até agora o FMI se sentiu à vontade para errar, fazendo amputações sem anestesia), não há desculpa para a persistente desconsideração da gestão do risco. O FMI (diferentemente do Banco para Compensações Internacionais, sediado na Basiléia) não prestou atenção aos balanços e seus riscos implícitos, mas simplesmente dormiu ao volante. Contentou-se em dar lições sobre os déficits públicos e a falta de empenho contra a inflação, desconsiderando o problema muito mais explosivo das falsificações nos balanços. Nem a crise mexicana nem a asiática envolveram taxas elevadas de inflação ou níveis imprudentes da dívida soberana. Não há desculpa para a desatenção com os problemas ligados à gestão do risco, sobretudo no momento em que o FMI exige com impaciência mais recursos para intensificar seu papel de emprestador de último recurso. Ter um departamento fiscal, que explora de cabo a rabo os orçamentos públicos, mas não ter um departamento de revisão dos balanços é algo totalmente ilógico. O Congresso dos EUA deveria negar verbas adicionais ao FMI até que um andar inteiro do edifício do Fundo seja dedicado à supervisão dos balanços e à análise do risco, mesmo que isso implique o fechamento do bar.

REGIMES DE TAXAS DE CÂMBIO[3]

As taxas de câmbio tiveram um papel crucial no fomento da crise asiática. Conseqüentemente, é evidente que devemos reavaliar as lições para a política cambial que resultaram das experiências do México e da Ásia. Para muitos países do Leste Europeu e da América Latina, há uma resposta óbvia: esqueçam as moedas nacionais e adotem o euro na Europa e o dólar na América Latina como moedas nacionais. A idéia de que os bancos centrais podem manter com sucesso taxas de câmbio fixas até agora não encontrou qualquer evidência empírica. Esse arranjo apenas leva a megaapostas na moeda e, ao final, o país toma o partido do perdedor e suporta as perdas. Não ter uma moeda própria (como vender a linha aérea "nacional") torna-se um fato normal se reconhecemos que são os mercados de capitais — e não a balança comercial — que regulam as questões relativas à taxa de câmbio.

Se abandonar por completo a moeda nacional não é uma solução aceitável, um *currency board* é capaz de levar a resultados semelhantes. Abole em grande escala, ainda que não inteiramente, o problema da credibilidade da taxa de câmbio. Um tal sistema funcionou bem na Argentina e em Hong Kong. Evidentemente, ele não pode evitar que crises econômicas regionais se espalhem, mas pode muito bem evitar um colapso da moeda, que torna tudo muito pior. A objeção de que os *currency boards* ou a completa dolarização sacrificam a função de emprestador de último recurso é inteiramente infundada. Os bancos centrais nacionais podem imprimir dinheiro, mas raramente esta é a contramedida apropriada para uma crise bancária provocada por uma perda de confiança no país. A função de emprestador de último recurso pode ser prontamente arrendada, juntamente com a de supervisão dos bancos, exigindo-se das instituições financeiras que consigam garantias estrangeiras. Este sistema está em consonância com os modernos mercados de capitais. As moedas nacionais que são geridas com acentuado viés político estão no extremo oposto.

DENUNCIANDO ALGUMAS MÁS RESPOSTAS

Devemos destacar algumas das más propostas como particularmente infelizes. Se Goldman apela ao mercado de capitais para obter mais munição, o FMI e o Banco Mundial não deveriam também aumentar seu poder de fogo? A primeira má resposta é, sem dúvida, o aumento da quantidade de moeda. É verdade que hoje o sistema financeiro mundial tem mais poder de fogo do que jamais teve. Os investidores têm bolsos gordos, e não se pode esperar que os países disponham de recursos suficientes para fazer frente ao que uma centena de vendedores a descoberto (incluindo os bancos centrais participantes do ataque, coisa que de fato acontece) pode pôr na mesa. Tornar disponíveis fundos de emergência adicionais sem implementar outras medidas assemelha-se muito a pedir mais armas pesadas para a polícia: isso apenas aumentaria a qualidade dos tiroteios.[4]

Já é fato que os recursos usados desde o caso do México excedem qualquer valor que poderíamos ter concebido no início dos anos 90, quando ainda se trabalhava para a liquidação das últimas dívidas inadimplentes. Chegando ao núcleo duro dos países "grandes demais para falir" — Rússia e Brasil, que infringiram flagrantemente tanto a probidade fiscal como a gestão do risco — os números ficam assustadores, enquanto o abuso cometido em termos de risco moral não conhece limites. Não seria uma boa idéia forçar um país como a Rússia a realizar uma reestruturação forçada dos vencimentos, para provar que o que parece totalmente líquido e certo para o emprestador de fato nunca o é em casos de esfacelamento? Isso ajudaria a resolver o problema da harmonização dos vencimentos.

Outra idéia terrível é a de utilizar o controle de capitais como alternativa para a gestão do risco. Podemos simpatizar com o estilo chileno de administração dos fluxos de entrada de capitais, mas é preciso duvidar que países em que a norma é uma administração ineficiente ou desonesta (diversamente do bom Chile!) podem operar um sistema sensato. É mais provável que tudo termine em um festival de corrupção.

Uma idéia ainda pior, ou uma "não-idéia", é a de um FMI asiático. No ápice da crise da Tailândia, possivelmente como um gesto bastante cínico para induzir o Tesouro dos EUA e o FMI a concederem empréstimos e se esquivarem de uma contribuição importante, o Japão sugeriu a idéia de um FMI asiático; até hoje ela é mantida viva. O FMI asiático reuniria recursos em um fundo comum e fiscalizaria a região. Quem poderia levar isso a sério? O país líder, o Japão, é o que mais necessita de uma séria devassa financeira e o menos capaz de exercer a liderança da organização, pois está totalmente entravado em seus próprios problemas. Quem pode imaginar um funcionário coreano dizendo a um colega indonésio que ele necessita arregaçar as mangas e deixar de ser tão corrupto? Se a idéia fosse levada adiante, teria sido um festival de restrições e embustes, acompanhados por concessões aos bancos japoneses, de forma a serem reembolsados antes dos demais. Felizmente e com razão, a China manteve-se distante de todo o projeto, que malogrou.[5]

NOTAS

1. O termo "escalada de liquidações" vem dos anos 30, quando era usado no contexto da liquidez do balanço nacional em um período de crise financeira.
2. O que é dito aqui sobre a Ásia não vale, contudo, para a Rússia ou o Brasil, onde os orçamentos são inconvenientemente grandes.
3. Para uma discussão adicional, ver R. Dornbusch e F. Giavazzi, "Hard Money and Sound Credit", no *website* do autor: http://web.mit.edu/~rudi.
4. Ver o capítulo 9: "Controle de capitais: Uma idéia que já teve a sua vez".
5. Malogrou sim, mas não está bem morto. O Ministério das Finanças do Japão há pouco divulgou um relatório que, entre tantas más idéias, propõe uma vez mais FMIs regionais e, é claro, uma maciça introdução de subsídios financeiros. Ver as "Lessons from the Asian Currency Crisis: Risks Related to Short-Term Capital Movement and the '21st Century-Type' Currency Crisis". Ministério das Finanças: Tóquio, maio de 1998.

17

A controvérsia das bandas cambiais

Por que afinal deveríamos acreditar que a criação de bandas cambiais entre países seja uma proposta frutífera e praticável? "Bandas cambiais" é a nova palavra de ordem no debate sobre política internacional. O governo francês invocou um novo arranjo monetário internacional (foi-se o tempo propício para negligenciar as flutuações da moeda), o novo governo alemão pegou o bonde com grande entusiasmo, e o japonês, sinceramente ou não, demonstrou grande interesse. Deveríamos acreditar que as bandas cambiais sejam a solução buscada, que a próxima Conferência de Colônia chegará a um plano segundo o qual a taxa de câmbio euro/dólar se moverá dentro de uma banda estreita, e que o iene cessará sua dança selvagem de uma vez por todas? Esqueçam isso: não há qualquer possibilidade de que os Estados Unidos venham a aderir a um projeto que limita a flexibilidade de suas políticas, deixando a responsabilidade por seu desempenho econômico nas mãos de governos socialistas, com mentalidade estatista e sem experiência em finanças. E é igualmente remota a possibilidade de os Estados Unidos entrarem em acordo com o Japão para restringir as margens de flutuação do câmbio: se os japoneses não conseguem sequer administrar sua própria economia, por que deveríamos nos atrelar ao infortúnio deles?

A razão superficial para a criação de bandas cambiais é a de que sem amplas flutuações nas taxas de câmbio entre o dólar e o iene, a crise monetária asiática simplesmente não teria ocorrido. Isso é verdade, o câmbio dólar/iene oscilou muito nos últimos cinco anos: alcançou um máximo de oitenta ienes por dólar e baixou até cento e quarenta. Moedas como o baht tailandês, ancorado ao dólar, gozaram de vantagens quando o dólar enfraqueceu, mas depois ruíram com a queda do iene. O caso das demais moedas asiáticas é praticamente o mesmo. Os movimentos das moedas apenas foram a gota d'água que transbordou o cálice. A crise, e a dimensão extrema que assumiu, está relacionada, acima de tudo, com uma acumulação gigantesca e imprudente de dívidas de curto prazo e com um péssimo sistema bancário. Aí estava a dinamite; o câmbio dólar/iene foi, na melhor das hipóteses, a faísca que iniciou a explosão. Para evitar crises financeiras, desde o México e Brasil até a Ásia, é preciso uma estrutura financeira sólida e uma política cambial adequada. Trata-se não de fixar a taxa de câmbio dólar/iene, mas de encontrar melhores políticas cambiais para mercados emergentes. No Leste Europeu, isso significa criar *currency boards* para o euro; na América Latina, a dolarização completa, abandonando a gestão amadora do câmbio e do banco central. Na Ásia, isso significa taxas de câmbio flexíveis. Mas nada disso tem a ver com defender a criação de bandas cambiais entre países do G-3.

Se os problemas dos mercados emergentes de fato não oferecem uma boa razão para constituir bandas cambiais, o que dizer do risco de instabilidade na economia mundial provocado por grandes oscilações do valor das divisas? Trata-se, outra vez, de uma não-razão. No passado, os acordos entre governos sobre esse tema foram *ad hoc*, em resposta a esporádicas oscilações extremamente amplas. Foi o caso do dólar em 1985, e do iene em 1995. A intervenção conjunta *ad hoc* funcionou muito bem nessas duas ocasiões, sobretudo porque, em primeiro lugar, as taxas de câmbio tinham variado de forma extrema. Em conseqüência, os especuladores estavam propensos a temer um "já basta!" dos governos. Há todos os motivos para crer que, em circunstâncias análogas, teríamos intervenções conjuntas similares. Nenhum governo tem interesse em fomentar uma situação claramente negativa. Se um tal procedimento funciona, se admitirmos que os governos vão colaborar nas circunstâncias adequadas, por que não um passo adiante, formalizando-o? Por que não pôr o preto no branco antecipadamente, de forma que o problema mesmo não surja mais? Aqui é que as opiniões se dividem. As autoridades francesas e o novo governo alemão sempre gostaram da idéia de fixar tudo o que se move. Ao contrário, os britânicos e americanos desconfiam profundamente da intervenção no mercado. Afirmam que para intervir em casos extremos basta demonstrar força, mas para intervir em casos de pequenos desvios é preciso muito mais para convencer os mercados: coordenação. E sustentarão, com razão, que uma tal coordenação não é possível. O Congresso norte-americano não aceitará interferência européia, o Banco Central Europeu não receberá instruções do Tesouro norte-americano, Greenspan quer ficar livre para guiar a economia dos EUA: tudo isso é fato consumado. Bandas cambiais só servirão para criar confusão.

É claro que o amor dos europeus pelas bandas cambiais não é assim tão inocente. Os formuladores europeus de política econômica têm duas razões importantes para apoiar a criação de bandas para as taxas de câmbio. A primeira é a convicção (ou pelo menos o reconhecimento da possibilidade) de que no futuro o dólar e o iene se enfraquecerão com relação ao euro: o Japão está perdendo força e prestes a monetizar sua dívida, enquanto o mercado de ações norte-americano esgota sua sorte, e leva com ele toda a economia do país; ao contrário, portfólios em euro começam a ficar atrativos. O risco evidente então é que os problemas de desemprego na Europa se agravem. Aqui surge a segunda razão e agenda oculta: os ministros da Fazenda europeus não podem fazer o banco central marchar a seu comando, mas perfeitamente fazer acordos monetários. Assim, se houvesse um regime de bandas cambiais e o euro tivesse uma forte apreciação, o Banco Central Europeu seria forçado — *gostando ou não* — a cortar as taxas de juros e limitar a apreciação. As bandas cambiais são o caminho velado para recuperar parte do controle sobre a política monetária. O resto é tão estilizado quanto o internacionalismo, com o qual ninguém deve se deixar enganar. Se isso fosse tudo, os Estados Unidos poderiam até mesmo concordar. Contudo, se os acordos das bandas cambiais funcionarem para ambos os lados, os Estados Unidos deverão elevar suas taxas de juros no caso de enfraquecimento de sua economia e moeda. Isso é impossível: o Congresso vai recusá-lo, o Tesouro vai recusá-lo; simplesmente todos vão recusá-lo. Não permitiremos um sistema de câmbio capaz de ameaçar a prosperidade dos EUA. É isso, e estamos conversados.

Naturalmente, seria um completo absurdo trazer o Japão para a discussão. No que é um patético espetáculo de incompetência, a economia japonesa está afundando e as finanças públicas estão ganhando *status* de títulos de alto risco. O Japão não consegue uma recuperação, não consegue limitar seus déficits, nem ao menos usá-los para produzir crescimento, não consegue decidir se o seu banco central deve monetizar a dívida ou manter elevadas as taxas de juros, nem se prefere um iene forte ou fraco. É inconcebível incluir o Japão em um acordo para fixar um regime de bandas cambiais.

Os governos europeus aproveitaram-se do medo causado pela turbulência dos mercados de capitais no último outono e do abalo das moedas das economias mal administradas do Terceiro Mundo para moldar o que parece ser uma agenda internacionalista e responsável. Estão tentando puxar os Estados Unidos para o debate doméstico sobre o Banco Central Europeu. Não terão sucesso, e têm de se contentar com taxar os EUA como paladino dogmático do livre mercado (o que, felizmente, de fato é verdade). Eles fariam melhor se buscassem uma economia mais competitiva e dinâmica de modo que a questão da taxa de câmbio deixe de ser a última trincheira. Abandonemos as bandas cambiais. Os mercados podem ocasionalmente ser irracionais, mas, com mais freqüência, os formuladores da política econômica socialista fazem pior.

Depois da União Monetária Européia e no fim de um século de turbulência monetária, pode ser útil perguntar-nos sobre que aspecto terá o sistema monetário no próximo século. Não há perspectiva de estruturas muito coordenadas: as taxas euro/dólar e dólar/iene fatalmente flutuarão e, no máximo, pode-se esperar intervenções coordenadas em casos extremos. Contudo, devemos levar em conta outro aspecto, que contribuirá para criar um sistema monetário muito mais estruturado. Especificamente, a periferia se integrará com moedas principais em uma estrutura bem amarrada. Já se pode notar que a América Latina se move em direção a um padrão-dólar. A Argentina fez isso no início dos anos 90, e as vantagens são evidentes: mesmo no meio de uma crise regional, a credibilidade das taxas de câmbio traduz-se em taxas de juros mais moderadas, maior confiança e maior crescimento. Atualmente, o Brasil enfrenta a mesma situação que fez a Argentina escolher o remédio certo: a moeda brasileira está à beira do colapso, o governo está isolado e sem esperança e as taxas de juros chegam a quase 50%. A saída é fechar o Banco Central, abandonar a moeda fraca e adotar o dólar como moeda nacional. No México, na zona fronteiriça com os Estados Unidos, a mesma escolha está sendo feita. Ninguém põe seriamente em dúvida o fato de que o México adotará o dólar em poucos anos, talvez já no próximo ano, no esforço de aumentar o crescimento e melhorar as chances nas eleições do ano 2000. O nacionalismo à antiga, com sua insistência sobre uma moeda nacional, está ultrapassado em um mundo de movimentos livres e instáveis de capitais. Os governos devem optar por moedas fortes para estarem a salvo dos ataques especulativos que minam a estabilidade financeira e a prosperidade de seus países. Tudo isso começa a ser compreendido em grande parte devido ao extraordinário desempenho da Argentina tanto no curso da crise mexicana de 1994-95 como atualmente, quando seu vizinho Brasil está com a corda no pescoço.

A mesma lógica seguramente levará os países do Leste Europeu — Polônia, Hungria, República Checa e outros — aos braços do euro. Esses países querem fazer parte da União Européia e terão sucesso; não vêem a hora de ingressar. Acertariam se começassem com um sistema de *currency board*, que facilita a integração financeira e demonstra boa vontade e capacidade de gerir seriamente a moeda. Isso ajudaria a apressar seu ingresso. A flexibilidade das políticas monetárias em mercados emergentes há muito foi perdida: foi sendo minada por taxas de juros excessivamente altas e insustentáveis.

É muito mais difícil prever se a Ásia se tornará uma área monetária. O Japão poderia assumir um papel de líder, mas sua devastadora fraqueza financeira e sua incapacidade para a liderança política o tornam um fraco candidato. A China é outro candidato, mas evidentemente ainda está muito longe de ter um mercado de capitais e uma tradição monetária que podem inspirar influência e liderança. Portanto, na Ásia são os acordos *ad hoc* que vão predominar.

18

Novos desafios para os mercados financeiros mundiais

Os mercados emergentes asiáticos estão em movimento, a China com certeza não fará uma desvalorização e o Brasil tornou-se o novo melhor amigo dos mercados de capitais. Nenhuma outra crise, nenhuma inflação, nada para deter os novos recordes dos índices financeiros e da prosperidade geral. E viva a nova economia, Alan Greenspan e o Tesouro norte-americano! Cumprimentos também para o Banco Central Europeu, por ter baixado as taxas de juros; para o Japão, por ter posto em ordem seus bancos e, ainda que relutantemente, para o FMI, que orquestrou a rápida recuperação do Brasil. Nada impede a continuação da mais longa fase de expansão dos Estados Unidos, agora que o resto do mundo finalmente está a bordo e os mercados de ações experimentam, outra vez, picos cintilantes.

Bom demais para ser verdade? Certamente, sempre pode haver um outro mercado emergente pronto para alguma reviravolta. Contudo, hoje sabemos que podem se recuperar mais rapidamente do que levam para adoecer. Dessa forma, isso não pode ser motivo para muita preocupação. Nem devemos nos inquietar demais com a guerra na ex-Iugoslávia: a Rússia agita as espadas, mas sabe bem que não lhe convém se aproximar do fogo. Tampouco há motivo para muita inquietação com relação às próximas crises dos exaustos governos socialistas da Europa ou ao euro. Dois elos críticos que se podem romper e perturbar a harmonia mundial são os Estados Unidos e o Japão. Em ambos os casos, o problema reside em uma supervalorização dos ativos: ações norte-americanas e títulos japoneses. Se seus preços fossem realinhados de forma consistente, os mercados mundiais de capitais sofreriam um forte abalo.

As ações norte-americanas têm um preço demasiado alto para um mundo em que a inflação não está totalmente extinta. No cenário mais provável, um ajuste será turbulento, mas essencialmente fraco. A profunda confiança nos pilotos e uma economia sólida parecem garantir um bom resultado e justificar um choque controlado no resto do mundo.

Não é o que ocorre no caso do Japão, onde os títulos estão extremamente supervalorizados. A dívida já existente, o estado da economia e o envelhecimento irreversível da população causam uma difícil situação das finanças públicas. A escalada da dívida simplesmente não pode ser evitada; o Japão merece ser classificado como país de alto risco. O reconhecimento oficial dessa condição poderia dar origem à maior crise do pós-guerra porque o problema está fora de controle e os dirigentes estão distraídos com questões políticas, e profundamente confusos quanto à gravidade da deterioração já em curso.

AS AÇÕES DEPOIS DE CEM MESES DE *BOOM* AMERICANO

Toda bolha especulativa tem uma gota de verdade mais uma grande quantidade de racionalização. As ações americanas não estão tão mal assim; com efeito, algumas razões explicam por que seus valores estão altos. Com um governo favorável à empresa privada, os acionistas assumiram a direção e obrigaram os dirigentes a agir como administradores eficientes e não como burocratas corporativos. Há a integração à economia mundial, que permitiu uma drástica redução de custos das empresas reestruturadas, e também uma tecnologia formidável, junto com a vontade de usá-la. Em suma, a palavra "impossível" não faz mais parte da linguagem das corporações e os acionistas tiram proveito disso. E também ganham muito com o fato de que um mercado de trabalho que funciona bem substituiu os sindicatos. Há também, ocupando uma posição de relevo, a idéia de que as recessões não fazem mais parte do panorama previsível. A inflação está baixa e por isso o Fed não necessita mais fazer regularmente as sangrias que fazia no passado. Contudo, também existe, se for preciso, um forte posicionamento fiscal: se alguma coisa se desviar, consideraremos imediatamente os cortes de impostos, e as famílias já estarão gastando-os quando a notícia chegar. A recessão simplesmente não está em questão: não a necessitamos, não a queremos e, por isso, não a teremos.

Isso não quer dizer que o Fed aguardará e permitirá que a inflação cresça novamente uma vez que a economia mundial comece a avançar. O infortúnio do resto do mundo favoreceu a nossa desinflação. Atualmente estamos em um círculo virtuoso de baixa inflação de preços e bom desempenho da produtividade, o que se traduz em acordos salariais não-inflacionários, acompanhados pelo crescimento dos salários reais. No *front* doméstico, a inflação praticamente deixou de ser um problema cíclico. Não é este o caso da economia mundial. Com os problemas do Japão e de toda a Ásia, e da América Latina, os preços das *commodities* estão caindo acentuadamente, favorecendo o bom desempenho dos Estados Unidos, o que manteve calmo o Fed. Tudo isso são águas passadas: uma recuperação mundial está entrando em cena e ganhará força. À medida que a ganha, aumentam os preços das *commodities*, do *chip* ao aço, abarcando uma gama muito ampla de manufaturas, o que fará saltar a inflação americana.

A boa notícia é que o impacto da recuperação mundial sobre os Estados Unidos é, embora certo, também leve. Portanto, não estamos falando, nem mesmo remotamente, de taxas de inflação chegando a 4% ou 5% e acima. Esses dias já fazem parte do passado, talvez para sempre. Infelizmente, contudo, mesmo se a inflação alcançar só 3%, já é muito para o Fed deixar acontecer: se não agir, uma inflação de salários vai aflorar, como também uma inflação de preços, e assim por diante. Portanto, se consideramos verossímil uma alta mundial, então devemos concluir que o Fed entrará em cena. Partindo desse ponto, basta um pequeno passo para reconhecer que as ações sofrerão uma queda e o dólar perderá o equilíbrio. Contudo, a má notícia não é de fato terrível; o problema inflacionário é pequeno, e assim também a cura necessária: desaceleração e não, com certeza, recessão. De fato haverá, acima de tudo, um ajuste do mercado de ações. Acumular aumentos expressivos de taxas de juros seria o mesmo que matar o doente por excesso de remédio. É preciso apenas amortecer um choque inflacionário, não remover a inflação do sistema, nem estourar uma bolha, ao estilo japonês. O Fed é perfeitamente capaz de realizar essa arriscada aterrissagem sem destruir a aeronave. No entanto, enquanto ela se realiza, os passageiros trancarão sua respiração. Assim se dará com a economia mundial, especialmente no caso dos mercados emergentes. Em caso de tremores no centro, ninguém vai querer estender a mão à periferia. Em suma, a desinflação nos EUA não é completa; um golpe a mais e será eliminada, mas o mercado de ações se ressentirá.

A DÍVIDA-SUCATA DO JAPÃO

O maior problema para a economia mundial é o Japão. Talvez não seja um problema neste ano ou no próximo, mas quando acontecer, será formidável. Em um sentido restrito, é a recessão japonesa (o país está batendo o recorde nacional de apnéia) que baixa diretamente o crescimento mundial e piora o fraco desempenho da área ao limitar as recuperações de seus parceiros comerciais asiáticos. Todavia, dentro de um pequeno problema sempre se esconde um maior, que busca vir à tona. O que está prestes a emergir é a enorme dívida pública japonesa e os consistentes passivos a descoberto, relativamente ao pagamento de pensões. São problemas horríveis por si sós. Quando combinados com uma economia que se estagna e envelhece, fazem da dívida um problema incontrolável. O reconhecimento pelo mercado desta situação significaria uma queda das cotações do maior devedor mundial. Desta forma, estariam dadas as condições para uma espetacular crise de crédito.

Tabela 18.1 As Desastrosas Finanças Públicas Japonesas (percentuais do PIB)

	Dívida pública	Passivos de pensões	Déficit
Japão	130	107	–7,9
EUA	58	26	1,4
Alemanha	62	111	–2,2
Itália	118	76	–2,7
França	61	114	–2,5

Fonte: FMI.

Segundo dados fornecidos pelo FMI, a dívida pública japonesa corresponde atualmente a 130% do PIB. Além disso, segundo estimativas da OCDE, o valor atual líquido dos passivos de pensões é superior a 107% do PIB. A dívida resultante é o maior passivo público mundial, em termos absolutos; e maior ainda, é claro, relativamente às dimensões da economia japonesa. O Japão se destaca se unimos dívida e despesa com pensões, ao que se acrescenta a perspectiva de déficit. Não há recuperação à vista; as previsões disponíveis afirmam que o crescimento é negativo este ano e, no próximo, zero. Os déficits cíclicos em breve serão acompanhados por déficits demográficos de pensões não cobertas por fundos. A população envelhece rapidamente: a força de trabalho já atingiu seu máximo, enquanto a população chegará a seu pico no próximo ano. Dívida elevada e déficits permanentes são uma receita para o desastre.

Sim, há saídas. Uma profunda desregulamentação do Japão, que produza oportunidades de emprego, postos de trabalho e, em conseqüência, contribuintes, é claramente parte da receita. Todavia, atualmente a reestruturação das empresas se coloca muito na defensiva, com uma diminuição e não um aumento dos postos de trabalho. O banco central poderia ter um papel construtivo, imprimindo dinheiro para adquirir ações e dólares de modo a tirar a economia do pântano. Em vez disso, como o Fed nos anos 30, entretém idéias confusas e continua esperando que algum outro realize o milagre.

Uma vez aceita a idéia de que é improvável que exista uma saída da dinâmica fatal da dívida, poderíamos nos perguntar como tudo isso acabará. Um cenário é o esfacelamento financeiro do Japão, induzido por uma deterioração de sua posição devedora, por diferenciais crescentes de riscos, por balanços e dinâmica da dívida que pioram, perda de confiança e uma recessão sempre mais profunda. Depois de começar a rolar, a bola rolará até o fundo, como acontece com qualquer empresa ou país em dificuldade. E não existe FMI nem Estados Unidos que possam fazer funcionar uma estratégia de salvamento porque as cifras são incrivelmente grandes. Tampouco existe um preparo para intervir e organizar uma reestruturação preventiva por não haver consenso sobre quem deve arcar com as despesas. Também se acredita firmemente que mudando os móveis de lugar pode-se ganhar bastante tempo de modo que o problema talvez desapareça por si só.

O cenário alternativo é igualmente drástico. Em face de uma enorme crise financeira, o Japão poderia responder com uma inversão da liberalização financeira. Visaram-se altas taxas de poupança para suportar a dívida: os poupadores foram feitos reféns para adiar-se o inevitável. Boa parte da Ásia aderiria a uma área financeira continental, caracterizada pela repressão financeira e controle da saída de capitais. Não haveria colapso algum, mas simplesmente o abandono, da noite para o dia, da noção de uma economia mundial cada vez mais aberta. Isso aconteceu nos anos 30 e certamente é um resultado bastante plausível da crise da dívida japonesa, incontrolável de outra forma. Não há nada de surpreendente em tudo isso: o Japão já propôs, há dois anos, a criação de uma área financeira asiática, na qual o capital não pode sair das zonas problemáticas, e hoje está buscando acordos de livre comércio com seus vizinhos. Uma crise japonesa, com enorme potencial de colapsos de ativos e depreciação competitiva que comportaria, é precisamente o contexto moldado para que o resto da Ásia se una ao Japão para atrasar o relógio.

Na "Nova Economia", um choque em qualquer parte do mundo é um choque no mundo todo. Até mesmo pequenos choques se tornam grandes, dada a enorme influência que adquirem. Os grandes choques transformam-se em explosões nucleares financeiras. Tendo isso em mente, nenhuma complacência quanto à dívida japonesa é admissível. Boa sorte ao presidente Greenspan e ao secretário do Tesouro, Summers.

IV

Nada Substitui o Livre Comércio

19

O livre comércio está numa encruzilhada?

O fracasso das negociações comerciais da Rodada Uruguai gerou temores de um conflito comercial mundial. A orientação "para dentro" da Iniciativa "1992" da União Européia e a iminente formação de uma Área de Livre Comércio da América do Norte, possivelmente sem a inclusão do Canadá, reforçam esses temores. O que está em jogo, e quão sérios são os riscos?

Impera um excessivo derrotismo; contudo, o comércio internacional continuará sendo substancialmente livre entre os parceiros do Atlântico Norte. Não há nenhuma ameaça real de um recuo à liberalização alcançada no pós-guerra. Todavia, o estabelecimento do livre comércio com a Ásia é uma questão menos definida: as estratégias para uma maior abertura podem redundar em iniciativas regionais.

O COMÉRCIO INTERNACIONAL HOJE

Depois do antagonismo nas relações comerciais do período entre guerras, nas últimas quatro décadas o comércio internacional vem prosperando. O comércio internacional expandiu-se significativamente mais rápido que a produção. Em particular, esse tem sido o caso das manufaturas. É claro que nem todo o crédito deve ser atribuído ao multilateralismo. Boa parte da expansão deve-se também aos acordos que foram além do GATT e assumiram a forma da integração regional na qual as tarifas internas foram completamente eliminadas. A Comunidade Européia e a Associação de Livre Comércio Europeu (Alce) são os principais exemplos.

Sob os auspícios do GATT, as liberalizações do comércio multilateral avançaram rapidamente no pós-guerra. A Rodada Kennedy e a Rodada Tóquio foram marcos importantes. Os níveis atuais de tarifas em países industrializados refletem o sucesso da diplomacia do comércio multilateral. As alíquotas *médias* das tarifas são hoje bastante moderadas e não diferem muito entre países industrializados.

Tabela 19.1 Crescimento do Comércio no Pós-guerra
(taxas médias anuais, %)

	1960-69	1970-79	1980-89
Exportações	8,5	5,5	4,3
Manufaturas	10,5	7,5	5,3
Produção	6,0	4,0	2,7
Manufaturas	7,5	4,5	3,7

Fonte: GATT.

Tabela 19.2 Alíquotas Médias das Tarifas Posteriores à Rodada Tóquio (%)

	Matérias-primas	Produtos semimanufaturados	Produtos finais
Estados Unidos	0,2	3,0	5,7
Japão	0,5	4,6	6,0
Comunidade Européia	0,2	4,2	6,9

Embora o comércio internacional tenha se expandido rapidamente e as barreiras tenham caído durante três décadas, uma contracorrente tornou-se cada vez mais visível: o uso de barreiras não-tarifárias e de proteção setorial especial. Para os produtos têxteis, esse uso chegou mais cedo, mas nos anos 70 e 80 espalhou-se para uma vasta gama de bens, incluindo automóveis, aço e produtos em cujo comércio os países em desenvolvimento tinham melhorado sua competitividade. As restrições voluntárias às exportações (VERs) e as cotas de importação foram os principais veículos desse novo protecionismo. Além disso, o cumprimento rigoroso da legislação comercial, incluindo a aplicação de cláusulas *antidumping*, tornou-se um poderoso impedimento ao crescimento do comércio de alguns grupos específicos de mercadorias.

É digno de nota que, em contraste com o abandono das tarifas, as barreiras não-tarifárias realmente se transformaram em uma importante fonte de restrição ao comércio. As novas restrições não são nada insignificantes e se espalham à medida que os países em desenvolvimento ganham competitividade em bens manufaturados cuja produção envolve baixos salários. Por essa razão, eles incitam o protecionismo latente nos países industrializados. Mas as restrições enfrentadas pelos tigres asiáticos são muito mais severas do que a média. Ainda assim, o sucesso das exportações dos tigres asiáticos sugere que eles não estão invadindo fortalezas, mas cidades amplamente abertas.

Tabela 19.3 Restrições ao Comércio

	Estados Unidos	Japão	CE
VERs[a]	62	12	138
Barreiras não-tarifárias[b]			
Importações de países industrializados	15	29	13
Importações de países em desenvolvimento	17	22	22

Notas: [a]Número de casos.
[b]Parcela do comércio submetida a fortes barreiras não-tarifárias.

A Rodada Uruguai

A resposta tradicional ao crescente protecionismo consiste em desenvolver rodadas de negociações multilaterais de comércio. Esse processo manteve o protecionismo represado, realçando as vantagens das reduções multilaterais de obstáculos ao livre comércio. Mas como os números da tabela 19.2 deixam claro, negociações adicionais para redução das tarifas teriam pouco efeito porque, na maioria das categorias, as tarifas são hoje bastante baixas. Por isso, voltou-se a atenção para áreas até agora excluídas do GATT:

- Liberalização do comércio de serviços, incluindo especialmente os serviços financeiros, e o estabelecimento de um Código de Proteção da Propriedade Intelectual;
- Redução de subsídios às exportações agrícolas em países industrializados;

- Eliminação gradual da proteção aos produtos têxteis;
- Elaboração de um código para resolução de conflitos comerciais, aperfeiçoando práticas como a Super 301 e mecanismos *antidumping*.

Não surpreende que a pedra no caminho das negociações seja a agricultura. Nos últimos cinqüenta anos, a agricultura ocupou um lugar especial no protecionismo em países industrializados e pouco aconteceu que pudesse enfraquecer a influência política do *lobby*, pelo menos no Japão e na Europa.

É forte o argumento a favor da eliminação gradual dos subsídios às exportações agrícolas. A primeira coluna da tabela 19.4 mostra a discrepância entre os preços domésticos e internacionais em vários países. A segunda coluna indica a fração da renda agrícola gerada por subsídios ou alguma outra forma de benefício equivalente.

Tabela 19.4 Subsídios às Exportações Agrícolas (%)

	Proteção nominal	Proteção efetiva
Comunidade Européia	22	38
Japão	102	72
EUA	6	27

Fonte: FMI, *Staff Studies for the World Economic Outlook*, setembro de 1990.

É interessante observar que o Japão permaneceu nos bastidores por ocasião do colapso da Rodada Uruguai. Claramente, o Japão é o país mais imerso no protecionismo à agricultura e, mesmo com a feroz pressão norte-americana, pouco fez para mudar a situação durante a última década. A produção de carne é auto-suficiente para 78% do consumo; no caso do arroz, esse valor atinge 108%.

Os que se beneficiariam com a liberalização da agricultura são países como Austrália, Canadá e Argentina. Todos eles podem esperar que o fim dos subsídios reduza a produção nos países industrializados e diminua a oferta, aumentando assim a demanda internacional e os preços internacionais das exportações agrícolas. Mas os tesouros nacionais dos países industrializados sem dúvida também se beneficiariam de forma substancial. Políticas agrícolas protecionistas custam muito caro. Por fim, os consumidores teriam vantagens naqueles países onde hoje os benefícios na forma de preços elevados aumentam os custos dos alimentos. O Japão é um exemplo claro, pois os preços do arroz excedem os níveis mundiais em 5 vezes!

Todas as expectativas são de que o protecionismo à agricultura por fim cairá. O uso absurdo da terra no Japão, os problemas orçamentários nos Estados Unidos, os problemas de distribuição entre os países levantados pela Política Agrícola Comum da União Européia, bem como o ingresso da Europa Oriental e da União Soviética como exportadores agrícolas forçam uma reconsideração do problema. Contudo, o momento oportuno para qualquer solução não está próximo. A Rodada Uruguai foi uma boa tentativa de livrar todos os países protecionistas através de uma iniciativa internacional conjunta. Certamente haverá outras rodadas nos próximos anos, quando os países da Europa Oriental entrarem em cena com seu potencial de exportação e a necessidade de mercados.

Ainda que a falta de acordo sobre o caso da agricultura tenha sido responsável pelo fracasso da Rodada Uruguai, as outras questões não eram menos importantes. O comércio de serviços financeiros é um tema quente para os países cujas instituições financeiras pretendem desenvolver atividades bancárias e seguradoras no exterior. Isso também vale para o comércio de serviços, como, por exemplo, emissoras de TV.

A proteção neste setor é extraordinariamente intensa. Em muitos países, os governos mantêm monopólios; quando não o fazem, restringem a recepção, geralmente acessível a empresas nacionais. A tecnologia segue na direção oposta: as emissões transnacionais de programas são muito fáceis, e são impressionantes as economias de escala, por exemplo, na promoção de eventos esportivos com transmissão para todo o mundo. Produtores de TV em escala mundial argumentam que os consumidores poderiam assistir a eventos esportivos infinitamente melhores se tivessem acesso a todos os mercados, fato que criaria rendas para produzir programas excepcionais. Os governos nacionais contra-argumentam que a cultura é prejudicada quando a TV passa a ser internacional. Mesmo que a Europa tenha recentemente restringido o livre mercado de emissoras de TV a 50% dos telespectadores europeus, é difícil ver como a internacionalização poderá ser contida na próxima década.

E agora?

Quando as negociações do GATT pareciam fracassar, houve medo de um iminente colapso do sistema de comércio multilateral. Não há evidências de que esse medo corresponda a um risco real. O comércio sempre teve seus atritos, e eles continuarão surgindo. Contudo, algumas previsões podem ser garantidas:

- As questões relativas a serviços presentes na rodada do GATT serão consideradas em separado, e levadas adiante na OCDE. Os países desenvolvidos têm um grande interesse em comum. Pode haver longos períodos de ajustamento e cláusulas especiais, mas no final o comércio de serviços terá de ser tão internacional quanto o comércio de bens. De fato, as economias de escala que justificam fortemente o comércio de mercadorias podem ser ainda mais eficientes para os serviços.
- As conversações para a liberalização da agricultura perderão coesão e os avanços virão em doses homeopáticas. O carro-chefe será uma pequena concessão em torno à proposta européia. Durante a próxima década, o restante se seguirá gradualmente. O ingresso da Europa Oriental como produtora de bens primários será uma tremenda dor de cabeça para a Política Agrícola Comum (PAC).
- O Japão certamente será tratado isoladamente de forma mais agressiva. É verdade que o Japão está mudando. Contudo, considerando-se o quanto o país está defasado em relação a outras nações industriais, o progresso ainda se dá muito lentamente. Este diagnóstico vale para todos os setores: comércio de produtos agrícolas, de manufaturados e de serviços.
- Acordos de comércio multilateral vão se tornar mais comuns. Todo mundo reconhece os grandes benefícios alcançados pela Europa, derivados de liberalizações regionais nos últimos quarenta anos. Os Estados Unidos perseguirão a mesma estratégia, primeiro com o México, e depois com outros países latino-americanos. Dentro da América Latina, já emerge o interesse em pactos comerciais com os Estados Unidos e também em uma liberalização regional centrada no Brasil.
- O GATT não corre perigo, mas pode não ser o carro-chefe da abertura do comércio na próxima década.

O Tratado de Livre Comércio da América do Norte

O intenso debate sobre a "via rápida" (*fast track*) (o mandato especial para o presidente norte-americano negociar um Tratado de Livre Comércio da América do Norte, NAFTA, que então seguiria para votação no Congresso) significou uma franca provocação dos sindicatos por parte do Congresso, um passo decisivo rumo a uma área econômica do hemisfério ocidental e possivelmente um renovado impulso à diplomacia do comércio multilateral.

Quanto aos efeitos para o comércio e para os empregos, os sindicatos e seus defensores no Congresso opõem-se a um Acordo de Livre Comércio porque arruinaria trabalhadores em ambos os lados do Rio Grande. Tom Donahue, secretário-tesoureiro de um sindicato, declarou a uma comissão do Senado que "a aprovação de um acordo de livre comércio com o México seria um desastre econômico e social para os trabalhadores norte-americanos e suas comunidades, além de pouco ajudar a imensa maioria dos trabalhadores mexicanos". Nada disso é plausível: um acordo de livre comércio contribuiria para o emprego nos Estados Unidos e também no México. Para os Estados Unidos, os ganhos seriam pequenos relativamente ao tamanho de sua economia porque o México é simplesmente um mercado pequeno demais para fazê-los ricos.

20

2005: Uma odisséia no comércio

Grande parte da América Latina envolveu-se ativamente em estabilizações e reformas: o Chile é o campeão desses processos, o México passou por uma mudança maciça que trouxe benefícios evidentes, e a Argentina, contrariando todas as expectativas, adotou uma reforma e foi bem-sucedida. Inclusive a Venezuela parece estar no mesmo caminho. O Brasil é o único a insistir obsessivamente na idéia de que a estabilidade e a reforma são "politicamente impossíveis". O fato é que a liderança política é incompetente e irresponsável, e tem sido assim por mais de uma década. Neste meio tempo, o mundo avança. Enquanto o Brasil balança à beira da hiperinflação e corrói instituições e a estabilidade social, o resto do continente americano focaliza energicamente sua atenção no novo cenário do comércio internacional.

Uma das grandes questões dos próximos anos é o livre comércio no continente americano. O NAFTA está se desenvolvendo — apesar dos sindicatos, do Partido Verde e de Ross Perot — e por isso convém olhar mais adiante e perguntar o que está por vir. O que virá após o NAFTA? E quais são os benefícios de uma abertura comercial para todos os envolvidos?

Hoje os Estados Unidos encontram-se diante de uma rara oportunidade para implementar uma política comercial "para fora" com a América Latina. Buscando a modernização como saída para uma situação econômica difícil, a América Latina hoje está aberta a uma reforma comercial de longo alcance. Esta perspectiva é defendida convincentemente pelo ministro das Finanças do México, Pedro Aspe, em seu novo livro *Economic Transformation: The Mexican*

Publicado originalmente em *International Economy*, setembro-outubro de 1993, pp. 57-63. Reproduzido com permissão.

Way. Se perdermos esta oportunidade, estamos fadados a fracassar na construção de um importante bloco comercial e de investimentos do hemisfério ocidental nos anos 90. Dar as costas à abertura comercial é um convite à desaceleração, se não ao fracasso, da reforma e ao ressurgimento do protecionismo em toda a América Latina e além dela. O compromisso do governo Clinton com o livre comércio na América Latina é uma política importante e positiva para a região.

Um instantâneo do continente americano

A tabela 20.1 apresenta uma síntese da situação atual da região através de indicadores macroeconômicos.

Tabela 20.1 Dados Comparativos: 1991

	População (milhões)	PIB (bilhões de dólares)	PIB *per capita* (dólares)	Salário médio por hora (dólares)
Estados Unidos	253	5.678	22.443	15.45
Canadá	27	574	21.259	17.31
Hemisfério Ocidental*	450	1.000	2.222	n.d.
Brasil	153	418	2.732	2.55
Chile	13	31	2.406	n.d.
México	88	248	2.818	2.17

*Estimativa. n.d. = não disponível.
Fonte: Banco Mundial, U.S. Department of Labor e fontes nacionais.

A primeira impressão é o peso desproporcional dos Estados Unidos. Mesmo usando os dados do Programa de Comparação Internacional do Banco Mundial, o fator de discrepância entre o Norte e o Sul é 4. Em segundo lugar, o Canadá, mesmo sendo rico em termos *per capita*, não é um gigante econômico quando comparado às economias latino-americanas. De fato, o Brasil segue-o de perto. Em terceiro, o fator de discrepância *per capita* e de salários é 10. O valor exato não faz muita diferença; a verdade é que o hiato vai perdurar por muitas décadas. Estudos sobre o ritmo de convergência entre as regiões concluem que o hiato do PIB *per capita* diminui a uma taxa de 0,02% ao ano. Ainda que essa estimativa seja pessimista diante das crescentes possibilidades de integração — não se trata mais dos Estados Unidos ao Norte, sem comunicação com o Sul — não há perspectiva de uma equalização aproximada dentro dos próximos 50 anos.

Tabela 20.2 Padrões das Exportações: 1991
(em bilhões de dólares)

	Região exportadora		
	EUA	Canadá	Hemisfério Ocidental
Para:			
EUA	—	95,6	57,6
Canadá	85,1	—	4,0
Hemisfério Ocidental	63,5	2,4	21,0
Mundo	421,8	121,2	140,4
% do PIB (1989)	7,0	24,2	13,6

Fonte: FMI, *Directions of World Trade*.

Hoje, como mostra a tabela 20.2, o processo de integração comercial não está muito avançado. Em primeiro lugar, o Canadá praticamente não mantém um elo comercial com a América Latina. Essa situação certamente só mudará através da dinâmica especial de um acordo de livre comércio. Em segundo lugar, o comércio interno do hemisfério ocidental é muito pequeno, fato que induz a pergunta de se a integração Norte-Sul mudará substancialmente a integração comercial dentro desse hemisfério. Em terceiro lugar, o que não é mostrado pela tabela, está o fato de que boa parte (realmente, mais da metade) das relações entre os Estados Unidos e o hemisfério ocidental é um reflexo da relação especial entre os Estados Unidos e o México. Esse dado provoca imediatamente a pergunta de se os efeitos da vizinhança direta tem um papel especial que não pode ser cumprido por um mero livre comércio.

Outro ponto que emerge da tabela é o relativo fechamento do Sul se medido pela participação do comércio no PIB. Isso é substancialmente um reflexo do fechamento da economia brasileira. Em parte, trata-se de uma característica de uma economia grande e diversificada. Mas em parte também é um reflexo de uma política comercial bastante firme, traçada no passado, destinada a evitar as importações de produtos manufaturados.

VANTAGENS PARA OS ESTADOS UNIDOS

Podemos resumir facilmente as vantagens para os Estados Unidos. Elas assumem duas formas. Primeiramente, a América Latina é um mercado de grandes dimensões. Isso já é percebido no contexto da abertura comercial mexicana: as exportações líquidas para o México tiveram, em cinco anos, um aumento de dez bilhões de dólares. Mais está por vir.

O apoio à modernização e às sociedades abertas que acompanha uma firme integração comercial é algo igualmente importante. O Mercado Comum Europeu incluiu Portugal e Espanha como forma de dar suporte à democracia e acelerar o desenvolvimento econômico. Praticamente o mesmo objetivo é satisfeito por meio da integração entre EUA e América Latina.

Embora tenha havido sucesso na abertura do México, a América Latina continua bastante fechada. Uma maneira de medir isso é considerando as importações *per capita*. É claro que em parte elas refletem o nível baixo de renda. Mas em parte também são um reflexo de políticas comerciais restritivas. É conveniente evitar considerar as importações de petróleo em países como o Brasil. Para esse propósito, podemos tratar diretamente do comércio com os Estados Unidos. O contraste entre Chile ou México, que se abriram, e Brasil, Argentina ou Colômbia, que continuam fechados, chama a atenção.

A contrapartida desse fechamento é que existem importantes mercados que, se fossem abertos, trariam ganhos bastante substanciais em produtividade e em padrões de vida no curso de uma reforma comercial.

QUEM ESTÁ PRONTO PARA UMA PARCERIA DE LIVRE COMÉRCIO

Para alguns observadores, um acordo de livre comércio entre países desiguais não é apenas uma idéia nova, mas também uma idéia má. Há uma objeção comum a um acordo de livre comércio com o México e mais contrária ainda a acordos com outros países do continente: eles não estão prontos. "Não estão prontos" significa, neste contexto, que suas economias são demasiado instáveis, suas políticas econômicas são insuficientemente definidas e seus padrões de vida são baixos demais. Países que não estão prontos compartilham uma ou mais — todas, às vezes — dessas características. O argumento também foi defendido pelo Sul: o Chile sustentou que está pronto, enquanto os demais países da região ainda não estão.

Superficialmente, o argumento é atrativo, mas substancialmente é um absurdo. A resposta certamente deve ser que os Estados Unidos estão interessados em mercados exportadores e na estabilidade regional. Já há comércio com esses países e não é possível que alguém sustente que as restrições ao comércio existentes, em uma ou outra parte, contribuem para que suas economias e sociedades funcionem melhor. Poderia ser sustentado, contudo, que a intensificação do comércio e dos elos de investimento ajuda a promover sociedades mais livres, mais estáveis e mais prósperas. Dessa forma, particularmente para economias onde há muito por realizar — especialmente o Brasil —, a perspectiva de um acordo de livre comércio eleva as apostas, melhorando e acelerando a reforma. Ninguém está pensando em união política ou em uma integração profunda no estilo da Comunidade Européia, para as quais é essencial um grau bem alto de nivelamento da comunidade. O que está em jogo é a remoção de obstáculos ao comércio e aos investimentos.

Tabela 20.3 Importações *Per Capita*
(em dólares)

	Mundo	EUA
Argentina	244	69
Brasil	153	36
Chile	574	118
Colômbia	172	65
México	535	379
Venezuela	467	231

Fonte: FMI, *Directions of World Trade*.

É evidente que a institucionalização da reforma — e a difusão de uma cultura empresarial moderna que, em última instância, é totalmente incompatível com sociedades fechadas e politicamente opacas — é um objetivo fundamental dos EUA e, de fato, uma contribuição norte-americana para a região. Claramente, quem mais a necessita são países como o Brasil, e não países como o Chile, que a realizou do modo mais difícil, mas a realizou. Este não é um argumento contra o livre comércio com o Chile; é um argumento contra se isolar as economias melhor constituídas e mais avançadas para receberem tratamento primeiro.

Quando a Europa incluiu Portugal, Grécia e Espanha, teve por objetivo difundir irreversivelmente as instituições democráticas e o progresso. Sem dúvida, a aventura foi um sucesso. O mesmo argumento vale para a América Latina, não importando se é o caso da Venezuela, do Peru ou do Brasil.

Na seleção de parceiros para um acordo de livre comércio, deve haver uma meta clara, que não pode ser negociada: qualquer país que queira ingressar, deve estar pronto, em 2005, para praticar um livre comércio irrestrito de bens, serviços e investimentos com seus parceiros. Um acordo de livre comércio bem-sucedido deve realizar um progresso significativo, que se some ao já alcançado por meio do GATT. Especificamente, esse progresso envolve três coisas:

- Eliminação de *quaisquer* cotas ou outras barreiras não-tarifárias.
- Completa inclusão de *todos* os serviços no processo de liberalização.
- Investimento como parte essencial do esforço de liberalização.

Como o Sul será beneficiado?

As avaliações dos benefícios variam muito, desde as que falam em grandes negócios até as que indicam quase nenhuma mudança. Para os formuladores da política econômica do Chile, por exemplo, um acordo antecipado de livre comércio é visto como um passo essencial da estratégia de crescimento. Para os formuladores mexicanos, a aprovação do NAFTA pelo Congresso norte-americano é um pré-requisito urgente para o progresso da estabilização e da modernização. Para outros países, a urgência parece ser bem menor. Na Colômbia, é comum a visão de que a integração comercial deve começar pela Venezuela; depois de um período probatório, haverá condições para avançar. No Brasil, questões sobre o comércio foram tratadas apenas através de uma aprovação genérica da liberalização do comércio unilateral. Quanto a uma estratégia comercial, pouco se fez além da adesão ao processo do GATT.

Estimativas quantitativas dos benefícios do livre comércio para a América Latina são raras. Um estudo feito por Erzan e Yeats julga que os benefícios seriam mínimos. Os autores concluem que, quando o comércio não é restrito por cotas, as tarifas de importação são baixas e o comércio termina sendo substancialmente irrestrito, pelo menos no que diz respeito aos países produtores de bens primários. Conseqüentemente, esses países pouco poderiam ganhar com um acordo de livre comércio. Para países produtores de bens manufaturados, a presença de cotas ou outras barreiras não-tarifárias ao comércio seria um grande problema. E até mesmo obstáculos desse tipo poderiam ser aprovados no contexto de uma Rodada Uruguai bem-sucedida.

Vale a pena ter conhecimento dessas estimativas mínimas, mas não há razão para considerá-las um quadro realista dos efeitos de um acordo de livre comércio. Em parte, é claro que os efeitos sobre o comércio resultam imediatamente da remoção dos obstáculos. Contudo, a verdade é que os efeitos sobre o comércio são muito mais radicais quando derivam de uma completa reorientação visando fazer da região uma parte moderna, orientada "para fora" e integrante da economia mundial e regional. Nesse sentido amplo, a adoção de um acordo de livre comércio representa quando menos uma revolução.

Uma lista de vantagens mais ampla e ambiciosa inclui o seguinte: remoção de obstáculos ao comércio, acesso garantido aos mercados, maior garantia de modernização e melhoria do acesso a investimentos diretos estrangeiros. A seguir, são comentados nessa ordem.

Remoção de obstáculos ao comércio

Já foi assinalado que existem relativamente poucos obstáculos ao comércio e tarifas relativamente baixas exceto em áreas irredutivelmente protecionistas. É preciso, sem dúvida, fazer uma distinção entre taxas de proteção nominais e efetivas. A escalada das alíquotas das tarifas de importação, através de diferentes estágios de produção de um bem manufaturado, significa que, na manufatura com muitos componentes, o valor adicionado excede substancialmente a taxa nominal de proteção. Ainda assim, essas barreiras tarifárias não são espantosas, seja qual for o ponto de vista. Além disso, a isenção dessas tarifas resultará em vantagem preferencial mesmo para países que já desfrutam do tratamento do Sistema Preferencial Generalizado.

Áreas onde há limitações ao comércio por meio de cotas e restrições voluntárias às exportações são aquelas onde poderiam ocorrer os maiores benefícios: no topo da lista, comumente se encontram os têxteis, o aço e calçados de couro, como também artigos baratos de vidro e alguns produtos agrícolas. Haveria produtos de transição, mas haveria essencialmente uma abertura dos mercados e, junto com ela, uma expansão das oportunidades.

Sem dúvida, quando essas indústrias estiverem abertas à concorrência interna na área abrangida pelo acordo de livre comércio, os argumentos protecionistas perderão sua força e haverá certamente maior motivação para uma abertura do mercado mundial. Esta abertura diminuiria os benefícios imediatos para o Sul, mas de um ponto de vista global reduziria os efeitos discriminatórios, o que sempre é vantajoso, mais ainda se prolongados por uma ou duas décadas.

Acesso garantido aos mercados

Atualmente o *status quo* é o livre comércio e provavelmente continuará sendo. Mas não há garantia de que isso realmente acontecerá. Diante do esmagamento da classe média norte-americana com a queda dos salários reais, há uma forte pressão para bloquear o livre comércio onde quer que seja prejudicial. Dessa forma, se há um risco de os Estados Unidos descambarem para o protecionismo, um acordo de livre comércio cria um guarda-chuva regional que protege contra danos excessivos.

A presença desse guarda-chuva tem importantes conseqüências para a estratégia de negócios. Sem a garantia de acesso aos mercados, as empresas deveriam ser cautelosas em sua estratégia de crescimento e não poderiam contar com o mercado norte-americano no futuro. Sendo mais prudentes, elas limitariam sua exposição a riscos e, em conseqüência, sua lucratividade. Elas investiriam de forma insuficiente na expansão do comércio e, por essa razão, os efeitos da modernização sobre o crescimento seriam reduzidos.

Ao contrário, com acesso garantido ao comércio, os países podem assumir uma visão regional de suas operações, levar a cabo fusões que criem mercados transnacionais e perseguir estratégias mais grandiosas. São condições sob as quais os ganhos de produtividade aumentam de forma surpreendente e os custos fixos da modernização são mais facilmente amortizados e, por essa razão, mais decisivamente assumidos.

Modernização

A modernização não é um processo que inevitavelmente ganha força, avançando com intensidade crescente. A Venezuela e o Brasil são exemplos de quão precário o processo pode ser. Logo, é crucial reunir todas as forças positivas que fortalecem a via para sociedades e economias modernas e abertas. Uma delas é o comércio com o resto do mundo. Um acordo de livre comércio cria um poderoso impulso que também é — e há boas razões para afirmá-lo — irreversível. Institucionalmente, o amplo acesso a bens, serviços e financiamentos faz com que a concorrência internacional se misture ao modo de fazer negócios em um país, impondo inevitavelmente padrões internacionais. As pessoas não tardam a adotar e colocar em prática esses padrões, exigindo que as demais façam o mesmo. Modos tradicionais, ineficientes e opacos de fazer negócios entram em conflito com modos modernos. A concorrência impõe o padrão moderno e internacional.

De um modo importante, a modernização é comunicada às relações entre governo e empresas. Uma pesada e custosa regulamentação é um fardo para a concorrência e por isso será descartada. Intervenções arbitrárias por parte do governo privam as empresas de sua competitividade. Por essa razão, tais intervenções precisam ser abandonadas. Em breve, os governos levarão a cabo padrões internacionais. Um acordo de livre comércio internacionaliza uma economia; durante esse processo, põe fim a influências dos governos, de monopólios e de restrições sobre a liberdade e prosperidade dos indivíduos. Esta conseqüência é drástica.

Tabela 20.4 Alíquotas Médias das Tarifas de Importação (%)

	EUA	Canadá
Matérias-primas	0,2	0,5
Produtos semimanufaturados	3,0	8,3
Produtos finais	5,7	8,3

Fonte: *Economic Report of the President.*

Investimento direto estrangeiro

Recursos estrangeiros, na forma de investimentos diretos, cumprem muitas funções fundamentais. Em primeiro lugar, eles se somam à poupança nacional no financiamento de investimentos. Em segundo, dão acesso aos mercados e à tecnologia, tirando proveito do tamanho ou do alcance do investimento estrangeiro. Em terceiro, funcionam como um mecanismo mais abrangente de modernização dos negócios.

É evidente que *certos* investimentos diretos estrangeiros irão para *qualquer lugar*. Mas é igualmente evidente que fluxos regulares e substanciais de capital exigem uma situação institucionalmente mais definida. Um acordo de livre comércio provê exatamente isso. Primeiro, as cláusulas específicas sobre serviços financeiros criam um ambiente legal essencial para infundir confiança entre os investidores estrangeiros. Segundo, a confiança na estabilidade institucional que acompanha a integração econômica oferece um incentivo especial para os investidores estrangeiros se concentrarem em um país específico.

A decisão de estabelecer-se em uma determinada região vem acompanhada por duas questões. Quais são os custos de produção nessa região? E qual é o acesso aos mercados a partir dessa região? Sob os dois aspectos, um acordo de livre comércio é vantajoso. Quanto aos custos, a liberalização das importações reduz os custos de produção. Quanto ao acesso aos mercados, o acordo oferece garantias de que não haverá inversões aleatórias ou sistemáticas de oportunidades de venda, desfavorecendo o mercado de um país parceiro ou especificamente o mercado norte-americano.

Qual evidência pode mostrar que os investimentos diretos estrangeiros atraem uma situação de integração do comércio? A Espanha serve como exemplo. Medidos como percentagem do PIB espanhol, os fluxos desses investimentos eram pequenos nos anos 70. Somente com o ingresso no Mercado Comum, em meados dos anos 80, os investimentos diretos estrangeiros decolaram. Em 1990, a Espanha recebeu 11 bilhões de dólares, mais que 2% do PIB. A evidência não é completamente rigorosa: quando a Espanha não era membro do Mercado Comum, sua modernização teria gerado um certo aumento desses investimentos. Mas a modernização é ela mesma parte do resultado da união com o Mercado Comum.

Em suma, o Sul tem muito mais a ganhar do que apenas eliminar algumas tarifas. No processo de mudança histórica — tão substancial quanto o desvio "para dentro" das economias, ocorrido há sessenta anos — o livre comércio com o Norte é uma poderosa ajuda.

TRÊS PROCESSOS CONCOMITANTES

Para concluir, é importante enfatizar a complementaridade de três abordagens: o GATT e a Rodada Uruguai, a liberalização unilateral do comércio e um Acordo de Livre Comércio das Américas. A primeira constitui uma estratégia mundial. Cada país da região tem importantes interesses extra-regionais e, por essa razão, deve ter interesse em que a economia mundial sustenha mercados abertos e amplie a abertura desses mercados.

Um acordo de livre comércio das Américas é crucial porque leva a liberalização do comércio bem mais adiante do que poderia ser realizado em nível mundial: a extensão da liberalização — bens, serviços e investimentos — é mais substancial e a liberalização é mais completa. A inclusão é essencial para evitar a concentração de efeitos de desvios de comércio.

Por fim, a liberalização unilateral é importante para evitar os custos de desvios de comércio para o país importador. Se o Brasil, por exemplo, tem tarifas de 40% e concede aos Estados Unidos ou ao México uma isenção total de tarifas, é considerável a oportunidade para desvios de comércio com altíssimo custo. O único remédio é levar bem adiante a liberalização unilateral. Uma vez que um acordo de livre comércio envolve um calendário de uma década, não há necessidade de apressar a liberalização unilateral. Mas é essencial permitir que o acordo e os movimentos unilaterais caminhem lado a lado de forma a minimizar os efeitos de desvios de comércio desnecessários ou indesejáveis.

A estratégia tripartida descrita aqui é vantajosa para a economia mundial. Ela resulta em mais comércio, menos proteção e, dessa forma, um maior escopo para a abertura multilateral com o passar do tempo. Não há por que justificar um comércio mais livre, seja ele unilateral, regional ou multilateral.

21

O livre comércio entre Estados Unidos e México: bons empregos com bons salários

Um acordo de livre comércio com o México representaria um passo importante para que a política comercial ponha em foco a criação de *mais* e *melhores* empregos. A maior parte da tarefa de melhoria do padrão de vida deve resultar da educação, da formação de habilidades e da pesquisa, mas a política comercial pode contribuir abrindo e fortalecendo mercados para nossas indústrias exportadoras. Com exceção do Japão ou de alguns países asiáticos, a melhoria do acesso aos mercados exigirá inevitavelmente que não façamos concessões ao protecionismo interno. Portanto, mais e melhores empregos têm como preço uma maior concorrência para as indústrias protegidas e certamente causam diminuição do emprego e pressão salarial em setores não-competitivos.

A controvérsia em torno ao proposto acordo de livre comércio com o México erra o alvo. O livre comércio com o México não pode ser uma panacéia para todos os problemas dos Estados Unidos, e nem vai gerar "um desastre econômico e social para os trabalhadores norte-americanos e suas comunidades", como sustentado pela AFL-CIO (American Federation of Labor — Congress of Industrial Organizations: Central Sindical Norte-Americana).[1] Qualquer diminuição de empregos é uma má notícia em um momento em que os salários reais estão deprimidos e o emprego, na melhor das hipóteses, está estagnado. Mas esses problemas não devem justificar o abandono de uma boa medida de política comercial. Ainda que a liberalização do comércio cause inevitavelmente alguma perturbação, não deve nos induzir a manter os empregos com baixos salários na mesma situação atual. É uma má política comercial manter trabalhadores e seus filhos em empregos com baixos salários e até mesmo perverter a proteção a ponto de atrair imigrantes para realizar esse tipo de trabalho. Não devemos deixar de apoiar a livre concorrência. É claro que os trabalhadores demitidos devem passar por programas de adaptação, qualificação e aprendizado que os ajudem a conseguir bons empregos.

Os sindicatos se opõem ao acordo de livre comércio porque a experiência mostra que o processo de abertura centrado no Japão, e em economias em desenvolvimento que participaram em sucessivas rodadas do GATT de negociações para liberalização do comércio, teve poucos efeitos visíveis em seus graus de abertura, o que resultou em uma competição nitidamente tendenciosa. A esse respeito, os sindicatos estão certos. Mas esse fato não tem relação com o acordo de livre comércio com o México. O drástico efeito de medidas de abertura no México sobre nossas exportações já foi amplamente demonstrado pela experiência dos últimos três anos.

O COMÉRCIO E OS EFEITOS SOBRE O EMPREGO

Considerações sobre o efeito do livre comércio sobre os empregos nos Estados Unidos ressaltam o nível baixo do custo do trabalho no México. Evidentemente, os custos do trabalho no México são muito mais altos do que os apresentados na tabela 21.1, mesmo sendo baixos em comparação com os dos Estados Unidos. Além disso, mesmo com esses baixos custos, não há a menor chance de que a adoção do livre comércio surta efeitos significativos sobre a economia estadunidense como um todo ou em seu setor de manufaturas.

Tabela 21.1 Quadro Comparativo: Estados Unidos e México, 1989

	EUA	México
PIB (bilhões de dólares)	5.461	226
PIB do setor de manufaturas (bilhões de dólares)	948	50
População (milhões)	251	81
Força de trabalho (milhões)	124	30
Salário médio por hora (dólares)*	14,21	2,32

*Salário médio por hora em 1989 para trabalhadores na produção de manufaturados, conforme U.S. Bureau of Labor Statistics, Report 794.

Porto Rico, com um salário médio de 5,70 dólares no setor de manufaturas, não destruiu esse setor nos Estados Unidos. Isso tampouco aconteceu no caso do acordo de livre comércio com Israel, onde o salário médio por hora é a metade do norte-americano.

Efeitos sobre o emprego

Três fatores sustentam a afirmação de que não é plausível que um acordo de livre comércio com o México traga danos significativos. Também sustentam a afirmação de que é bastante provável que esse acordo seja benéfico. O primeiro fator: comparativamente aos Estados Unidos, o México é um país bem pequeno. Qualquer aumento significativo das exportações mexicanas (medidas na escala norte-americana) aumentaria drasticamente as exigências sobre o trabalho e os salários no México, o que esmagaria a competitividade.

Tabela 21.2 México: Salário Médio por Hora no Setor de Manufaturas (em dólares)

	Mão-de-obra qualificada	Mão-de-obra não qualificada
"Maquilas"	2,40	1,60
Nacionais	2,70	1,85

Fonte: Estudo realizado por Intergamma (subsidiária da Hewitt Associates).

O segundo fator é que, embora os custos do trabalho no México sejam baixos relativamente aos registrados nos Estados Unidos, são custos que também refletem um nível baixo de produtividade e, em alguns setores tais como o de produtos têxteis, uma qualidade bastante baixa do produto. O fator qualidade é, em especial, um obstáculo importante a um drástico desenvolvimento das exportações mexicanas.

O terceiro fator: os Estados Unidos são uma economia bastante aberta. A concorrência estrangeira não é uma ameaça, mas uma completa realidade. A proteção continua funcionando em poucos setores, não integralmente em todas as linhas de atividades desses setores. Além disso, o México já desfruta de uma posição privilegiada resultante tanto do GSP como — o que é mais importante — do programa das "maquilas", que isenta de tarifas as reimportações com exceção do valor adicionado do componente mexicano. Essa combinação de fatores reduz o impacto *extra* da liberalização do comércio norte-americana a poucos setores, com um efeito agregado no emprego e no produto muito provavelmente insignificante.

O programa das "maquilas" tem sido mencionado como uma fonte importante de diminuição de empregos nos Estados Unidos nos anos 80, e um acordo de livre comércio é interpretado como um vasto programa de "maquilas". Mas a verdade é que o programa das "maquilas" é quantitativamente pequeno: menos de um terço por cento do PIB gerado pelo setor de manufaturas dos Estados Unidos. Além disso, os salários sob esse programa são bem mais altos do que os valores comumente relatados.

Tabela 21.3 Comércio (excluindo produtos petrolíferos) entre Estados Unidos e México (em bilhões de dólares)

	Exportações norte-americanas	Importações norte-americanas	Balança comercial
1986	12.391	14.040	–1,649
1990	28.375	25.206	3.169
Criação líquida de empregos nos Estados Unidos: 1986-1990			
(com 30 empregos para cada milhão de dólares)			(com 25 empregos para cada milhão de dólares)
144.531			120.450

Nota: 30 novos empregos para cada 1 milhão de dólares adicionais em exportações líquidas é o valor usado pelo Economic Policy Institute.

A tabela 21.3 mostra a evolução do comércio de produtos não-petrolíferos entre Estados Unidos e México desde 1986, bem como suas implicações sobre o emprego. A variação em nossas exportações líquidas é de 4.818 bilhões de dólares. Uma regra prática aproximativa (desenvolvida pelo Economic Policy Institute) estabelece uma correspondência de trinta novos empregos para cada 1 milhão de dólares *extra* em exportações líquidas. Usando essa equivalência, a variação em nossa balança comercial com o México desde 1986 implica 144.531 empregos extras nos Estados Unidos. Sem a abertura comercial e a recuperação do México (e seja lá o que tenha gerado o déficit mexicano), hoje teríamos 144.531 empregos a menos.

Esta conclusão é um tanto contrária à afirmação folclórica de que o México está cortando a nossa garganta. Observe-se que se usássemos uma equivalência diferente, digamos 25 empregos para cada milhão extra em exportações, teríamos menos empregos criados, mas ainda assim o impressionante número de 120.450 empregos extras.

O enfoque sobre a balança comercial de produtos não-petrolíferos é apropriado porque a tendência na balança bilateral é o principal determinante da criação líquida de empregos. Na medida em que um acordo de livre comércio reforça a confiança na modernização do México, coisa que já começou a fazer, o capital que fugiu retornará ao México e o investimento direto estrangeiro crescerá. A disponibilidade de capital externo até o momento tem sido uma severa restrição ao crescimento e ao investimento no México.

Com a modernização fortalecida por um acordo de livre comércio, a escassez de capital deixará de ser um problema sério e o México reassumirá os déficits comerciais como apropriados para países em desenvolvimento. Como os Estados Unidos são o principal fornecedor do México, o crescimento e os déficits mexicanos geram aumentos de emprego nos Estados Unidos. Supondo que o México acumule um déficit comercial de 2% do PIB, o número de empregos criados nos Estados Unidos, durante os próximos cinco anos, poderia chegar a 150.000. Mesmo números ainda maiores são possíveis porque um acordo de livre comércio nos garante um acesso privilegiado.

Efeitos setoriais

Um acordo de livre comércio cria mais e melhores empregos, mas, nesse processo de criação, é praticamente certo que alguns empregos serão perdidos. A tabela 21.4 lista os setores-chave nos quais se pode esperar impactos sobre o emprego.

Tabela 21.4 Setores com Significativas Barreiras ao Livre Comércio

	Empregos nos EUA (em milhares)	Salário por hora	Elevadas EUA	barreiras[a] México
Produtos agrícolas	n.d.	n.d.	7%, *	11%, *
Produtos automotivos	992	21,51	*	*
Cimento	20	n.d.	—	10%
Produtos químicos	835	18,19	—	15%, *
Equipamentos geradores de energia	275	21,26	—	*
Equipamentos eletrônicos	2.000	14,51	2%	16%, *
Utensílios de vidro	143	14,52	22%	20%
Aço	110	15,33	3%	10-20%
Máquinas e equipamentos	277	23,49	0,5–11%	10-15%
Têxteis e vestuário	1.818	8,75	6%, *	12-20% *

Nota: [a]As cifras representam as alíquotas médias altas, e o asterisco indica a presença de alguma forma de barreira não-tarifária.
Fonte: U.S. International Trade Commission, Publication 2353; dados do U.S. Bureau of Labor Statistics e estimativas do autor.

A tabela mostra que o México ainda apresenta uma significativa proteção em áreas-chave nas quais os Estados Unidos podem, conseqüentemente, esperar registrar crescimento nas exportações: incluem-se especificamente equipamentos eletrônicos, produtos automotivos, aço e têxteis. Os têxteis são de fato um exemplo-chave de indústria que já demonstrou sua capacidade de competir eficazmente no mercado mexicano. Em 1989, e mais ainda em 1990, os Estados Unidos registraram um superávit comercial no comércio bilateral de têxteis e vestuário com o México. A chave para entender esse superávit reside na consideração da *qualidade*, e não apenas dos salários. Na perspectiva da qualidade, os Estados Unidos estão para o México na mesma relação em que o Japão está para os Estados Unidos.

Uma vez que os Estados Unidos não continuam a proteger certos setores através de tarifas altas e barreiras não-tarifárias, um acordo de livre comércio abriria essas áreas à concorrência mexicana. É interessante que a U.S. International Trade Comission identifique a horticultura e os baratos utensílios domésticos de vidro como as únicas áreas onde podem ser esperados crescimentos significativos das importações. A explicação é, mais uma vez, que os Estados Unidos já são suficientemente abertos à concorrência de países com baixos custos de produção, e ainda mais abertos ao México. Para os automóveis, por exemplo, o programa das "maquilas" proporciona ao México a oportunidade de competir com os Estados Unidos.

Na medida em que aumentos das importações podem ser esperados em áreas como vestuário, uma parte das importações extras vai substituir principalmente as vendas de produtores de baixo custo na Ásia. Em parte, esses aumentos também refletirão as exportações de têxteis norte-americanos para o México, cujo resultado é o aumento da qualidade do vestuário mexicano até níveis exigidos pelo mercado norte-americano.

A conclusão dessa discussão é que a liberalização do comércio gerará um aumento das importações, mas isso não significa nenhum cenário alarmante. Além disso, deixando de lado perdas particulares de indústrias mais sensíveis, o incentivo ao comércio promovido pelo acordo de livre comércio produzirá novos bons empregos. Terá basicamente como custo a perda de empregos ruins ou de empregos que, de qualquer forma, estão sendo ameaçados pela concorrência mundial.

Investimento estrangeiro no México

Os investimentos feitos no México por empresas asiáticas ou européias não devem ser considerados uma desvantagem absoluta de um acordo de livre comércio. É evidente que tais investimentos serão motivados, em grande medida, pelo desejo de erigir uma plataforma de exportação para o mercado norte-americano, objetivo que parece ameaçador. Mas, na maioria dos casos, os bens terminam chegando, procedam eles da Tailândia, da Coréia ou do Japão.

A penetração, em nosso mercado, de bens importados da Ásia já é um fato. A única questão é saber se, em termos marginais, é do nosso interesse mudar a produção da Ásia para o México. E a resposta aqui é claramente sim. Os trabalhadores mexicanos gastam uma parcela muito maior de suas rendas com nossos produtos, e disso se segue nosso interesse em que tenham bons empregos com bons salários. Evidentemente, supõe-se que cláusulas sobre o conteúdo das importações teriam validade. A instalação de fábricas asiáticas no México não pode ser um mero meio de evitar restrições norte-americanas ao comércio, operando no México reles linhas de montagens. A experiência na Europa com os certificados de origem demonstra que, embora eles sejam administrativamente morosos, não são de forma alguma incontroláveis.

O argumento usado para os produtores asiáticos funciona da mesma maneira para as empresas norte-americanas. A co-produção usando mão-de-obra mexicana é muito melhor, desde o ponto de vista da mão-de-obra norte-americana, do que perder a produção inteira para a Ásia ou outros locais. Em muitas indústrias, hoje é completamente implausível produzir bens inteiramente com mão-de-obra remunerada ao nível norte-americano. A produção estrangeira tem custos muito mais competitivos. A co-produção com o México representa, com grande vantagem, o menor dos males. Na verdade, os efeitos sobre a redução de custos podem ser suficientemente importantes para permitir maiores salários nos Estados Unidos e, ao mesmo tempo, aumentar a competitividade norte-americana internamente e internacionalmente.

PROGRESSO NO MÉXICO

Democracia, direitos trabalhistas, segurança e padrões ambientais são questões certas da agenda política das economias modernas e abertas. Um acordo de livre comércio dá apoio à modernização no México e por isso fomenta tais objetivos. O acordo também ajudará a elevar os níveis salariais no México, igualando-os aos alcançados em 1980 ou deixando-os em patamares ainda superiores. Ao contrário, uma restrição norte-americana ao comércio deve implicar níveis ainda mais elevados de pobreza no México. Por sua vez, a pobreza promove radicalismos políticos, que não interessam aos Estados Unidos.

Se nos preocupamos seriamente com o padrão de vida no México, e com sua democratização, não podemos deixar de concordar que uma economia de mercado florescente e aberta trará aumentos salariais, promoverá a liberdade individual, descentralizará o poder político e permitirá às pessoas organizarem-se em torno de problemas locais. Se o México prosperar, será muito melhor tomar medidas — custosas, mas urgentes — com respeito a padrões de segurança no local de trabalho e a padrões ambientais.

Padrões de condições de trabalho e padrões ambientais podem, evidentemente, não se tornar parte de um acordo de livre comércio. Até mesmo na Europa, onde a integração política é um objetivo e a harmonização social faz parte da agenda política, esses padrões não foram objeto das regulamentações de 1992. Mas é bastante razoável fomentar um diálogo sindical transnacional sobre o problema dos padrões de segurança. Também há uma necessidade urgente de reforçar políticas ambientais regionais e da América do Norte. Elas devem ser tratadas separadamente da discussão sobre o acordo de livre comércio, mas ao mesmo tempo. Os acordos podem gradualmente se adequar a padrões mexicanos mais restritos se exigirmos que as novas fábricas cumpram normas ambientais norte-americanas, enquanto se concede às fábricas já existentes um prazo de 12 anos para fazerem todos os ajustes.

Quando discutimos padrões internacionais, não devemos nos inclinar a despojar os produtores mexicanos de sua competitividade. O objetivo é propagar a prosperidade sem propagar perdas ou danos. Ainda levará bastante tempo até que o México se pareça com os Estados Unidos, mas podemos começar a avançar nesse sentido.

Interesses regionais

Se o México prosperar, a América Central será beneficiada. As autoridades mexicanas já começaram a participar ativamente da estabilização econômica da América Central, e ainda há muita coisa por acontecer. Os Estados Unidos tomam parte nessa estabilização: um aumento da estabilidade política e da segurança na região e uma redução da pressão de imigração são claramente de interesse nacional.

O caso da Europa merece muito mais atenção no planejamento de nossa política comercial. Os principais países do Mercado Comum mostraram-se regularmente interessados em ajudar a periferia a alcançar a prosperidade e a estabilidade. Incluir a Espanha, a Grécia ou Portugal no Mercado Comum não é diferente de um acordo de livre comércio com o México. E a discussão atual com o Leste Europeu tem praticamente o mesmo objetivo. A menos que a periferia tenha acesso ao comércio, não haverá qualquer investimento. Sem investimento, haverá escassez de emprego e uma enorme pressão migratória.

O México está conhecendo esta realidade em sua própria fronteira ao sul, em conseqüência do drástico declínio dos padrões de vida na América Central, especialmente na Nicarágua. O México começou o preencher o vazio de liderança, ajudando a estabilizar a região. Uma maré alta ergue todos os barcos: um México próspero servirá como potente amortecedor para nós e ajudará a fomentar a estabilidade econômica e a prosperidade em uma região próxima demais para ser negligenciada, mas — desconsiderando os casos de ameaças comunistas — pequena demais para atrair muito a nossa atenção.

AGORA NÃO CABE RETROCEDER

No ponto em que estamos, tornou-se extremamente caro desistir de um acordo de livre comércio. No México, a idéia de abertura comercial tornou-se parte fundamental da estratégia de modernização econômica. Os Estados Unidos têm todo interesse em ver o México demonstrar que, com políticas razoáveis, toda a América Latina pode voltar a ser próspera.

No período do pós-guerra, os Estados Unidos invariavelmente favoreceram uma economia mundial aberta. As sucessivas rodadas do GATT abriram os mercados, pelo menos para a região do Atlântico. Na Europa, seguindo uma trajetória paralela ao GATT, o Mercado Comum buscou pôr em prática um agressivo projeto de integração regional, que trouxe benefícios inquestionáveis. Até agora, os Estados Unidos pouco fizeram para explorar uma via semelhante. O livre comércio com o México apresenta-se como uma importante abertura comercial para os anos 90 e seguintes. O enfoque deve mudar: o livre comércio deixará de ser visto como uma ameaça e passará a ser considerado uma oportunidade para gerar empregos e lucros.

Hoje os Estados Unidos deparam-se com uma rara oportunidade de implementar uma política comercial com o México "orientada para fora". Buscando a modernização como a solução para uma situação econômica difícil, hoje o México está receptivo a uma ampla reforma do comércio. Se perdermos esta oportunidade, estamos fadados a fracassar na construção de um importante bloco comercial e de investimento do hemisfério ocidental nos anos 90.

Descuidar da abertura comercial é um convite ao ressurgimento do protecionismo, não apenas no México, mas em toda a América Latina e além dela. O abandono de um acordo de livre comércio com o México emitiria à economia mundial sinais muito mais negativos que os recentemente enviados pelo fracasso da Rodada Uruguai.

NOTA

1. Esta visão foi exposta por Thomas R. Donahue, secretário-tesoureiro da AFL-CIO, diante do Comitê de Finanças do Senado, em 6 de fevereiro de 1991: "A aprovação de um acordo de livre comércio com o México, tal como proposto pelo presidente Bush, seria um desastre econômico e social para os trabalhadores norte-americanos e suas comunidades, além de pouco ajudar a imensa maioria dos trabalhadores mexicanos."

APÊNDICE

Tabela 21A.1 Estados Unidos e México: Salário Médio por Hora no Setor de Manufaturas (em dólares) (índice: EUA = 1)

	EUA	México	Relação
1979-82	10,33	2,91	0,28
1983-86	12,70	1,88	0,15
1987	13,39	1,57	0,12
1988	13,85	1,99	0,14
1989	14,31	2,32	0,16

Fonte: U.S. Bureau of Labor Statistics.

Tabela 21A.2 Salário Médio por Hora no Setor de Manufaturas (em dólares)

	1980	1989
EUA	9,84	14,31
Canadá	8,37	14,72
México	2,96	2,32
Israel	3,79	7,69
Alemanha	12,35	17,58
Espanha	5,96	9,10
Grécia	3,75	5,48
Portugal	2,06	2,77

Fonte: U.S. Bureau of Labor Statistics, setembro de 1990.

22

As relações EUA-Japão cinqüenta anos depois de Pearl Harbor

Pearl Harbor teve raízes econômicas, mesmo se, em última análise, tenha prevalecido o mero nacionalismo. Os atuais atritos econômicos entre os Estados Unidos e o Japão são semelhantes aos que finalmente levaram à guerra. O governo estadunidense está tentando, sem sucesso, camuflar o conflito, e o Japão consola-se com essa atitude. Falando abertamente, realizar mudanças importantes hoje para evitar um grave conflito mais tarde é uma estratégia bem melhor.

Em *The Causes of War*, publicado em 1932 pela Comissão Mundial para a Paz Internacional, os problemas econômicos prenunciavam graves riscos na Ásia: "A causa oculta da crise atual no Extremo Oriente é econômica. O Japão, com sua população em excesso bloqueada por restrições à imigração e obstruída em seu comércio exterior, atingiu um estágio de desespero." O ressentimento com o racismo norte-americano — já expresso no "Asiatic Exclusion Act" de 1924, que limitava a imigração japonesa para os Estados Unidos — somava-se aos motivos estritamente econômicos da guerra. O economista de Harvard, Richard Cooper, acredita que, sem a tarifa Smoot-Hawley, de 1931, o ataque a Pearl Harbor não teria acontecido. Ele sustenta que as tarifas tinham enfraquecido a facção liberal no Japão, deixando em vantagem os grupos nacionalistas e militaristas. Dessa situação até Pearl Harbor, o caminho foi curto.

Uma interpretação revisionista de Pearl Harbor poderia ser confortante para o Japão, mas não é convincente. O Japão estava em rota de colisão com a paz mundial, tal como a Alemanha. Seus rearmamentos precederam a recessão, e suas agressões chocaram um mundo muito assustado para opor cedo uma maciça resistência. Eram insaciáveis: Pearl Harbor foi para os generais japoneses o que Munique foi para Hitler. Hoje a Alemanha aceita e compreende a própria culpa por ter desencadeado uma guerra e pelo indescritível genocídio dos judeus. O Japão ainda precisa encarar a história. Preocupado em construir uma defesa contra o comunismo na Ásia, o general Douglas MacArthur apressou-se em reconstruir o Japão. Ele optou por preservar as raízes profundas, da Universidade de Tóquio ao imperador, e com isso assegurou a continuidade. O rearmamento e a guerra foram rejeitados, mas o verdadeiro problema — a agressão — praticamente não foi discutido. Ainda hoje é comum ouvir-se dizer que "o Japão foi penalizado demais".

As relações EUA-Japão não são muito melhores agora do que eram em 1931. Uma profunda recessão hoje poderia levar rapidamente a restrições comerciais contra o Japão. Sem dúvida, o país ficaria indignado e truculento, e procuraria um meio para uma guerra comercial e financeira. Como pode ter aprendido tão pouco? Por que, cinqüenta anos depois de Pearl Harbor, o Japão continua sendo um *outsider*?

O Japão finge participar dos negócios mundiais. Mas não se empenha em contribuir para construir um mundo melhor. Limita-se a ficar de lado esperando que lhe digam quanto pagar e qual é a contribuição mínima esperada. Estranhamente, não tem sido capaz de encontrar seu próprio espaço na comunidade mundial: nunca teve grandes líderes tais como Schuman, Pompidou e Mitterrand na França; Truman e Kennedy nos Estados Unidos; ou Adenauer, Brandt, Schmidt e Kohl na Alemanha. Condicionado pelo trauma da guerra, construiu uma economia mundial aberta na qual o nacionalismo econômico não pudesse ser novamente causa de uma guerra. As causas econômicas não justificam a agressão e a guerra, mas criam uma ideologia simplista de cerco e exclusão. Mobilizam a opinião pública nos países agressores, a menos que uma profunda adesão a uma ordem internacional forneça um sólido contrapeso. O Japão não tem laços fortes com um sistema mundial para cuja construção não contribuiu, e fez poucos amigos. Aqui reside o perigo de conflito grave.

CONFLITOS COMERCIAIS

A crescente fratura econômica entre o Japão e o Ocidente envolve o comércio. Sem dúvida, há inveja, medo e frustração latente por parte das economias ocidentais que não conseguem rivalizar com os surpreendentes resultados japoneses. Não surpreende que vasculhem os bastidores em busca de imbróglios por trás da imagem de retidão e justiça. E eles de fato estão lá.

Malgrado quarenta anos de liberalização do comércio, os mercados japoneses de produtos manufaturados, de serviços e de produtos agrícolas permanecem praticamente fechados. Os produtos manufaturados não logram penetrar no Japão, salvo quando são fabricados por empresas japonesas no exterior. As dificuldades de acesso nada têm a ver com as condições econômicas especiais da economia japonesa, nem com a qualidade inferior dos produtos estrangeiros. Refletem uma cultura firmemente contrária ao comércio como intercâmbio. Essa atitude é progressivamente contestada pela Europa e pelos Estados Unidos. É cada vez mais e mais provável que venha a gerar um grande conflito comercial.

A percepção ocidental

No comércio de bens e serviços, é particularmente difícil para as empresas européias, americanas e asiáticas abrir uma brecha no mercado japonês. Empresas que cultivaram o mercado por muito tempo vendem e, como as margens de lucro são extremamente altas, dispõem de um negócio lucrativo. Mas a proporção de empresas de sucesso relativamente às que fracassaram, mesmo tendo feito um enorme esforço pelos padrões internacionais, é de 1 para 100.

Os exemplos são mais que evidentes. As empresas financeiras que terminaram conseguindo passar pela burocracia e se registraram junto à bolsa de Tóquio assistem ao boicote de suas próprias emissões de títulos. Para as empresas manufatureiras, é impossível abrir passagem entre as complexidades do sistema de acesso comercial. As empresas de serviços estão impossibilitadas de competir pelos contratos públicos. O jogo tem cartas marcadas, e leva-se muito tempo para avançar. Mas quando isso acontece, as empresas japonesas já dispõem das tecnologias, inovações ou produtos financeiros que a empresa estrangeira buscava introduzir.

Evidentemente, há sinais que vão na direção oposta. As empresas estrangeiras de sucesso que operam no Japão entoam o refrão "tudo vai bem", que não é inteiramente convincente. Dizem-nos que as empresas norte-americanas obtêm lucros no Japão. O que há de surpreendente nisso? As empresas norte-americanas lucram por toda parte; suspeita é a própria necessidade de afirmar isso. Por certo, o fato mesmo de essas empresas lucrarem provavelmente tem mais a ver com os mercados fechados do Japão, nos quais as margens são fenomenais, que com os desempenhos das poucas empresas selecionadas que obtiveram acesso.

Os Estados Unidos, percebendo o fechamento do mercado japonês, reagiram desafiando as práticas das empresas japonesas no contexto da Strategic Impediments Initiative (SII). Isso implica negociar uma abertura passo a passo. O procedimento é ruidoso e pouco eficaz.

A realidade dos fatos

O Japão nos diz que a maioria dos problemas reside no exterior: a culpa é dos déficits orçamentários norte-americanos e da baixa qualidade dos produtos norte-americanos. Ou ainda, que o Japão não é fechado, mas deve exportar produtos manufaturados para compensar a falta de recursos naturais. Por fim, que o Japão pode ter sido fechado no passado, mas que a liberalização segue a passos de gigante. Ou bem essas justificativas deixam de lado o núcleo do problema, ou bem contrariam os fatos. Os mecanismos que fecham o Japão aos estrangeiros não são claros (não passam por tarifas, nem por cotas), mas, segundo qualquer definição, o Japão é fechado ao exterior.

Penetração de importações no setor de manufaturas. Sob este aspecto, o Japão encontra-se bem abaixo do nível dos outros países industrializados. Na Europa, a taxa é maior que 10% do PIB. Mesmo os Estados Unidos, uma economia bem maior, tem o dobro da taxa japonesa de penetração de importações. Na Coréia, a taxa de penetração de importações no setor de manufaturas é de 18,7% (seis vezes a taxa japonesa). É claro que a Coréia é um país emergente, e talvez por essa razão a taxa seja mais alta. Mas isso sugere que o Japão pode ter tido no passado uma alta penetração de importações. No Japão, as importações de produtos manufaturados passaram de 1,5% para 3% do PIB, sem mudar muito em um quarto de século.

As rodadas de negociações do GATT para liberalização do comércio e as grandes oscilações nas taxas de câmbio não fizeram quase nada para mudar o grau de abertura do Japão. Isso depõe a favor do ponto de vista de que o protecionismo japonês é como uma cebola: há muitas camadas e seu núcleo é a cultura, e não as restrições convencionais em forma de cotas e tarifas.

Considerando a inteira gama de importações de produtos não-petrolíferos, a tabela 22.1 apresenta um quadro dramático da situação japonesa. Enquanto a penetração de importações na Alemanha aumentou constantemente, no Japão ela claramente declinou no curso dos últimos trinta anos.

Tabela 22.1 Comparação do Grau de Abertura: 1989
(importações de bens manufaturados em percentuais do PIB)

Estados Unidos	7,1	Itália	11,7
Canadá	18,8	Reino Unido	17,9
França	16,8	Coréia	18,7
Alemanha	15,6	Japão	3,1

Fonte: GATT e FMI.

O comércio intra-industrial. Nas economias abertas e desenvolvidas, os consumidores têm a vantagem de escolher a partir de uma ampla gama de produtos, diversos em qualidade e gênero, fabricados em todo o mundo. Dada a diversidade dos gostos dos consumidores e a especialização das empresas, qualquer país pode importar ou exportar bens de consumo ou bens de capital em muitas categorias de produtos. O comércio intra-industrial, ou comércio bidirecional, é a experiência mais comum nos países avançados.

O grau de busca do comércio bidirecional por parte de cada país é prontamente medido através de um índice que assume o valor 1 quando o comércio é todo em duas vias, quer dizer, quando para um particular grupo de produtos as importações são iguais às exportações. Na tabela 22.2, o índice assume o valor 0 quando o comércio é unidirecional.

Todos os três países são pobres de recursos. A Coréia e o Japão têm em comum a geografia e os custos de transporte para os países ocidentais; a Coréia é relativamente pobre, enquanto o Japão e a Alemanha são ricos. Seja qual for nossa leitura desses dados, o Japão é fortemente fechado ao comércio intra-industrial. Toda explicação envolvendo dotações de recursos, localização geográfica ou nível de desenvolvimento simplesmente não funciona.

Tabela 22.2 Comércio Intra-industrial em Categorias Selecionadas de Manufaturas (índice: unidirecional = 0; bidirecional = 1)

Categoria	Alemanha	Coréia do Sul	Japão
Produtos finais	0,72	0,72	0,33
Maquinário e equipamentos de transporte	0,66	0,94	0,25
Maquinário e aparelhagem elétrica	0,89	0,68	0,27
Produtos automotivos	0,71	0,91	0,17
Produtos têxteis	0,90	0,33	0,36

Fonte: GATT, *International Trade*.

No Japão, o protecionismo funciona por meio de uma mão invisível. Não há outra explicação para um valor de 0,33 do índice do comércio intra-industrial de produtos finais, em contraste com o valor de 0,72 da Coréia e da Alemanha. Um bom exemplo específico são os produtos automotivos. A Alemanha tem produtos de qualidade superior e mesmo assim mantém um comércio intra-industrial com seus parceiros com um índice de bidirecionalidade de 0,71. No Japão, o dado correspondente é 0,17, um valor completamente absurdo.

O Japão *não* pratica o comércio bidirecional. Os bens manufaturados são produzidos e exportados, raramente importados. Até certo ponto, as dotações de recursos influenciam o índice. Claramente, um país privado de recursos naturais será um exportador líquido de manufaturas para pagar as importações de petróleo. Todavia, o enigma ainda permanece: por que o Japão é tão diferente da Alemanha? A Alemanha não tem mais recursos naturais que o Japão. Quem sabe os consumidores japoneses, diferentemente de todos os outros consumidores no mundo, não gostam de produtos importados? Ou ainda são ensinados a poupar moeda estrangeira e favorecer a indústria nacional, como teria sido plausível no período imediatamente pós-guerra? Ou existem mecanismos invisíveis que simplesmente mantêm longe as importações? O fato de que as importações crescem vertiginosamente quando de fato ocorre uma liberalização dá crédito a essa última hipótese.

SOLUÇÕES

Hoje parece apropriado insistir em uma abertura rápida, radical e completa do mercado japonês. Não basta que o Japão se limite a alcançar os outros países. Mover-se tarde demais ou muito pouco significa avançar diretamente para um conflito comercial, ou coisa pior. O Japão deve fazer um esforço real e determinado para tornar-se parte importante e ativa do sistema mundial. Deve reconhecer que existem duas alternativas. Ou participa de um sistema de objetivos comuns e de responsabilidades comuns no qual os países maiores dirigem as iniciativas e assumem responsabilidades, ou divide o mundo e cria seu novo império asiático, baseado no confronto e na hostilidade com o Ocidente.

A insatisfação norte-americana com seus próprios resultados econômicos e o crescente populismo como resposta à pressão da classe média tornam os EUA cada vez mais hostis. Por isso, o estado de limbo não pode durar; o Japão deve começar a agir.

Os Estados Unidos têm a tentação de estabelecer um programa ao qual o Japão deve ater-se: plena abertura dos mercados no decorrer dos próximos dez anos, ou então vai enfrentar represálias. Mas talvez já seja tarde demais para essa abordagem. As indústrias norte-americanas temem que um confronto possa tirar-lhes o acesso a componentes japoneses. As empresas norte-americanas relutam em colocar em risco o acesso à tecnologia, e os nossos militares esquivam ainda mais esse risco. Nós nos tornamos demasiado dependentes de modo que as sanções não são facilmente aplicadas e nem mesmo plausíveis.

Nos anos 30, o problema era o acesso aos mercados e às matérias-primas, e em resposta a sanções ineficazes os agressores encaminharam-se para a guerra. Exatamente como nos anos 30, existem sanções plausíveis contra uma grande nação que não se atém às regras do jogo. A menos que reconsidere os anos 30, a arrogância de Pearl Harbor e à tragédia de Hiroshima, o Japão move-se de novo em direção oposta ao mundo. O momento é particularmente apropriado para uma iniciativa em larga escala: a Europa está se abrindo ao Leste para controlar a onda migratória, e os Estados Unidos estão se abrindo à América Latina. O Japão necessita abrir-se ao mundo.

A abertura do Japão dará força à paz internacional. Certamente não será uma panacéia para o que é percebido nos Estados Unidos como "o problema japonês", que na verdade deveria ser chamado sobretudo de o nosso problema estadunidense: escassos resultados. Mas a abertura aliviará as tensões crescentes e permitirá ao Japão finalmente ocupar um lugar à mesa de decisões e ser um membro bem recebido pela comunidade internacional.

23

Comércio com a China: Que os Estados Unidos, que ladram, também mordam!

Em junho terá lugar a decisão anual sobre a renovação para a China do *status* formal de "nação mais favorecida" (NMF). O presidente Bill Clinton deverá decidir se o desempenho da China garante a ela continuar dispondo de um acesso comercial favorecido. Se não optar pela continuidade, Clinton estará puxando o tapete e arriscando ser objeto da fúria chinesa, para não falar de uma drástica freada das exportações e dos investimentos norte-americanos.

A China não é membro da Organização Mundial do Comércio. Em conseqüência, o privilégio de "nação mais favorecida", que permite à China as mesmas reduções das tarifas concedidas a todos os membros, deve ser renovado a cada ano.

Nessa questão, as discussões são calorosas. A China é um parceiro comercial importante: 21,4 bilhões de dólares de exportações para os EUA (56,4 bilhões se incluirmos Hong Kong), e 14 bilhões de dólares de importações, segundo estatísticas do FMI. Muitas multinacionais de setores como o de manufaturas, de serviços e financeiro vêem a China como seu mercado mais importante. Querem negociar, sob quaisquer condições.

Há uma vasta gama de forças que se opõem ao *status* de NMF da China, incluindo velhos protecionistas, empresas lesadas pela recusa da China a fazer valer compromissos com a propriedade intelectual, militantes dos direitos humanos e combatentes de direita da guerra fria. Todos querem usar a política comercial para tentar forçar a China a corrigir-se.

Publicado originalmente na *Business Week*, 13 de maio de 1996, p. 28. Reproduzido com permissão.

É provável que o dilema chinês torne-se uma bela controvérsia em ano de eleições. O presidente pode fazer um acordo ou assumir uma posição: o que lhe traga mais votos. O senador Bob Dole (candidato republicano) pode parecer um homem de princípios ou um medroso. Mas tanto Clinton como Dole demonstram grande nervosismo. Sem dúvida, o problema transcende o aspecto comercial e a política. A questão realmente fundamental é como a China pode integrar-se na comunidade mundial. Até o momento, não teve muito sucesso.

DEVAGAR SE VAI AO LONGE?

A política dominante em Washington tem sido apostar na transformação da China a partir de dentro, reforçando as relações comerciais, ampliando o domínio da empresa capitalista e usando o progresso econômico resultante como um incentivo ao pacifismo e à cooperação internacional. Dito de outra forma, os Estados Unidos estão tentando promover uma parceria econômica que lentamente criará uma sociedade aberta e pacífica.

Mas os formuladores de políticas norte-americanos esqueceram que o final do século XIX também foi um período de internacionalismo econômico em expansão. Infelizmente, esse globalismo foi seguido por duas guerras mundiais. Hoje a dolorosa transição da Rússia para uma economia de mercado é marcada por pretensões de retorno ao império. Os Estados Unidos simplesmente não podem dar como certo que o comércio e o livre mercado são garantias suficientes para a democracia. Devem afirmar seus princípios e então apoiá-los com fortes sanções comerciais e financeiras (e, se necessário, usar a força).

Hoje a percepção mundial é de que os Estados Unidos não estão dispostos a defender os próprios interesses. De fato, os Estados Unidos não parecem saber quais são os seus interesses. A política, tal como é, gira unicamente em torno do aumento das exportações e dos acordos comerciais.

ETERNOS RETORNOS

A tendência dos norte-americanos é desconectar a política da economia tanto interna como internacionalmente. A política não deve estorvar o livre fluxo de bens, capitais e idéias. O governo, por dois anos, seguiu essa orientação em relação à China. Toda vez que surge o tema da NMF, tem lugar uma calorosa batalha, e sempre a economia prevalece à política.

Mas a decisão de desconectar o comércio da política não deveria ser uma conclusão antecipada quando se trata da China. Em primeiro lugar, a China não os desconecta. Cada vez que se apresentam problemas comerciais, a China concede contratos a concorrentes europeus ou japoneses para fazer pressão sobre Washington. Para mostrar seu descontentamento com os Estados Unidos, a China recentemente confiou à Airbus um contrato gigantesco que a Boeing esperava conseguir. Washington e Pequim jogam segundo diferentes conjuntos de regras.

Há ainda uma questão mais ampla. O governo norte-americano não pode se permitir mostrar-se dependente dos interesses comerciais a ponto de sacrificar seus próprios objetivos de segurança global. Isso redimensionaria decisivamente seu papel de líder mundial.

A solução é colocar a condição de NMF em "piloto automático", com uma renovação plurianual. Deixemos que os Estados Unidos concedam à China o *status* de NMF e evitemos a disputa anual sobre a renovação. Mas permitamos que Washington se comporte de modo inteligente: a China obtém o *status* de NMF, mas com uma cláusula vexatória.

Washington deve identificar os principais objetivos em sua relação com a China. Se a China os cumpre, o *status* de NMF é mantido. Se a China não os cumpre, automaticamente perde esse *status*. Dessa forma, a China seria responsável pela perda do *status* de NMF. Entrementes, façamos a China ingressar na OMC e façamos as questões comerciais chinesas saírem de um contexto bilateral.

V

União Européia: Fantasias, Problemas e Impacto

24

Euro: Realidades, fantasias e problemas

Por quase cinqüenta anos, a Europa vem percorrendo a estrada de uma integração cada vez mais extensa e profunda. Durante esse mesmo período, a Alemanha construiu a reputação de indiscutível campeã mundial da moeda forte. O DM (marco alemão), mais respeitado que as marcas BMW e Mercedes juntas, é um monumento a esse esforço. A proposta de união monetária reúne esses dois elementos: a Europa está pronta para apropriar-se da integridade monetária alemã, enquanto a Alemanha aceita fundir-se com a Europa.

O Tratado de Maastricht é o acordo pré-nupcial desta fusão. Mas enquanto o matrimônio se encaminha para a consumação, as dúvidas florescem de forma mais abundante que a pura alegria. Nos seus últimos momentos, surgem interrogações com respeito aos seus beneficiários, à adequação dos parceiros e à relação com os que ficarão de fora. Indagações particularmente cáusticas porque a programação apertada, tal como o fraco desempenho econômico da Europa, não deixa espaço para ilusões. A Europa tem 18 milhões de desempregados e ninguém sabe o que fazer com eles. Avançar é a resposta do chanceler Kohl; a indústria e os bancos alemães estão de acordo: a União Monetária Européia é um imperativo. Igualmente impacientes estão os promotores da "união social", que vêem a integração como um modo de evitar o excesso de concorrência e a insuficiência de justiça social.

Dúvidas sobre os méritos do projeto partem quer dos falcões monetários alemães (isto é, da maioria da população e, de modo mais relevante, do Bundesbank, que prontamente perderá seu emprego), quer dos espectadores

---

Publicado originalmente em *World Economic Trends* (Trans-National Research Corporation), julho-agosto de 1996, pp. 25-40. Reproduzido com permissão.

claramente excluídos (como os países do Leste Europeu), e também de observadores benevolentes nos Estados Unidos. Os futuros parceiros que, financeiramente falando, vivem sem pensar no futuro — França, Itália e Espanha — aplaudem sombriamente. Ainda acreditam que a união monetária é a cura milagrosa para finanças públicas doentias e um século de moeda enfraquecida, mas também ficam constrangidos quando são comparados como participantes da corrida de Maastricht. E, enquanto tudo isso acontece, a Grã-Bretanha procura sua própria alma. Os trabalhistas, sabiamente, são em geral pró-Maastricht, o que é uma estratégia segura e pragmática para estraçalhar os conservadores. Afora isso, vejamos o que se passa.

O que é propagado como o "evento do século" da Europa poderia ter um dos seguintes desfechos: criar uma Europa potente e vigorosa, unida política e financeiramente e com uma força financeira que apequenaria os Estados Unidos e o dólar; poderia passar tranqüilamente e sem uma conseqüência mais relevante, um "não-evento"; poderia ser varrido pelos mercados financeiros antes mesmo de iniciar; poderia restabelecer a prosperidade em uma Europa bastante debilitada; quem sabe morrer nas mãos dos inspetores de Maastricht, que aplicam os testes e podem achar os candidatos inaptos para consumar a união. Qual é o curso mais provável? A União Monetária Européia se concretizará, mas não será o fim dos problemas monetários europeus; com mais certeza ainda, não resolverá o problema que a Europa tem com a prosperidade. Na fantasia dos europeus, a União Monetária é uma panacéia, ou ao menos um passo essencial para transformar a Europa em algo maravilhoso: politicamente, culturalmente, economicamente, socialmente e financeiramente. Não prenda sua respiração!

A União Monetária Européia em perspectiva

A iluminada agenda do pós-guerra, guiada pelos Estados Unidos, mas adotada com energia pela França e Alemanha, era isto: tudo o que impedisse a Alemanha de entrar em guerra contra a França, arrastando o mundo todo em conflitos recorrentes, parecia uma idéia esplêndida. E de fato era. Os primeiros e limitados acordos em torno ao Plano Marshall, como a CECA (Comunidade Européia do Carvão e do Aço) e a União Européia de Pagamentos, restauraram o comércio regional e criaram uma base de cooperação e instituições comuns, que quebraram o gelo e indicaram um caminho. Mais tarde, a passagem para o Mercado Comum trouxe um forte estímulo de identidade à Europa; ao mesmo tempo, incentivou o crescimento. A virada seguinte, a conclusão do "mercado interno" em 1992, buscou transformar a Europa em um mercado integrado e competitivo conforme o modelo que os Estados Unidos representam tão eficazmente. Esse processo já está avançando.

Não é surpreendente que depois do sucesso encorajador da "Europa '92" se quisesse um bis. Este era o clima sob o qual a moeda única foi inserida na agenda e as infames barreiras de Maastricht foram estabelecidas. A Europa devia ter uma moeda única como um dos passos para superar o Estado-nação e avançar irreversivelmente rumo a uma Europa sem fronteiras. As medidas de integração comercial e a remoção dos impedimentos a atividades transnacionais, ainda que benéficas, são completamente genéricas: limitam-se simplesmente a remover as barreiras estatais ao comércio e à atividade econômica. Não chegam a garantir uma passagem empolgante ao mercado livre, embora sejam bem-vindas em um mercado segmentado e restrito. O mesmo poderia ser dito do passo seguinte, a União Monetária Européia? Aqui o ceticismo é apropriado: os custos para alcançá-la são imensos; uma vez alcançada, seus benefícios são mínimos. Há muito espaço para a decepção.

Contudo, nos últimos meses a União Monetária Européia, da idéia ruim e improvável que era, tornou-se uma idéia ruim em vias de realização. Alto desemprego, baixo crescimento, desconforto com um *welfare state* que não se sustenta mais: fatores todos que se traduzem em um apelo desesperado em favor da moeda única, como se uma moeda única pudesse resolver os problemas reais da Europa. Pelo contrário, o trabalho duro para chegar lá, satisfazendo os famosos critérios de Maastricht, está onerando ainda mais uma Europa já mal gerida. A batalha de Maastricht pode vir a ser lembrada como mais uma das batalhas verdadeiramente inúteis da história européia.

No princípio, a integração européia foi um passo histórico. Seu propósito era unir França e Alemanha e dessa forma evitar as guerras que se repetiam por um século. A integração européia foi adiante: um Mercado Comum, um mercado interno sem obstáculos ao mercado de bens e serviços, livre circulação de pessoas e, a seguir, a integração monetária a caminho da unificação completa. Enquanto essa agenda está sendo implementada, o círculo de candidatos amplia-se, as desilusões aumentam e as contradições ficam mais evidentes. O chanceler Kohl reconheceu que, a menos que a UME seja introduzida imediata e decisivamente, o conceito perderá apoio e terminará sendo apenas uma idéia ruim abandonada pelo caminho. Mas Kohl não está sozinho. Os franceses também querem a união monetária, não para construir elos que evitem futuros conflitos, pois Alemanha e França estão hoje tão ligadas quanto Estados Unidos e Canadá. A razão é que nenhum ministro das Finanças francês ousa ir para a cama sem saber como estará o franco na manhã seguinte. A União Monetária lhes garantirá uma noite bem dormida, a primeira em uma década. E ainda há todos os outros candidatos, que tentarão trazer um pouquinho de credibilidade para políticas que não têm sucesso se não se é membro: Irlanda, Bélgica, Escandinávia, Itália e Espanha.

Em abril de 1998, serão tomadas as decisões fundamentais sobre a participação; em 1999, as moedas serão encadeadas umas às outras, irrevogavelmente; em 2002, haverá somente o euro. Não será o fim da história. A questão sobre quem está dentro e quem fica fora fica em aberto e as relações frustradas entre os dois grupos colocarão em perigo boa parte do ganho obtido com a moeda única.

Ocorrerá de fato?

A União Monetária Européia é um fato quase certo. Nos últimos meses, houve uma mudança decisiva. Não se questiona mais se a união monetária ocorrerá ou não. Até mesmo o presidente do Bundesbank, Tietmeyer, diz invariavelmente "quando" e não "se". A razão para essa maior segurança quanto ao fato de que a união monetária ocorrerá em breve é, sem dúvida, o sucesso francês em manter a linha dura sobre o orçamento, vencendo o impasse com os grevistas e conseguindo aprovar muitos dos cortes propostos. Foi isso que impressionou o chanceler Kohl e o convenceu de que a Alemanha e a França podem atuar em conjunto. Também no lado francês isso era um teste. Os franceses compreenderam que os cortes no orçamento eram necessários, segundo Maastricht ou não. A novidade foi o sucesso em reduzir as taxas de juros a níveis inferiores aos alemães, demonstrando assim que no contexto da união monetária a França pode ser um país de moeda forte.

Caso surjam, vale a pena perguntar de onde poderiam vir os problemas para a passagem de fato à união monetária. A União Monetária Européia poderia dar errado de três formas diferentes. A primeira, que se torne tecnicamente impossível e que os inspetores simplesmente digam não. A segunda, que um ataque especulativo expulse a França. Por último, que se torne um compromisso político, volte para a estante e fique esquecida.

Tecnicamente, o problema é como satisfazer os critérios de Maastricht. Alemanha e França estão quase lá (ver tabela 24.1), da mesma forma que alguns países pequenos. Por certo esse não é o caso da Itália, qualquer que seja a definição adotada. Até que ponto os critérios poderiam ser alargados? Na visão de alguns políticos, particularmente na Itália, tudo isso será objeto de uma grande negociação política e os critérios serão interpretados "flexivelmente". Não é bem assim. Na Alemanha, a união monetária é um tema difícil: está em jogo a estabilidade, que pode ser perdida, coisa a que nenhum político quer arriscar-se facilmente. Além disso, e isso pode ser decisivo no final das contas, tanto o parlamento alemão como o Bundesbank têm a última palavra sobre a satisfação ou não dos critérios pelos vários participantes (incluindo a Alemanha?). Claramente, a Itália não é capaz de fazer o mesmo. E quanto à França? Se a fase corrente de fraco crescimento se prolongar até 1997, os orçamentos serão ainda piores do que as previsões atuais. Um pouco de "maquiagem" — déficits são cíclicos, os déficits estruturais já estão bem e continuam melhorando — é aceitável; mas é quase impossível aumentá-la em uma situação com resoluções que definham.

Tabela 24.1 Quadro Financeiro para 1997
(dados percentuais)

	Dívida	Déficit	Inflação
Bélgica	131,1	3,7	1,7
Dinamarca	56,9	3,7	2,5
França	56,9	3,7	1,3
Alemanha	62,4	3,6	1,5
Irlanda	80,3	2,6	2,4
Itália	124,8	6,4	2,9
Países Baixos	78,2	2,7	1,8
Portugal	70,7	4,2	2,7
Espanha	79,8	3,1	3,0
Reino Unido	62,0	3,7	2,5

Nota: Déficit orçamentário e dívida como percentual do PIB.
Fonte: OCDE, *Economic Outlook*, junho de 1996.

A atenção está hoje concentrada sobre o acerto final das taxas de câmbio com que as moedas serão travadas em janeiro de 1999. Se há alguma perspectiva de desvalorização inicial na França, por exemplo, um ataque especulativo será o resultado imediato. Um ataque especulativo tira o apetite pela união monetária. Significa uma luta amarga e prolongada contra as taxas de juros elevadas e recessão ou significa uma rendição, permitindo uma depreciação e, dessa forma, uma redução do entusiasmo dos parceiros para irem em frente. Na Europa, existem pouquíssimos postos de trabalho; eliminá-los por meio de uma depreciação competitiva não faz parte do *script*, mesmo sob a pressão de um ataque especulativo.

O problema político deriva simplesmente das eleições de 1998 na Alemanha e na França. Se a situação econômica de 1997 é fraca, se os cortes no orçamento em andamento se traduzirem em um crescimento ainda mais débil ou se Maastricht ganhar má reputação, qualquer um dos jogadores poderá deixar cair a batata quente. É bastante provável que o eterno oportunista Chirac seja tentado a tomar a iniciativa. Mas isso não é fácil de acontecer. Se a Alemanha se retirasse, sua moeda se fortaleceria e os rendimentos de seus títulos cairiam em resposta ao fato de que o marco resiste e a desvalorização foi evitada. Ao contrário, se a França se retirasse, a única conclusão seria de que o país não se determinou a sanear suas finanças. E basta um passo para um ataque especulativo, com um colapso do franco. A França parece estar em boa situação somente enquanto existe a expectativa de que o BCE alemão vai gerir seus assuntos monetários.

Da parte da Alemanha, claramente existe também um problema político. Mas até o momento a oposição manteve-se longe de se opor à união monetária, e é provável que continue assim. O único modo de as coisas darem errado é se a opinião pública em geral ficar com medo de que a moeda esteja à beira da ruína. Nesse caso, cabe a Kohl imaginar o próximo lance: adiamento, esforço extra?

Assim, a União Monetária ocorrerá, a menos que o desempenho econômico de hoje até o final de 1997 seja ainda pior do que se espera. A hipótese de trabalho é que a Alemanha e a França satisfaçam as condições sob as quais a "maquiagem" ainda dá resultados.

PROBLEMAS DE PERCURSO

Restam problemas importantes sobre a estrada em direção à moeda única. O principal é que não há virtualmente país algum com um orçamento satisfazendo os critérios de Maastrich, incluindo a Alemanha e a França, os dois países-chave. Em conseqüência, toda a Europa se lança aos cortes de orçamento, ao mesmo tempo, com o efeito previsível de queda no crescimento. Sem dúvida os cortes de orçamento são apropriados mesmo sem a União Monetária Européia, mas seu *timing*, dimensão e concomitância repercutirão negativamente sobre o crescimento, elevarão o desemprego e aumentarão os custos da união monetária antes mesmo que ela comece. As autoridades monetárias não se mostraram dispostas a fazer ajustes. Elas têm sua própria agenda: resistir até o último momento, ajudar a moldar a atitude apropriada para o novo Banco Central. A combinação de uma política monetária demasiado restritiva com decisivos cortes orçamentários indica tempos difíceis pela frente para a Europa.

Um problema ainda mais importante é: o que acontecerá àqueles que não podem ou não querem fazer parte do clube? A Grã-Bretanha demonstrou uma grande aversão a fazer parte. O pragmatismo britânico se limita à luta contra a inflação como o vínculo comum; unir-se à *Burschenschaft** monetária é pedir demais. E ainda há a Itália, com sua moeda desvalorizada. A França quer a Itália no grupo, de forma a impossibilitar uma futura depreciação competitiva. Todavia, uma vez estando dentro, com uma moeda apreciada, a Itália passará de novo por dificuldades, tal como em 1992. A pergunta sobre os que estão "fora" se reduz a: o que pode ser oferecido à Grã-Bretanha e à Itália para que se unam ao clube? Uma defesa ilimitada e incondicional de suas moedas por parte da Alemanha é uma compensação suficientemente boa para a Itália. Presumivelmente, a Alemanha é absolutamente contrária a aceitar essa proposta, deixando a França amuada à espera. Todos esperam que Itália e Grã-Bretanha, as moedas fracas de 1992, queiram mostrar-se européias e façam disso uma questão de honra, desejando ser países com moedas fortes e fazendo os esforços necessários para juntar-se aos demais. Não esperem a Grã-Bretanha: o governo trabalhista tem tantos problemas com a Carta Social quanto com o BCE.

**Burschenschaft* – molecagem, em alemão no original. (*N. do T.*)

Se a União Monetária Européia é uma conclusão certa, ainda há algumas questões interessantes a serem feitas. Primeira: quem está "dentro" e quem está "fora", e qual é o melhor lugar? A seguinte: o que há de errado com a UME, e ela traz de fato benefícios econômicos importantes? Outra: a UME é um passo inicial natural para o abandono da soberania nacional? Finalmente: o que se pode esperar do novo Banco Central Europeu (BCE)? Eis uma tentativa de oferecer algumas respostas.

Quem está "dentro"?

Em toda a Europa está em curso uma purificação ritual. Todos estão equilibrando seus orçamentos, ou esperam poder equilibrá-los ou pelo menos convencer os mercados de que é bem possível que isso ocorra. Quem de fato o fará?

Sem a Alemanha e a França, não haverá uma união monetária. Para a Alemanha, a União Monetária Européia é um passo político que reflete a crença profundamente arraigada de que estabilizar o país requer um elo irreversível com a França. Neste contexto, nada mais interessa. Ninguém perde o sono pela Grécia, por Portugal, nem mesmo pela Itália ou pela Espanha. Porém, visto que França e Alemanha são os membros fundadores, como vão estruturar o debate sobre a satisfação dos critérios de Maastricht, e onde vão traçar a linha entre os de "dentro" e os de "fora"? A situação atual das dívidas e déficits, se interpretarmos os critérios de forma restrita, não deixaria ninguém dentro. Ninguém é perfeito, nem mesmo a Alemanha. Se não é o coeficiente de endividamento que está alto demais, é o coeficiente de déficit. Além disso, há um otimismo difuso sobre a recuperação de 1997. Sem isso, as cifras dos déficits de todos pareceriam muito piores, e a perspectiva de alcançar o objetivo dos 3%, ainda que aproximadamente, deveria ser esquecida. Pode-se questionar se os políticos podem permitir-se deixar que os mercados continuem a jogar com essas perguntas pelos próximos dois anos. É muito mais provável o cenário em que uma decisão prática é tomada imediatamente, talvez implicitamente, e uma hipótese de trabalho é levada adiante.

A hipótese deve ser que França e Alemanha estão indo adiante, juntamente com um pequeno grupo. Eles estabelecerão um exigente programa trienal de ajuste fiscal, que os colocará, em 1998, *abaixo* dos objetivos de Maastricht. Isso servirá para justificar um pouco de "maquiagem" desde já.

Quem mais poderia permitir-se maquiar as cifras? A Bélgica certamente não, a menos que sua dívida pública fosse cancelada; mas quem teria coragem para tomar tal medida extrema? Sem uma cirurgia na dívida, a Bélgica simplesmente tem o dobro do endividamento máximo permitido, desafiando impetuosamente o tratado. Certo, existe um precedente interessante. Em 1926, em meio a um superendividamento e de uma crise de liquidez, a Bélgica concedeu aos portadores de títulos, em uma fusão forçada, as ferrovias nacionais. Existem muitíssimas empresas públicas na Bélgica: a operação poderia ser repetida? A Bélgica é um país predileto do Norte europeu e um parceiro da moeda forte, e isso deveria exigir algum esforço extra.

A Itália está com certeza fora da lista para consideração imediata. A Itália tem problemas, seja de dívida pública, seja de déficits (para não falar da inflação e das taxas de juros de longo prazo). É difícil acreditar que tudo isso possa passar no minucioso exame alemão. Também é inconcebível que a Itália consiga sanear suas finanças a tempo. A conclusão é de que a Itália não fará parte da primeira leva. Mas a Itália é uma grande nação européia. Algo mais importante é que as indústrias alemã e francesa querem claramente manter a concorrência italiana sob rédea curta, excluindo de forma efetiva uma depreciação competitiva. O problema é que não podem.

O maior problema no debate sobre os "internos" e os "externos" é certamente este: a união monetária é como um casamento entre parceiros com situações patrimoniais muito diferentes. Naturalmente, os acordos pré-matrimoniais são a regra e devem ser seguidos à letra. A paixão termina, os acordos permanecem. Os detentores de títulos da dívida alemã reinam soberanamente, já que são os que mais têm a perder. A França sempre oscilou entre a moeda fraca e a moeda forte, mas a Alemanha tem uma longa tradição de moeda forte construída em torno da coalizão entre detentores de títulos e o Bundesbank. O chanceler Kohl cometeria um grave erro se ameaçasse os detentores de títulos, os poupadores e o povo com uma desvalorização da moeda. Por esta razão, podemos estar certos de duas coisas. Primeiro, a Itália não ingressará porque, para os detentores de títulos alemães (com ou sem razão), a Itália é a encarnação da delinqüência monetária. Segundo, se for possível fazer exceção à França e Alemanha (a sua credibilidade permitiria uma pequena maquiagem contábil), o mesmo não pode ser feito para países que têm má reputação fiscal.

Se há "dentro" e "fora", onde se está em melhor situação?

Seguramente, para a Itália é melhor estar fora. Os franceses estão totalmente confusos com a concorrência italiana e o medo de que possa ocorrer mais uma depreciação competitiva. Estão dispostos a fazer acordos para ajudar a Itália a subir a bordo. Certamente, a chave para que a Itália se comprometa com taxas de câmbio seria uma oferta, por parte da Alemanha, de uma "intervenção incondicional e ilimitada" em apoio à lira. Vai nevar no inferno antes que isso aconteça. Todavia, a Itália espera lucrar com a própria profissão de fé na União Monetária Européia: será útil na inevitável batalha sobre o orçamento, que nada tem a ver com Maastricht. O que é mais importante, será útil para reduzir as taxas de juros e ajudará no orçamento.

Se a Alemanha e a França ingressarem sozinhas na união monetária, e se, como previsto, houver "excluídos", podemos estar seguros de que haverá um processo estruturado para embarcar os "excluídos" no tempo devido. Contudo, uma vez que a Alemanha não oferecerá garantias sobre as taxas de câmbio, boa parte do peso recairá sobre os "excluídos", que terão que elaborar seus próprios programas de convergência e cumprir sua tarefa. Poucas coisas aqui são grátis. Os "excluídos" estão sendo pressionados para que se manifestem: da Itália, espera-se que desenvolva esforços bem mais consistentes para sanear as finanças públicas. A Grã-Bretanha vem sendo ameaçada pela perspectiva de que a UME implique movimentos financeiros em direção a Frankfurt a menos que ela torne plausível seu ingresso no clube. Quando a União Monetária Européia colocar-se em movimento, a pressão sobre os "excluídos" crescerá. Eles são igualmente necessários para o sucesso do empreendimento. Se ficarem indiferentes ou relutantes como a Grã-Bretanha, aumentem a aposta em jogo; se estiverem financeiramente maculados, como a Itália, pressionem mais.

Os problemas ligados à exclusão são particularmente difíceis para os países do Leste Europeu. Eles estão a caminho da União Européia (livre mercado e outras coisas do gênero), mas na parte financeira estão especialmente fracos. A situação está pior ainda agora? Se a UME fosse um mecanismo de integração, então seria fundamental não somente fazer parte dela, como também o quanto antes. Já que os benefícios são, em qualquer caso, supervalorizados, não há por que se preocupar em demasia. Ao contrário, com o euro como nova moeda, emerge uma opção muito interessante. Por que países como a República Tcheca ou a Polônia não adotam imediatamente o euro como sua moeda nacional, como fez a Argentina com o dólar? Uma mudança como essa daria conta da instabilidade financeira, mas isso aconteceria à custa da perda da taxa de câmbio como instrumento de ajuste.

Problemas e benefícios da União Monetária Européia

O que quer que em 1991 tenha convencido os governantes a escolher a moeda como o carro-chefe da integração, a moeda é uma escolha infeliz. A melhor moeda é apolítica, e esse é o resultado a ser obtido pelo BCE.

Deixando de lado todos os benefícios políticos resultantes da integração monetária, existem vantagens estritamente econômicas? A União Monetária Européia é bem diferente da importantíssima união alfandegária e do brilhante projeto de completar o mercado interno. Essas foram importantes iniciativas de integração, que trouxeram incentivos para transformar o mercado interno, desesperadamente não-competitivo e segmentado, em uma entidade única e vasta. A concepção se baseava na experiência do vasto e altamente competitivo mercado norte-americano; foi uma iniciativa corajosa e válida. A União Monetária Européia pouco tem disso.

Os benefícios esperados na área de integração são dois. Uma maior conveniência nas transações, evitando mudanças incômodas de moeda, e custos reduzidos para efetuar pagamentos. E uma redução da volatilidade das taxas de câmbio, efetivamente a zero, e um conseqüente aumento da propensão ao comércio e investimento transnacionais dentro da Europa.

Um mercado único *não* significa integração dos meios de pagamento. Um euro em Barcelona não tem o mesmo significado que um euro em Berlim. A experiência norte-americana ilustra esse aspecto. No final do século XIX, ainda que os Estados Unidos fossem uma área monetária integrada, um cheque de cem dólares recebido em Boston poderia valer algo entre 95 e 105 dólares, dependendo da taxa de compensação dos cheques. Antes da criação do Federal Reserve no início deste século, não havia *compensação ao par* — taxas flexíveis entre várias cidades e enormes despesas bancárias, tanto maiores quanto menos competitivo o mercado local de crédito. Fazer parte do sistema do Federal Reserve traz como vantagem o uso dos bancos membros do Fed, sem despesas, e da rede do Fed para transferências. A desvantagem é a exigência de que todos os cheques sejam compensados ao par. É verdade que haverá um sistema de transferências similar à rede do Fed para o grupo de países-membros, mas pouco foi dito até agora sobre a compensação ao par. Que um turista possa poupar alguns poucos pesos é inteiramente sem importância, mas que as empresas possam poupar 3%, 4% ou 5%, dos quais bancos oligopolistas atualmente se apropriam, é algo muito importante. É interessante observar que a compensação ao par poderia ser feita mesmo no sistema atual. Significa negar aos bancos margens amplas e variáveis de taxas sobre a movimentação de cheques: nada tem a ver com as taxas de câmbio! Obviamente, Bruxelas hesita em comprometer-se com os bancos — principalmente se eles souberem do furor gerado pela questão durante a criação do Fed — e está interessada em formar uma "clientela de varejo" favorável a uma visão exagerada dos benefícios da moeda única.

Com respeito à volatilidade da moeda, existe uma questão muito desagradável a ser enfrentada. Haverá maior volatilidade entre os "incluídos" e "excluídos" do que no atual regime? Se for assim, é possível que os pequenos benefícios de uma superestabilidade da taxa marco/franco sejam mais que compensados pelo aumento da volatilidade das taxas em relação às moedas dos "não-membros"? Se for assim, a integração comercial poderia ser capturada pelos "incluídos" a expensas dos "excluídos" e do resto do mundo, do Leste Europeu aos Estados Unidos. Para a Europa, o problema da volatilidade é superestimado em qualquer caso. Há pouca evidência de que a volatilidade monetária, baixa como está, seja um obstáculo às trocas comerciais. Em conseqüência, uma diminuição da volatilidade entre os "incluídos" não mudará muito o panorama do comércio e dos investimentos na Europa. Nesse meio tempo, porém, ela pode ser usada como fator de pressão para que países como a Grã-Bretanha se decidam de vez entre ingressar e ficar de fora.

Pode-se ainda perguntar se, governada por uma só moeda, a Europa de fato estará melhor. A visão francesa é enfaticamente positiva: se os italianos não podem mais desvalorizar, não podem roubar postos de trabalho dos franceses. Logo, a moeda única é fantástica. Com certeza, isso é uma falácia surpreendente. O que está em questão é a taxa de câmbio real, taxas de câmbio ajustadas pelos custos. Se a taxa de câmbio nominal não pode mudar, mas para o equilíbrio a taxa real deve mudar, é de se esperar que os salários e os preços realizem a tarefa. Os franceses podem ter razão em acreditar que é muito mais difícil fazer ajustes através da deflação do que da desvalorização. Mas isto é pouco confortante.

Em países com salários altamente flexíveis, o regime de taxas de câmbio não faz diferença. Em países onde o mercado de trabalho não funciona bem, taxas flexíveis são importantíssimas. A integração monetária européia dirige-se diretamente para o ponto fraco. A maior crítica à UME concentra-se precisamente nesse aspecto: se há um mercado que funciona realmente mal, é o mercado de trabalho. E ainda: se a União Monetária Européia abandona os ajustes das taxas de câmbio, transfere precisamente para o mercado de trabalho a tarefa de efetuar ajustes em termos de competitividade e preços relativos. Sem a flexibilidade de salários, o processo de ajuste é frustrado, e a pressão sobre a produção e o emprego (e a pressão inflacionária sobre o euro) será predominante.

O custo oculto de uma área de integração monetária é que as taxas de câmbio nominais deixam de existir como mecanismo de ajuste. Se uma região entra em uma fase de declínio, digamos porque as mercadorias que exporta se tornaram obsoletas, a deflação deve tomar o lugar da desvalorização. Se uma região entre em um *boom*, digamos, tem atividades de pesquisa e educação superiores, o que resulta em melhor desempenho comercial, a inflação toma o lugar da apreciação.

O uso das taxas de câmbio como instrumento de ajuste tem uma boa história (não obstante o México e a América Latina). Forçar o mercado de trabalho a efetuar o ajuste (mais uma vez, o mercado com o pior desempenho de todos os mercados europeus) é uma estratégia fadada a ser um grande fracasso. Em regiões atrasadas, o desemprego vai se acumular junto com problemas sociais e queixas sobre os benefícios da integração. O abandono das taxas de câmbio como instrumento de ajuste exige que se coloque alguma outra coisa em seu lugar; os promotores de Maastricht evitaram cuidadosamente enunciar o que poderia ser exatamente. Um mercado de trabalho competitivo é a resposta, mas é obsceno dizer isso na Europa do Estado social.

A União Monetária Européia e a Soberania

A criação da União Monetária não é parte natural de um processo de reordenação da soberania em favor de um processo europeu mais vasto. Não é um primeiro passo, seguido naturalmente pela política externa e pela defesa. Ao contrário, uma moeda despolitizada é a ambição em todo o mundo. Segundo essa posição, criar um banco central independente na Nova Zelândia ou no Chile é praticamente o mesmo que criar um Banco Central europeu. A moeda não deve ser democrática ou então é moeda débil. Por essa razão, como no caso da Alemanha, a moeda deve ser tirada das mãos dos legisladores, que têm preocupações de curto prazo e motivações suspeitas. Ela deve ser confiada aos administradores conservadores com preocupações de longo prazo, responsáveis somente pela qualidade dos resultados alcançados.

Na criação do BCE, a gestão da moeda é retirada das mãos das autoridades nacionais, mesmo onde já se encontra institucionalizada de um modo adequado, como na Alemanha, e é simplesmente colocada um degrau acima, em um nível europeu. Para muitos países europeus, essa é a única maneira de libertar o Banco Central de influências políticas; mandá-lo para fora da cidade, literalmente. Para outros, é apenas uma mudança lateral de um corpo independente, que atualmente faz sombra à Alemanha, para um outro, que subordina a Alemanha. Mas o importante é que um bom banco central seja *apolítico*, e quanto mais apolítico, melhor. É disso que se trata quando se fala do BCE. E é por isso que não está em jogo uma transferência de soberania, mas uma abdicação, em toda a Europa, da soberania da moeda.

Obviamente, isso é bem diferente da defesa ou da política externa que são intrinsecamente políticas. Neste âmbito, o problema é como reconciliar objetivos, pontos de vista, tradições e culturas nacionais conflitantes. No âmbito da moeda, todos queremos a mesma coisa: uma moeda estável. Na defesa e política externa, em geral desejamos a paz (na maior parte do tempo), mas o acordo termina nesse ponto. Por esta razão, a transferência da soberania significa ceder algo real e precioso. Ceder uma moeda (mal) gerida no plano doméstico significa apenas pôr fim a um mau hábito! A diferença não poderia ser maior.

O que esperar do Banco Central Europeu?

Os italianos sonham que o BCE simplificará suas vidas ainda mais do que o Bundesbank hoje. Para os alemães, no entanto, o sonho é um pesadelo que os mantém de olhos abertos. Os temores são injustificados. Ao contrário, o novo banco com certeza vai estabelecer-se, desde o princípio, como uma continuação imediata do Bundesbank, pilar atual da ortodoxia monetária européia.

Este resultado está assegurado pelas rigorosas regras do jogo, mas ainda mais por dois outros fatores. Primeiro, uma vez que alguém ingressa no conselho de um Banco Central, sob os olhares da opinião pública, torna-se imediatamente moderado. Isso acontece habitualmente com os membros do Federal Reserve, e acontecerá precisamente do mesmo modo com os membros do comitê executivo do BCE. Com efeito, no processo de candidatura, os governos serão avaliados minuciosamente pelas escolhas que fizerem. Uma candidatura de menor prestígio falharia, criando uma má impressão de não ter peso algum na nova instituição. Ao contrário, uma personalidade importante, destacada na administração monetária e moderada como convém ao cargo, será bem recebida e está destinada a exercer uma grande influência. Tendo em mente essas considerações, as indicações serão feitas com muita atenção e não com base em um patrocínio usual. O BCE será provavelmente uma seleção de pessoas moderadas.

Mas isso não basta. O presidente do novo comitê executivo é importantíssimo. Não tendo precedente no posto, o presidente traça a rota. Se, como parece plausível hoje, Wim Duisenberg, do Banco Central dos Países Baixos, encabeçar o BCE, a garantia de uma moeda plenamente forte está escrita sobre o mármore. Afinal de contas, foi Duisenberg quem expressou algumas vezes o temor de que a Alemanha pudesse abrandar sua própria política monetária! Foi ele quem se mostrou irritado a ponto de enraivecer quando desafiado a reduzir a inflação além de um limite razoável.

É claro que o BCE começará bem, se entendemos isso como taxas de juros elevadas e inflação baixa. O problema é o seguinte: a essa altura, a Europa poderia encontrar-se em grande dificuldade. Cortes de orçamento sempre mais freqüentes, combinados com um banco central linha-dura, desde agora até janeiro de 1999 (o adeus de Tiermeyer não será nada afável), significam dificuldades. De forma bastante desafortunada, o novo Banco Central Europeu não acredita na idéia de que os cortes de orçamento exigem uma política monetária acomodatícia. Isso quer dizer que a Europa, de hoje até 2000, não pode esperar muito crescimento. A nova moeda européia, bem longe de criar prosperidade, no final das contas pode ser culpada por um período de vacas magras.

Atualmente, boa parte da crítica concentra-se na simultaneidade dos reordenamentos fiscais na Europa e no risco, sempre à espreita, de que a Europa caia em recessão. Esta acusação é infundada por duas razões. Primeira, Maastricht é uma maravilhosa desculpa para fazer o que de qualquer modo necessita ser feito. A Europa possui vastos déficits, uma dívida alta, um setor público insustentável e ineficiente, e um sistema previdenciário igualmente ruim. Além disso, possui substanciais passivos públicos sem cobertura. Uma nítida reestruturação das finanças públicas é necessária, de acordo ou não com Maastricht. Se Maastricht é um bom pretexto, vamos usá-lo então. Além do mais, uma reorganização fiscal não necessariamente implica em recessão. Ao contrário, se os bancos centrais se pusessem de acordo sobre uma política monetária mais simples, o crescimento poderia prosseguir harmoniosamente e sem obstáculos. É claro que se os bancos centrais interpretam mal seu papel, os cortes no orçamento vão terminar em desastre, e a culpa será atribuída à União Monetária Européia.

Uma Melhor União Monetária Européia

Ao estabelecerem os critérios de Maastricht, os formuladores da política econômica concentraram-se em evitar poluir os objetivos dos bancos centrais com a debilidade das posições fiscais dos países-membros. Uma dívida elevada e déficits são, nessa perspectiva, um convite à monetarização da dívida e à "solução inflacionária" dos problemas fiscais. No caso extremo, o tesouro vai direto ao Banco Central para ser saneado. A separação entre tesouros e bancos centrais é inteiramente apropriada. Igualmente importante é a ênfase no ajuste fiscal, pelo menos em razão da grande quantidade de obrigações, que se assomam no horizonte, com pensões não-cobertas por fundos. Mas também é verdade que precisamente o argumento que exclui dívidas e déficits elevados (eles são uma ameaça à integridade do BCE) pode ser utilizado para países com altas taxas de desemprego. Em países com altas taxas de desemprego, é plausível que os formuladores da política econômica recorram à ajuda do Banco Central: um pouco mais de dinheiro, alguns postos de trabalho a mais! O problema dos incentivos é exatamente o mesmo no caso do ajuste inflacionário da dívida, porque combater a dívida com a inflação é como combater o desemprego com a inflação. Mesmo que funcionasse, a tentativa ou a expectativa de uma tentativa seria completamente contraproducente.

Isso implica, seguramente, que a UME deve incluir um limiar explícito de desemprego. Países com mais de 6% de desemprego estrutural não podem ser membros. Eles devem primeiro executar políticas estruturais e macroeconômicas (incluindo a eliminação de regulamentações, redução de benefícios excessivos etc.) de tal forma que o desemprego baixe a níveis que não sejam uma ameaça para o BCE.

Se Maastricht fosse estruturado desse modo, produziria uma fase de transição para uma revolução da oferta. Os países fariam o máximo para criar empregos por meio de desregulamentações em vez de destruir empregos por meio de taxações. Infelizmente, mesmo que essa lógica seja impecável, a idéia européia de uma boa economia não chega ao mercado de trabalho.

A Europa como o elo fraco

No momento em que a Europa encara a realidade (abolindo o *welfare state*, reintegrando milhões de desempregados a uma vida de trabalho normal, desregulamentando as economias "estatistas-corporativas" cultivando o lado da oferta, integrando o Leste), o experimento de uma nova moeda é uma má idéia. Por si mesma, a nova moeda cria, na melhor das hipóteses, vantagens insuficientes, mas aumenta o potencial para crises, frustra o ajuste e desloca a cooperação pragmática. Vista de fora, uma moeda única é um experimento profundamente inoportuno. Necessita-se de toda a energia e capital político para realizar reformas importantes na economia real. A garantia de uma moeda ainda mais forte — ou pelo menos tão forte quanto o marco alemão atualmente — não vem ao caso. Essa situação faz da Europa um dos elos fracos da economia mundial.

Os comentários externos, especialmente os provenientes dos Estados Unidos, freqüentemente assumem a forma da fábula da raposa e as uvas. Já nos anos 80, a Europa moveu-se na direção de uma integração monetária para criar um contrapeso para os Estados Unidos, financeiramente instáveis. Mas a Europa também construiu uma sólida união econômica, desafiando a hegemonia norte-americana no mundo: dêem o braço a torcer! Vistas daqui, as coisas não parecem ter chegado a esse ponto. Os EUA aprovaram entusiasticamente a união aduaneira européia e o mercado único, mesmo que significassem um desvio de comércio para longe de seu território. Sempre se concebeu como boa idéia tudo o que impedisse conflitos na Europa. A moeda única não é uma ameaça para o dólar. Imagine-se que o dólar caia como resultado da criação do euro (note-se que os Estados Unidos são financeiramente estáveis, com dívidas e déficits mais baixos do que os da Alemanha). Então, tudo isso significa que os Estados Unidos serão mais competitivos e a Europa, menos competitiva. Isso não é exatamente um problema para os Estados Unidos!

Ao contrário, os temores norte-americanos com relação à UME são os seguintes: poderia tornar-se um gigantesco fracasso e, no momento em que isso acontecesse, a Europa enfrentaria dificuldades políticas, o que sempre custa muito caro para o mundo. É claro que os europeus, que percebem tudo através de "eurolentes" cor-de-rosa, não conseguem vislumbrar essa possibilidade. O ceticismo norte-americano deriva da consciência de que ancorar as moedas força o ajuste em outras direções: taxas de juros elevadas e alto desemprego. Como já viram essa história quando da sobrevalorização do dólar nos anos 60, os Estados Unidas nunca se entusiasmaram com taxas de câmbio fixas. Considerando as crises monetárias recorrentes na Europa nos anos 80, o prejulgamento apenas ganha mais força. Os Estados Unidos têm uma flexibilidade substancial seja dos salários, seja das instituições do mercado de trabalho. Com tais soluções, a introdução de taxas de câmbio fixas é admissível. A Europa, não tendo nem salários flexíveis nem mercados de trabalho que funcionam, já tem desemprego em massa. A UME vai apenas piorar o quadro, quando o sistema estiver todo emaranhado em taxas fixas entre países muito diferentes. Se alguma vez existiu uma má idéia, a UME é candidata ao título.

25

A União Monetária Européia ocorrerá ou não? E que diferença faz?

A União Monetária Européia (UME) é um fato quase certo para a próxima década. Terá início, muito provavelmente, na data prevista: 1º de janeiro de 1999. (Atualmente, apostamos 65 contra 35 em como a UME iniciará pontualmente.)

O sentimento anti-UME já está decrescendo, em parte devido à decisão do chanceler Kohl de concorrer a mais um mandato e a seu reiterado compromisso com uma UME pontual, em parte porque as economias européias estão melhorando, o que traz uma percepção mais positiva das iniciativas européias.

Contudo, não se pode concluir antecipadamente que a UME iniciará pontualmente. Há dois obstáculos que merecem atenção. Em primeiro lugar, o chanceler Kohl está bem atrás nas pesquisas, e mesmo uma melhora econômica dificilmente mudará a atmosfera desfavorável. Se a oposição identificar a UME como um tema de campanha, Kohl pode se ver forçado a declarar que "a estabilidade é a prioridade" e descartar a UME.

Mesmo que Kohl defenda com firmeza um início pontual para a UME, ele poderá enfrentar problemas, por causa da Itália, da Espanha e de Portugal. Para a opinião pública alemã, esses países não são "parceiros" sérios, mesmo que suas cifras relativas ao orçamento e à inflação expressem desempenhos iguais aos da Alemanha. Se eles, e principalmente a Itália, não estiverem dispostos a aceitar uma inclusão tardia na UME, esta poderá se tornar um difícil compromisso.

Extraído de um artigo escrito em conjunto com Francesco Giavazzi, da Universidade Bocconi, de Milão.

Finalmente, está em operação uma generalizada maquiagem dos números para fazer todos os potenciais membros pelo menos se aproximarem do valor máximo admitido para o déficit público, 3% do PIB. A dívida como critério não é mais obstáculo; segundo a formulação do Tratado de Maastricht que está sendo usada basta estar havendo um progresso "suficiente" em direção ao coeficiente de endividamento de 60%. A maquiagem e a desconsideração da dívida como critério abrem uma possibilidade: a decisão de levar adiante a UME poderá ser disputada nos tribunais alemães ou rejeitada pelo parlamento.

SUPONHAMOS QUE A UME NÃO OCORRA NO TEMPO PREVISTO

Se a UME não ocorrer no tempo previsto, quais são as conseqüências? Esperamos firmemente que a política mantida favoreça, no final das contas, a UME: trata-se de um projeto político e como tal é amplamente apoiado, ainda que a modalidade e os prazos criem problemas. Conseqüentemente, as autoridades certamente tratarão de estruturar um calendário plausível que não adie as dificuldades por seis anos, mas apenas por dois, digamos. Também esperamos um acordo de cooperação no estilo do Sistema Monetário Europeu (SME) para limitar os desastres. Atualmente, já está em operação o estágio 2 do SME.

É um erro acreditar que um rompimento dos prazos da UME acarretaria imediatamente a adoção de más políticas econômicas por parte dos habituais suspeitos. Em todo o mundo, os mercados de títulos se transformarão nos disciplinadores da política econômica. Maastricht pode ter sido uma boa desculpa para passos corridos (e eles foram dados, especialmente na Itália), mas sem Maastricht o mesmo, e quem sabe mais, teria acontecido, simplesmente porque os países que têm maior vulnerabilidade fiscal também são especialmente vulneráveis com respeito às taxas de juros. Dessa forma, independentemente de Maastricht, eles teriam sido forçados a fazer as pazes com o mercado. Infelizmente, a insistência nas linhas burocráticas do Tratado de Maastricht obscureceu esse importante mecanismo.

No meio tempo, enquanto segue o vaivém da realização da UME, prevê-se um impacto sobre o dólar: a UME está associada a um dólar forte, pelo menos até que esteja claro quem está dentro e quem está fora, e que se tenha clareza sobre o formato do BCE.

De volta à hipótese inicial: a UME ocorrerá no tempo previsto

A decisão de ir em frente será formalizada no fim de semana dos dias 8-10 de maio de 1998. A última palavra pertence aos chefes de Estado europeus: ironicamente, em um encontro que terá lugar no Reino Unido e será presidido pelo primeiro-ministro britânico, improvável membro da UME. Se a decisão for favorável, um problema imediato diz respeito às paridades para conversão entre as moedas. Se forem anunciadas as paridades — por exemplo, as atuais paridades centrais do SME — haverá o problema de como defendê-las entre maio e dezembro, e como evitar saltos de última hora nas taxas de câmbio. Abre-se uma janela de oito meses de volatilidade e espaço para erros.

Se ocorrer, a UME incluirá a França e a Alemanha. Mas inicialmente, alguns países poderão ficar fora, como a Itália, por exemplo. Quais acordos de transição têm mais chances de limitar as conseqüências dessa exclusão inicial? O mais plausível é garantir um regime de banda cambial para a Itália que esteja condicionado ao seu desempenho fiscal e monetário. Nada fácil e nada incontroverso! Esse é o tipo de acordo que deu errado em 1992.

A UME inclui uma política monetária única, o que levanta duas questões. A primeira é: o euro será uma moeda boa ou ruim? Concluímos que o euro será, sem dúvida, uma moeda forte. No passado, a Europa seguiu o Bundesbank, e o Bundesbank cuidou dos interesses da Alemanha. No futuro, o BCE terá de cuidar dos interesses da Europa, seja qual for o significado disso. A segunda questão é: como a política monetária será conduzida? No presente, há drásticas diferenças entre os canais de transmissão da política monetária de cada país como também entre as distintas reações da inflação (expectativas *versus* pressão da demanda) à política monetária. A tarefa de desenvolver uma política monetária única será uma tarefa experimental que consumirá tempo, o que pode dificultar as coisas.

Na negociação para levar a oposição alemã a aceitar uma UME "*soft*", o pacto Waigel saiu do controle. Hoje existe um sistema rígido que pune obrigatoriamente déficits públicos que excedem 3% do PIB, mesmo que sejam cíclicos. (A queda deve ultrapassar 2% para não ser punida.) Este sistema forçará os países a reduzirem seus déficits até zero apenas para evitar que uma desaceleração seja fortemente penalizada. O mecanismo está permeado de conflitos: se a inflação alemã leva o BCE a elevar as taxas de juros e isso desacelera a economia da Itália, os italianos são penalizados além do maior déficit resultante do serviço e da rolagem da dívida, que são afetados pela elevação das taxas de juros. (Obviamente, isso é um *replay* da unificação alemã no começo dos anos 90.) O critério de Maastricht se revelou uma dor de cabeça, enquanto o pacto Waigel, com seu dispositivo (preciso, mas inadequado) para fatores cíclicos, mostrou-se muito pior.

Uma moeda única elimina as taxas de câmbio como mecanismo de ajuste. De fato, a taxa de câmbio já não cumpre papel algum em países como a França ou a Holanda há uma década. Contudo, é possível que a criação da moeda única traga, como principal vantagem, a possibilidade de iluminar o funcionamento extraordinariamente precário dos mercados de trabalho. Ainda que a taxa de desemprego na Europa seja superior a 10%, existe um consenso entre os organismos oficiais de que há pouco espaço para uma expansão não-inflacionária! Agora é o ajuste estrutural que deve passar a ser o centro das atenções, mas quando não há crise, há pouca disposição para tal mudança.

A criação da moeda européia introduz um ativo que é, potencialmente, um rival do dólar. Com mercados de ativos europeus finalmente grandes e abrangentes, a diversificação mundial de portfólios favorecerá esse ativo, em detrimento da atual sobrecarga de investimentos em dólares. Naturalmente, ao mesmo tempo, há uma elevação da oferta de ativos em euros, de forma que o equilíbrio não é nada simples. Finalmente, a diversificação transnacional (incluindo ativos em dólares) ainda está longe de completar-se. Levando tudo em conta, não há garantia de um mundo com um dólar fraco e um euro forte. Na realidade, se o euro se revelasse forte, os problemas de desemprego na Europa piorariam, o que realimentaria a política monetária.

O euro forçará um grau totalmente inesperado de concorrência entre os sistemas bancários europeus. Hoje os mercados são segmentados e represados pelos bancos, por meio de regulamentação e denominação monetária institucionalizadas, que têm negócios substancialmente cativos em empréstimos, depósitos e distribuição de papéis negociáveis. O euro apressará uma reestruturação competitiva do setor bancário, que, de qualquer maneira, está atrasada. Já que alguns sistemas bancários nacionais são especialmente fracos, o processo envolverá atritos.

Atualmente, os mercados financeiros europeus são orientados pelas linhas de fronteiras: bônus franceses, ações francesas. Com a criação de um mercado europeu de capitais e o desaparecimento das políticas econômicas nacionais como fator dominante da avaliação de papéis negociáveis, certamente ocorrerá uma maciça reestruturação. As ações, por exemplo, serão precificadas pela indústria e dentro de setores industriais, não por países. Títulos emitidos por países, governos locais ou empresas serão precificados com base na qualidade do crédito.

A UME fará da União Européia o maior mercado financeiro do mundo. Ela complementa as iniciativas da união alfandegária e do mercado interno na criação de um vasto mercado sem fronteiras. Uma vez que o ponto de partida, especialmente em finanças, é um conjunto segmentado e financeiramente represado de economias, a mudança é formidável. Mesmo se a UME não acontecer, as forças de concorrência agora em ação realizarão boa parte dessa integração. Uma moeda única, contudo, apressará drasticamente o processo.

Com a expansão da União Européia para o Leste, o euro se tornará cada vez mais a moeda do Leste Europeu, incluindo aqueles países que podem não se unir e que hoje dependem substancialmente do dólar. O euro será para o Leste Europeu o que o dólar é para a América Latina. Regimes cambiais de *currency boards* no estilo argentino são bastante plausíveis para funcionarem na Europa. O resultado seria uma mudança nas finanças internacionais e no papel do dólar.

SEM VOLTA?

A falta de flexibilidade resultante da ausência de taxas de câmbio, de uma política monetária conjunta e de regras fiscais rígidas traz muitas dificuldades. Não é um convite ao colapso? Realmente, a UME pode se desintegrar tal como o sistema de Bretton Woods. Se o resultado envolver, para algum país, pouco controle da inflação ou uma exposição excessiva a choques que poderiam ser compensados com taxas flexíveis, então a escolha de não participar da união torna-se atrativa. Países débeis não podem fazer isso, pois enfrentariam uma formidável perda de confiança. Países fortes podem fazê-lo, tal como fez a Alemanha no início dos anos 70, ao abandonar o dólar.

Mas isso não é fácil, pois uma moeda única é bastante diferente de um sistema de taxas de câmbio fixas. Abandonar o euro será muito mais difícil do que sair do sistema de Bretton Woods. Além disso, a União Européia é cada vez mais um projeto político.

E o Reino Unido?

Esperamos firmemente que o novo governo trabalhista se junte à UME no momento em que o projeto pareça vantajoso. Há uma divisão na opinião pública britânica quanto à questão, mas também há uma presunção de que fazer parte de variadas aventuras européias tem sido altamente produtivo. Uma vez surgindo um entusiasmo com a UME, a Grã-Bretanha se unirá, e isso pode acontecer já em 1998.

Conseqüências para o Citibank

A transição para uma área monetária criará um vasto mercado financeiro. As peças já estão lá atualmente, mas a repressão financeira e a falta de concorrência transnacional são circunstâncias asfixiantes. Se a UME acontecer ou não, um mercado financeiro está se tornando realidade e será gigantesco.

Tabela 25.1 Tamanho Comparativo
(em bilhões de dólares)

	PIB	Capitalização do Mercado Acionário	Dívida Total	Pública	Ativos Bancários	Total
UE (15 países)	8.427	3.779	8.673	4.814	14.818	27.270
EUA	7.254	6.858	11.008	6.712	5.000	22.865
Japão	5.144	3.667	5.326	3.450	7.382	16.375

Fonte: FMI.

Praticamente tudo nas finanças européias passará por uma reestruturação comparável à que está em curso nos Estados Unidos. A segmentação dos mercados será severamente colocada em questão, e uma nova distribuição possivelmente será muito diferente da preestabelecida, simplesmente porque o fator nacional, juntamente com o euro e a desregulamentação, vai se tornar muito menos importante. Nesse processo schumpeteriano, tudo estará à disposição de todos: serviços bancários ao consumidor, serviços bancários para corporações, subscrições, distribuição de *securities*, "eurocomércio". Tudo fará parte de uma "euroestrutura". Os benefícios de um amplo e profundo mercado europeu de capitais foram amplamente propagandeados pelos proponentes de um mercado comum e do euro. Até agora, o colapso da competição não recebeu a mínima atenção.

Começa a haver uma plena percepção de que isso está acontecendo com a competição, mas nenhum jogador se posicionou como ator principal. O mercado do euro é seguramente o próximo campo de batalha dos negócios bancários internacionais. Quem não tiver um papel-chave nesse mercado não poderá aspirar a fazer parte da nata dos jogadores no mundo.

O governo francês determinou que todos os mercados operem com o euro a partir de 1º de janeiro de 1999. Esta iniciativa estratégica põe em evidência a pretensão de que Paris seja um centro financeiro e força as instituições financeiras francesas a se posicionarem desde cedo, de forma a preparar o terreno e marcar território no novo mercado. As instituições norte-americanas correm o risco oposto, porque seu ceticismo sobre o euro se traduz em protelação. Isso é surpreendente, pois a transformação da Europa em um mercado financeiro ao estilo do norte-americano deveria conceder às instituições norte-americanas uma habilidade especial e uma vantagem para operar naquele ambiente.

26

Se o franco cair, vai-se o sonho europeu da moeda única

Enquanto a Alemanha aplica uma estratégia de rigor monetário, o resto da Europa está numa situação ingrata: uma moeda após a outra é abalada e desaba. Agora é a vez do franco. O governo francês jurou não ceder: vai manter o franco colado ao marco, mesmo que isso enfureça o ataque.

Contudo, outros governos fizeram o mesmo juramento, em vão. Suas moedas enfraqueceram, o que ocorrerá com o franco. E quando o franco cair, as poucas moedas restantes ficarão à mostra: começando com a coroa dinamarquesa, seguida pelo franco belga, numa sucessão que não deixará moeda sobre moeda, cujo desfecho será o reinado solitário de um marco forte e sobrevalorizado. Os sonhos de uma moeda única estarão estilhaçados, e seu lugar será preenchido pela amargura e a recriminação.

Poucos países resistiram ao teste da moeda forte, desde a turbulência na taxa de câmbio em setembro, enquanto os franceses e os dinamarqueses votavam sua adesão à moeda única. A lira ruiu ao menor abalo; a libra esterlina caiu após 35 bilhões serem perdidos numa inútil defesa e a Suécia praticou taxas de juros astronômicas por poucos meses, antes de jogar a toalha. A França seguirá o mesmo caminho, antes das eleições de 21 de março ou logo depois.

O senso comum entende que a crescente depressão e a crise monetária da Europa resultam diretamente de erros do Bundesbank, conhecido entre os especialistas monetários como o "Buba". A causa imediata da turbulência parece ser a política do Buba. Se as taxas de juros alemãs fossem mantidas baixas,

---

Publicado originalmente na *Business Week*, 29 de março de 1993, p. 18. Reproduzido com permissão.

todos teriam taxas baixas, um pouquinho acima das taxas alemãs. Mas como as taxas alemãs são elevadas, todas as outras também são elevadas, um pouquinho acima das alemãs. É uma situação insustentável, caso dure.

"AINDA NÃO"

Depois de quase meio ano de pressão monetária e elevadas taxas de juros, todos querem um alívio. Não sobrou paciência para aceitar a atitude de protelação do Buba: "ainda não" estamos prontos. Desde que a defesa da moeda se tornou rotina, o crescimento evaporou. O último ano foi fraco em termos de negócios, o atual tem sido pior. O cenário otimista aponta para uma fraca promessa de recuperação no próximo ano.

Devemos culpar o Bundesbank por tudo isso? Para alguns, a resposta é óbvia. Afinal de contas, ele fixa taxas de juros com as quais ninguém pode competir, nem mesmo por um curto período de tempo, além de ter transformado seu próprio combate à inflação em uma depressão em escala européia. Foi a pressão de uma crescente recessão, e não a credibilidade do banco central, que fez os reajustes dos salários baixarem para 3% ou pouca coisa acima disso.

Mas a rodada de negociação salarial não termina antes de maio. Abandoná-la agora implicaria a continuidade da inflação e do crescimento lento. Uma vez que ajustes salariais moderados estabeleçam uma previsão segura de inflação baixa para 1994, o Buba poderá declarar vitória e cortar em até 3% as atuais taxas de juros de 8%, abrindo as portas para o crescimento. Em vez de aceitar uma trégua, o Buba acerta ao combater a inflação até que esteja bem morta.

A França é capaz de compreender a estratégia alemã, mas esta é contraproducente desde um ponto de vista francês. A França tem razão ao achar que não pode esperar: os franceses necessitam de baixas taxas de juros agora, a fim de aquietar os especuladores e os descrentes. O franco não está sobrevalorizado: a inflação é mais baixa que a alemã, as contas externas apresentam um superávit e as finanças públicas estão saneadas. Mas a França é um país latino, o que significa dizer que a moeda é sempre suspeita (especuladores gostam de dar suas mordidas, para ver se a moeda é sólida). E se um especulador ficar à espreita, todos ficarão. E se todos atacarem uma moeda, quem vai apostar que não vão arruiná-la?

ESTRATÉGIAS DESPROPOSITADAS

Um fim prematuro do combate à inflação na Alemanha não é uma solução para a Europa. A solução deve ser um ambicioso comprometimento comum com a cooperação monetária. Se os ministros das Finanças na Alemanha e na França se declararem em comum acordo para defender uma paridade fixa, sejam quais forem os custos, a repressão maciça de um tal acordo tornaria, em um instante, o franco uma moeda tão boa quanto o marco.

A culpa pela crise do franco não deve ser atribuída ao Bundesbank, que deve combater a inflação até liquidá-la. A responsabilidade é dos políticos na Alemanha e na França, que não se dispuseram a declarar quais as paridades que mereciam total apoio. Esses líderes inflamaram a especulação ao aprovar planos absurdos de integração monetária, que conectavam moedas sem nenhuma perspectiva de estabilidade — da Itália e da Grécia, por exemplo — a algumas das mais sólidas do mundo. Maastricht, o projeto de integração monetária planejado para o fim da década, subitamente avançou e está batendo à porta. Para que venha a existir uma integração monetária entre a Alemanha e a França, os líderes de ambos os lados devem já subscrever o franco.

Se permitirem uma queda do franco, vai-se a perspectiva de união monetária entre a Alemanha e a França. Os franceses não perdoarão a desgraça da derrota, e os alemães, embora possam se vangloriar de possuírem a moeda mais forte, terão perdido a oportunidade de criar uma forte cooperação franco-alemã. Nos anos 70, Valéry Giscard d'Estaing e Helmut Schmidt corajosamente conceberam um plano de integração monetária que foi um verdadeiro golpe de mestre político. Nas próximas semanas, os líderes destes dois países devem recorrer ao acordo franco-alemão como fonte de inspiração.

27

Por que o poderoso marco é um alvo fácil

Este será um ano de ataque ao poderoso marco alemão. Será fácil ganhar muito dinheiro vendendo marcos a descoberto, fácil como pescar num aquário.

As previsões para o crescimento europeu em 1994 não são otimistas: na melhor das hipóteses, um crescimento moderado de 1%. Trata-se de uma média, e pode ser uma medida enganosa. Paradoxalmente, os países que desvalorizaram suas moedas, por não conseguirem acompanhar a dura política monetária alemã, terão bons resultados. Os restantes, em especial a própria Alemanha, estarão em difícil situação.

No final do verão de 1992, os especuladores atacaram as moedas européias fracas até que se rompessem os elos com a moeda alemã, o que resultou em significativas desvalorizações: 28% na Espanha, 22% na Itália e 16% na Grã-Bretanha. Os especuladores não provocaram danos irreparáveis às reputações monetárias dos países que desvalorizaram suas moedas, mas lhes fizeram um enorme favor: além de um ganho substancial de competitividade, as taxas de juros caíram acentuadamente. Em uma Europa estagnada, os setores de exportação desses países são exemplos de crescimento e prosperidade.

Dessa forma, os países com moedas fracas são os vencedores. Os países que constavam na lista de preferência dos especuladores em 1992 têm hoje boas perspectivas de crescimento, enquanto aqueles com bancos centrais mais firmes e moedas mais fortes rumam para outra recessão. A França e a Alemanha podem sentir-se orgulhosas de suas imbatíveis moedas, mas suas economias não conseguem decolar. Problemas de orçamento, uma obsessão constante com o rigor monetário e uma devastadora perda de competitividade mantêm essas

Publicado originalmente na *Business Week*, 7 de março de 1994, p. 30. Reproduzido com permissão.

economias pousadas. Diante de um desemprego que cresce continuamente, já atingindo 12% na França e mantendo uma tendência para a elevação, a confiança nos negócios continuará, no mínimo, estagnada.

POUCAS HORAS

O problema da Alemanha não é um mero desaquecimento da economia. Não é apenas o problema de um orçamento enxugado em meio a uma recessão. Muito pior é o problema da reestruturação de um setor industrial excessivamente pesado e oneroso. A indústria alemã não é competitiva: paga em média a seus trabalhadores 24 dólares por hora, o que é muito se comparado aos 15 dólares pagos pela indústria norte-americana. Não apenas os salários são demasiado altos, como também os trabalhadores alemães trabalham menos horas que os de outras potências industriais. Mesmo as máquinas ficam mais tempo paradas, por não haver serões ou turnos múltiplos. Uma magistral engenharia e uma qualidade inquestionável, marcas características da indústria alemã no início dos anos 80, não são mais suficientes. A qualidade se tornou uma mercadoria a mais; até os norte-americanos podem criá-la. Além disso, é possível comprar dois carros norte-americanos pelo preço de um similar alemão. Ainda que o primeiro estrague, não se preocupe: use o segundo.

Por um tempo, a crise da indústria alemã foi mascarada por uma série de surpresas, que mantiveram os pedidos. Em primeiro lugar, até 1985, um dólar grosseiramente sobrevalorizado permitiu à Europa vender praticamente tudo, sem dúvida. Depois foi a vez da euforia da "Europa 92": grandes expectativas, enorme confiança e muitas conversas sobre a chegada de um século europeu. Antes mesmo que a bolha estourasse, no auge de uma economia européia com excesso de mão-de-obra empregada, veio a unificação das Alemanhas. Graças a uma expansão fiscal geradora de cem bilhões de dólares por ano, visando trazer a Alemanha Oriental para o mundo da economia moderna, a demanda por bens alemães disparou.

AFUNDANDO JUNTOS

Hoje, esses *booms* fazem parte da história. O dólar colapsou, e os Estados Unidos se reestruturaram para poder competir. A Europa passa por uma recessão, a unificação alemã se tornou decepcionante e problemática; e estamos longe de uma farra consumista. Além disso, as desvalorizações competitivas reduziram as exportações alemãs e tornaram o mercado interno alemão vulnerável à concorrência estrangeira. Por isso, não há maior surpresa no fato de as empresas alemãs terem acelerarado seu "*downsizing*" (desagradável eufemismo norte-americano para uma redução da folha de pagamento!). Até agora, cortar empregos era um tabu na Alemanha. Agora há uma pressa para levar adiante a reestruturação. Dificilmente passa um dia sem notícias de demissões em massa: dez mil trabalhadores aqui; vinte mil ali. Só o órgão governamental que cuida do desemprego faz hora extra.

Para a Alemanha e para os países que têm suas moedas atreladas ao marco (a França, os Países Baixos, a Bélgica e a Áustria), 1994 será um ano de cão. O desemprego aumentará, a confiança despencará; uma profunda recessão é o futuro mais provável. O problema é agravado por uma política monetária imobilizada entre o risco de recessão e o colapso monetário. Para evitar que o marco afunde junto com o dólar, ou pelo menos para mantê-lo à tona, as taxas de juros não podem cair. Mas quanto mais tempo permanecerem elevadas, maior será a perda de confiança.

As taxas de juros alemãs devem cair bastante, mais cedo ou mais tarde. As taxas de juros norte-americanas estão em elevação, enquanto a economia ruma para o pleno emprego. À medida que o diferencial entre essas duas taxas diminuir, o marco se tornará o próximo alvo dos especuladores. Vender marcos a descoberto tornou-se a aposta do ano. A boa notícia é que quanto mais cedo os especuladores fizerem a sua matança, como em 1992, mais cedo a Alemanha e a Europa podem voltar ao crédito fácil e ao crescimento. É o que ocorrerá, ao que tudo indica, em 1994, de modo que o crescimento já estará de volta em 1995.

28

A moeda européia: Implicações para o dólar

O declínio do *status* dos Estados Unidos como credor líquido internacional, a nítida perda de competitividade internacional e o relativo declínio das instituições financeiras norte-americanas, tanto em termos de tamanho como de estabilidade, assinalam um divisor de águas do dólar como ativo dominante nas finanças mundiais. A integração monetária e financeira em curso na Europa aponta claramente para um novo cenário financeiro mundial no qual emergirá um ativo europeu que será pelo menos um rival do dólar, se não um substituto. A integração européia promove esse novo ativo por meio de uma abordagem tríplice: a criação de uma área financeira integrada, a integração monetária e a instituição de um mecanismo europeu de pagamentos.

Se a integração européia der origem a um ativo bem regulado e estável com respeito à inflação, e se o desempenho financeiro dos Estados Unidos continuar a piorar, então o dólar obviamente enfrentará dificuldades que agravarão as dificuldades de ajuste da economia norte-americana nos anos 90.

A integração européia nas áreas da moeda, das finanças e de mecanismos de pagamentos está longe de completar-se. Os detalhes não foram sequer acertados e a questão da integração política associada permanece aberta e controversa. Mas ainda assim, o progresso pragmático na direção da integração já dura uma década e é irreversível. A atração exercida sobre a periferia por essa área de estabilidade financeira está indicada claramente nas recentes decisões — da Finlândia, da Suécia e da Áustria — de adotarem regimes de taxas de

Depoimento feito à Subcomissão de Política Monetária da Câmara dos Deputados dos Estados Unidos, em 25 de julho de 1991.

câmbio ancoradas ao SME. Com o aumento do comércio, das finanças e da política intra-europeus, o papel central do dólar nas finanças mundiais está sendo desgastado.

Se essa previsão estiver certa, surgem muita perguntas. A primeira é: quais são os custos (se houver algum) para os Estados Unidos da perda da hegemonia monetária? Pode-se concluir que é improvável que esses custos sejam relevantes. Por duas razões principais: as instituições norte-americanas não têm exclusividade sobre as transações efetuadas em dólares e os passivos denominados em dólares hoje geram juros, de modo que os ganhos com suas emissões são insignificantes. Em outras palavras, ninguém nos faz um favor assumindo nossas dívidas.

A segunda pergunta é: necessitamos de políticas especiais (e de quais) para amortecer a queda da supremacia? Em particular, os Estados Unidos devem tentar impedir o curso dos eventos com uma importante proposta de moeda internacional? A resposta é um enfático "não". Devemos continuar com taxas de câmbio flexíveis e evitar ter uma moeda sobrevalorizada como resultado de uma ênfase despropositada em ter uma moeda forte.

O DOMÍNIO DO DÓLAR

A posição predominante do dólar nas finanças mundiais é representada por seu uso como uma "moeda-veículo". O comércio é faturado em dólares; o comércio mundial é financiado com créditos em dólares; contas correntes em dólares são mantidas por corporações em todo o mundo; agências oficiais, bancos estrangeiros e investidores institucionais e individuais detêm instrumentos em dólares. Empréstimos transnacionais, públicos ou privados, são denominados em dólares. Em espécie, o dólar serve como dinheiro seguro por toda a América Latina, na Polônia, na Ásia e nos circuitos alternativos mundiais.

É claro que nenhuma dessas funções é desempenhada exclusivamente pelo dólar. Uma parte do comércio é faturada em ienes ou marcos alemães, ou ainda em libras esterlinas. Créditos para financiamento de trocas comerciais ou empréstimos internacionais também assumem a forma de empréstimos em marcos ou ienes. Mas ainda hoje, depois da fase de debilidade do dólar, de quase vinte anos de taxas de câmbio flutuantes e da crescente dívida líquida norte-americana, o dólar continua predominando. Em parte, isso é um mero reflexo do tamanho relativo da economia norte-americana. Os Estados Unidos são de longe a maior economia do mundo. O rival mais próximo, o Japão, não chega a competir de perto.

Tabela 28.1 Dimensão Econômica
(parcela do PIB mundial)

Países industrializados		Países em desenvolvimento	
Europa	29,6	África	2,2
Japão	15,3	Ásia	7,2
Estados Unidos	27,1	Europe	6,0
Canadá	2,7	Oriente Médio	2,6
		América Latina	5,7
		Europa Oriental	1,6
		URSS	4,0

Fonte: FMI, *World Economic Outlook*.

Além disso, o mercado de capitais norte-americano é bastante aberto a transações internacionais sem controles ou demoras com burocracia; neste século, nunca existiu controle sobre o câmbio; dentro da jurisdição norte-americana, aplicam-se procedimentos legais claros; a concorrência e a eficiência baixam os custos das transações. Nenhum outro mercado financeiro tem uma tal dimensão, uma tal variedade de instrumentos, um tal grau de concorrência e uma tal abertura internacional. Disso deriva a predominância. O rival mais próximo, o Japão, não consegue oferecer essas vantagens. Não apenas por sua dimensão, muito menor, mas também por causa das restrições corporativas sobre a concorrência, sobretudo para estrangeiros, do controle sobre o câmbio, feito até muito recentemente, e da incerteza sobre o papel de longo prazo do Japão em relação ao mundo ocidental. Esses fatores dificultam a obtenção da confiança exigida para o iene desempenhar um papel internacional. Isso não significa que o Japão não tenha poder financeiro, mas limita o papel do mercado de capitais japonês e do iene como um ativo internacional.

A CONCORRÊNCIA EUROPÉIA

Uma pesquisa de 1988, realizada com 1.036 executivos de empresas européias, mostrou que 86% (variando entre 60% na Alemanha e 98% na Itália e na França) eram a favor da moeda única. A maioria dos entrevistados (entre 52% na Alemanha e 87% na França) era a favor de uma unidade monetária que representasse uma média das moedas da Comunidade Européia, como a ECU, em vez de uma só moeda.[1] O Relatório Delors (pp. 14-15) levou a discussão bem mais adiante, definindo os pontos da agenda:

> Uma união monetária constitui uma área monetária na qual as políticas são conduzidas conjuntamente, buscando objetivos macroeconômicos comuns. Como já estabelecido no Relatório Werner de 1970, existem três condições necessárias para uma união monetária:
>
> - a garantia de conversibilidade total e irreversível das moedas
> - a completa liberalização das transações de capitais e a plena integração da atividade bancária e de outros mercados financeiros
> - a eliminação das margens de flutuação e o bloqueio irreversível da paridade das taxas de câmbio
>
> As duas primeiras exigências já foram satisfeitas, ou serão com a conclusão do programa do mercado único. A condição única mais importante para a união monetária seria, contudo, satisfeita somente com uma mudança decisiva e irrevogável para taxas de câmbio locais.

Os desenvolvimentos na Europa abrem possibilidades genuínas para a aparição de um concorrente do dólar. Durante a década passada, a Europa transformou-se em uma região de moeda forte, centrada sobre o marco alemão. O compromisso inicial foi sobretudo um instrumento nas mãos da Alemanha para evitar uma acentuada apreciação com relação a seus principais parceiros comerciais. Para as moedas mais fracas, o SME era um meio para cortar a inflação assumindo uma posição rígida sobre as taxas de câmbio.

Os realinhamentos internos do SME tornaram-se cada vez menos freqüentes e o número de membros, formais ou informais, tem aumentado. Até 1986, havia fundamentalmente realinhamentos anuais envolvendo a maioria das moedas. Desde então, só houve três realinhamentos; nenhum nos últimos 18 meses. Dessa forma, as taxas de câmbio tornaram-se muito mais estáveis.

Um desenvolvimento posterior nessa direção foi a restrição das margens de flutuação no SME. Países como a Espanha, que não tinham bandas específicas de oscilação, assumiram compromissos; países como a Itália, que tinham bandas amplas, estreitaram-nas; países ambiciosos como a Bélgica, reduziram as bandas a menos de 1%. Países de fora da comunidade, sobretudo Escandinávia e Áustria, começaram a ancorar suas moedas no SME. O fato é que a Europa se tornou um centro de gravidade e a relação estável marco-franco é o centro desse bloco emergente.

Sobre este fundo, mais uma integração institucional está sendo planejada. Essa integração abarca três áreas:

- *A criação de uma moeda única européia gerida por um Banco Central Europeu.* Até agora, existe apenas um sistema de taxas de câmbio fixas. Mas a transição para o projeto mais ambicioso já está em um estágio bastante avançado. O projeto de um Banco Central já está pronto e a conferência intergovernamental para modificar o tratado da Comunidade Européia já está programada. A principal dúvida diz respeito à data precisa, ou às exatas precondições, para a mudança do atual sistema informal de taxas de câmbio fixas para a moeda única. Voltaremos a esse ponto mais adiante.
- *A necessidade da compensação ao par.* Ter uma moeda única não significa ter um sistema de pagamentos eficiente. A experiência norte-americana anterior à compensação ao par é prova disso. Um mecanismo de pagamentos que funcione bem exige que cheques internacionais sejam compensados ao par por um período de tempo específico. Atualmente, os cheques europeus levam um longo período para ser compensados e as taxas bancárias de conversão são extorsivas. Em conseqüência, o mecanismo de pagamentos é incômodo e um obstáculo para o comércio. A compensação ao par será certamente um dos subprodutos da moeda única; pode verificar-se ainda antes, como um aspecto do mercado interno. Uma vez realizada a compensação ao par, a moeda européia será claramente uma moeda altamente útil.
- *Sob a designação de programa do "mercado interno", a liberalização transnacional de serviços financeiros está sendo realizada.* Espera-se que um aumento da concorrência venha a reduzir enormemente os custos de transação para todo tipo de transação financeira, de seguros e subscrições a juros sobre empréstimos ao consumidor. O melhoramento da eficiência financeira constitui dois terços dos ganhos de eficiência resultantes de um mercado interno.

Com a integração financeira virá inevitavelmente a criação de novos ativos financeiros que desfrutaram da grande escala do novo mercado de capitais europeu. A criação de um mercado europeu de papéis de curto prazo e de um vasto mercado de dívida pública não demorará muito. Devido à dimensão econômica por trás do mercado e da competição permitida e encorajada, os ativos estão destinados a ser rivais das *securities* denominadas em dólares. E os mercados que emergem serão importantes concorrentes dos mercados financeiros com base nos Estados Unidos.

A TRANSIÇÃO EUROPÉIA

Uma plena integração financeira européia não é facilmente realizável. Ela é politicamente atrativa, mas persistem divergências no plano econômico, ainda que tenham diminuído. Com freqüência, a integração financeira é interpretada em termos de perda de independência da política monetária e criação de instituições monetárias comuns.

Na maior parte dos países europeus, o campo de ação de uma política monetária independente desapareceu. As expectativas de taxas de câmbio são governadas por desequilíbrios acumulados e perda de competitividade, por disputas políticas sobre quem "gera" a inflação e quem "sofre" suas conseqüências e não pela política monetária de curto prazo. A política monetária serve somente para adiar crises cambiais, mas isso tem um custo considerável para o orçamento. Para a maioria dos membros do SME, a política monetária transformou-se fundamentalmente em instrumento para administrar o balanço de pagamentos, e somente no país central, a Alemanha, responde à exigência de estabelecer o andamento da inflação no SME. Mesmo em economias nas quais não há crise à vista, existe uma preocupação constante com os realinhamentos do sistema, e assim com a possibilidade de qualquer país, tomado singularmente, ficar na média e não ao nível da Alemanha. Por sua vez, isso requer um nível de taxas de juros que inclua um prêmio para o risco remoto de depreciação.

Quando se reconhece que a independência monetária não existe mais e que os realinhamentos das taxas de câmbio têm alto custo, pode-se perguntar por que as nações não seguem adiante e abandonam completamente a simulação. Na maior parte dos casos, os obstáculos citados simplesmente protelam, e sem maior justificação, os ajustes necessários e a mudança para taxas fixas. Mas essa resposta não se aplica com igual intensidade a todos os países da Comunidade Européia. Alguns — como Grécia, Portugal ou Espanha — estão muito desalinhados com o resto e deveriam, portanto, receber um tratamento à parte e diferenciado, que poderia se estender por alguns anos.

É provável que uma implementação mais rápida de uma política firmemente comprometida com as taxas de câmbio seja fixada para os países centrais. Para evitar os custos fiscais associados à incerteza das taxas de câmbio, os governos de países com moeda fraca podem pressionar por uma fixidez crescente das taxas de câmbio. Eles podem descartar imediatamente todas as margens de taxas de câmbio. Isso seria um sinal de um comprometimento muito mais forte com taxas fixas. A estratégia é atrativa porque na Europa já existe uma convicção generalizada de que a política monetária não surte mais efeito, exceção feita ao financiamento do equilíbrio externo. A política monetária européia é feita em Frankfurt, e qualquer independência é não somente uma ilusão como também uma despesa alta em termos de serviços da dívida interna.

A esta altura, não há necessidade alguma de instituições coletivas para gerir a moeda européia. A consulta entre bancos centrais, como tem ocorrido nos últimos dois ou três anos, pode assegurar a continuidade de esforços pela desinflação. Mas deve haver uma maior confiança nas taxas de câmbio fixas; para tanto, os governos devem assumir maiores compromissos efetivos. Quanto mais os governos apostarem na idéia, mais acreditadas serão suas políticas. O único problema é como gerir a transição. Problema que ainda será difícil dentro de dois, três ou cinco anos. Sempre será desconfortável abandonar uma escolha. Contudo, já que os governos mantêm sua escolha, os mercados de capitais mantêm o prêmio pelo risco. O reconhecimento desse fato deve levar os governos a dar os passos radicais para mudar, dentro de um breve período de tempo (menos de um ano), para um pleno regime de câmbio fixo.

Com esse espírito, a Holanda, a Dinamarca ou a França deveriam fixar suas taxas de câmbio, *sem nenhuma margem de oscilação*, ao marco alemão. No caso da Itália, a ocasião poderia ser aproveitada para uma redenominação, objetivando eliminar o excesso de zeros e alcançar uma relação simples de 1 para 1. Como tal sistema poderia ser implementado? Há três arranjos institucionais do mecanismo de pagamentos que facilitarão a imposição do câmbio fixo.

Primeiro: os agentes econômicos no grupo central que adotou margem zero deveriam poder emitir cheques em quaisquer das moedas dos países pertencentes a esse grupo. Segundo: os bancos dos países do grupo central devem compensar ao par todos os cheques, independentemente de origem ou denominação. A introdução da compensação ao par foi uma inovação fundamental ligada ao sistema do Federal Reserve. A realidade de uma área monetária, precedente à criação do Federal Reserve, não foi suficiente para criar taxas fixas de conversão entre as diversas cidades. Terceiro: os bancos centrais deveriam organizar um sistema de compensação para o grupo central. Esses arranjos asseguram que as taxas sejam efetivamente fixadas ao par. O único desvio poderia resultar de uma crise de confiança.

Quando esse sistema pragmático de câmbio fixo tenha operado por um tempo, a transição para um sistema monetário institucionalizado será mais fácil do que parece hoje. Descrever a transição é útil para demonstrar que é nela que residem os problemas, e não no projeto das instituições que de fato protegem a estabilidade da moeda.

Custos para os Estados Unidos

Quais são, para os Estados Unidos, os custos da concorrência de uma moeda européia e de um eficiente mercado financeiro europeu? Os custos emergem de diversas maneiras:

- A demanda mundial por moeda norte-americana e os balanços bancários mantidos em dólares diminuiriam, pelo menos relativamente ao rumo seguido na ausência dessa marcha de acontecimentos europeus. Isso implica uma queda da demanda pela base monetária norte-americana e, por essa razão, uma perda da renda de senhoriagem.

A criação de uma moeda européia deslocará a demanda por dólares como segunda (ou primeira) moeda corrente universal. É claro que na América Latina o dólar ainda terá essa função, mas presumivelmente um papel muito menor na Ásia e na própria Europa. Também como reserva de valor, para famílias em países política ou economicamente instáveis, ou ainda para o mercado negro, as contas em dólar têm agora um concorrente.

É muito difícil saber exatamente quanto da moeda norte-americana é hoje mantida no exterior. Ainda mais difícil é saber qual o deslocamento de fluxo para a UME que se pode esperar. Nos anos 80, a renda de senhoriagem era em média de 0,37% do PIB para a base monetária e 0,32% para o meio circulante. Logo, não estamos falando de cifras realmente grandes. Podemos supor que, com o desenvolvimento de uma união monetária na Europa, a renda de senhoriagem cairia aproximadamente 0,1%.

Há a questão adicional sobre o deslocamento definitivo da moeda norte-americana para a européia. Para bem ou mal, uma tal substituição nunca acontece de um dia para o outro, mas segue uma curva logística. Portanto, um colapso da demanda por moeda norte-americana de alto potencial é improvável. Em qualquer caso, o total circulante monta a apenas 250 bilhões de dólares. Suponhamos que um terço dessa demanda poderia ser afetado pela substituição monetária em favor da Europa e que sofresse uma queda de 50%: ainda assim, isso representa apenas uma diminuição de 31 bilhões de dólares na demanda. Em termos de choques no mercado de ativos, é um valor bastante reduzido. A tabela 28.2 mostra a posição externa líquida dos Estados Unidos para situar as cifras em perspectiva.

Tabela 28.2 Investimento Externo Líquido dos Estados Unidos
(em bilhões de dólares)

	1980	1990
Posição líquida dos EUA	333	–412
Investimentos norte-americanos no exterior	922	1.764
Investimento direto	385	598
Investimentos estrangeiros nos EUA	542	2.176
Ativos oficiais	176	370
Investimento direto	124	466

Tradicionalmente, houve uma preocupação com uma possível emissão excessiva de dólares, sobretudo com respeito às reservas externas oficiais de ativos em dólares. A perspectiva correta a adotar neste caso é que a diferença entre tesoureiros de empresas e gestores das reservas externas oficiais tornou-se pouco relevante. Não há emissão excessiva: hoje as taxas de juros são altas o suficiente para fazer os investidores oficiais e privados conservarem em portfólio o estoque de *securities* emitidas em dólares. Mas é claro que essas posições não estão, de forma alguma, congeladas. Considerações de refúgio monetário podem levar, da noite para o dia, a uma mudança maciça para ativos em dólares. Ao contrário, uma perda de confiança na gestão monetária dos Estados Unidos poderia produzir, em um instante, uma fuga de ativos norte-americanos. Não há qualquer preocupação especial com as reservas externas oficiais de ativos em dólares, mesmo porque hoje eles representam uma parcela pequena dos passivos externos dos Estados Unidos.

- A segunda área na qual os Estados Unidos poderiam sofrer uma perda diz respeito ao prêmio de risco exigido sobre ativos denominados em dólares. Os possuidores de portfólios diversificam seus patrimônios para reduzir o risco. Eles irão exigir um prêmio sobre *securities* para as quais a quantidade emitida excede a contida em um portfólio com diversificação maximizada. Se a criação de uma moeda européia cria um ativo que reduz a demanda por dólares, então um prêmio maior será exigido sobre a manutenção de ativos em dólares. A área do dólar, para a qual a utilização do dólar constitui uma condição natural, experimentará então um aumento do custo do capital. Em certa medida, isso pode ser evitado emitindo-se títulos denominados em moeda européia, mas não será conveniente para todos. Por isso, algumas perdas ocorrerão, embora seja difícil estimá-las. Modelos baseados na diversificação de portfólios sugerem uma fração do ponto percentual. No agregado, isso representa uma substancial transferência para longe dos que emitiram títulos denominados em dólares.

O reduzido custo do capital tem implicações para os bancos que operam substancialmente segundo a modalidade da União Monetária Européia. Seu acesso privilegiado ao capital permite-lhes concorrer de modo mais eficaz por bons empréstimos. O melhoramento resultante dos portfólios contribui outra vez para melhorar ainda mais seu custo do capital. As instituições financeiras norte-americanas, cujo hábitat é o dólar, experimentarão em conseqüência uma deterioração de suas posições no mercado de capitais.

Os reduzidos custos do capital e os reduzidos custos de todos os serviços e transações financeiras aumentam a competitividade das empresas européias em relação à das empresas nos Estados Unidos. Operar em um sistema financeiro mais eficiente, e possivelmente mais estável, significa simplesmente maior competitividade.

- A terceira área em que ocorrerão perdas é a dos serviços financeiros. Na medida em que as instituições financeiras localizadas nos Estados Unidos têm uma posição privilegiada para as operações econômicas em dólares, a criação de ativos rivais e centros rivais causará perdas. É difícil estimar a dimensão dessas perdas. Em primeira instância, as instituições financeiras norte-americanas participarão ativamente das operações econômicas européias e mundiais. Mas ainda assim, a liberalização financeira serve sobretudo para aumentar o alcance das instituições localizadas na Europa.
- A quarta área envolve a interrogação sobre como os Estados Unidos serão vistos enquanto fornecedores de moeda estável. Uma coisa é ter um rival, uma outra é ter um rival que produz uma moeda melhor. É muito provável que nos anos 90 haja uma moeda européia e que ela seja semelhante ao marco alemão; portanto, muito melhor que o dólar. Esse tipo de consideração poderia levar a uma substituição definitiva do dólar. Essa substituição faz surgir a pergunta sobre como reagir a uma tal substituição.

Entre os efeitos positivos da moeda européia, podemos incluir o de que ela fornece uma alternativa plausível às moedas do Leste Europeu. Isso evitará uma hiperinflação ao estilo latino-americano e os problemas sociais e econômicos que a acompanham.

COMO TIRAR O MELHOR PROVEITO DESSA SITUAÇÃO?

Para os Estados Unidos, a questão-chave é qual política cambial adotar face a esses desenvolvimentos na Europa. Há duas alternativas de escolha. Uma consiste em mover-se de maneira agressiva em direção a um sistema de taxas de câmbio fixas, em paralelo com a unificação monetária européia. A outra alternativa é manter a flexibilidade das taxas de câmbio como um importante amortecedor.

No caso da opção pelas taxas fixas, enquanto a Europa se integra mais, os Estados Unidos não estarão permitindo que o hiato do Atlântico Norte aumente, mas antes incitando uma aproximação no estilo de Bretton Woods. Isso requereria a coordenação da política monetária entre o Banco Central Europeu e os Estados Unidos. Todos os dilemas dos anos 60 reapareceriam, sobretudo se os Estados Unidos tiverem problemas de crescimento e ficarem imobilizados entre os objetivos da competitividade e a estabilidade dos preços. O maior risco é que a fixidez das taxas de câmbio bloqueie os Estados Unidos em um nível de competitividade incompatível com o crescimento. O risco será mais real quando cortes de orçamento estiverem em curso. Ao nível atual, o dólar está muito longe de ser competitivo como motor do crescimento.

A alternativa é uma flexibilidade controlada das taxas de câmbio. A parte do controle envolveria o ajuste de variações da demanda por moeda por meio de intervenções coordenadas e esterilizadas. Esse é precisamente o tipo de esterilização exigida quando está em questão uma substituição da moeda. Além desse ajuste de variações da demanda por moeda, a política das taxas de câmbio deveria ser capaz de manter o pleno emprego. Isso significa um orçamento substancialmente melhorado, baixas taxas de juros reais e um dólar barato. Seria um grave erro reforçar ainda mais o dólar a expensas do pleno emprego. Uma tal política não duraria; apenas implicaria taxas de juros ainda mais elevadas e problemas cada vez mais graves para as instituições financeiras.

A moeda européia representa uma má notícia de intensidade moderada para os Estados Unidos. Os efeitos transbordantes para os Estados Unidos em termos de perdas diretas de senhoriagem e de oportunidades de negócios estão claramente presentes, mas, com igual clareza, não são realmente dramáticos. Os maiores custos provêm do surgimento, nos negócios e na política mundiais, de uma Europa dinâmica e dos Estados Unidos como uma economia cambaleante. Portanto, a marcha dos acontecimentos europeus torna ainda mais importante achar uma cura para nossos problemas básicos: déficits, educação, produção e estabilidade financeira. A melhor maneira de alcançá-la é atacando o que é fundamental, e não optando por uma taxa de câmbio fixa.

NOTA

1. Esses dados são apresentados em "European Business and the ECU", relatório publicado pela *Association for the Monetary Union of Europe*. Paris, 25 de outubro de 1988.

29

Cinqüenta anos de marco alemão

Há cinqüenta anos, em 20 de junho de 1948, a reforma monetária alemã pôs fim ao Reichsmark, e uma liberalização generalizada transformou uma sufocante repressão econômica em um milagre do crescimento. Hoje, mesmo com a moeda forte alemã celebrando seu qüinquagésimo aniversário, chega ao fim a liderança monetária do Bundesbank na Europa: o Bundesbank está morto, viva o Banco Central Europeu! A Europa está em uma encruzilhada tão importante quanto a das decisões de 1948, que deram origem ao marco alemão e ao Bundesbank.

Em 1948, ninguém sabia que a corajosa remoção dos controles de preços e a introdução de uma nova moeda não podiam piorar muito a situação existente: uma economia de guerra permeada de controles e mercado negro, escassez generalizada de recursos, colapso da produção e uma profunda perda de confiança. A remoção dos controles e a reforma monetária eram atos de fé. Quem poderia estar seguro de que a hiperinflação não emergiria outra vez, repetindo o que acontecera nos anos 20? O general norte-americano Clay, consciente dos riscos, disse então ao ministro da Economia, Ludwig Erhard: "Sr. Erhard, meus assessores me falaram que sua ousadia é loucura." O ministro respondeu: "General, meus assessores também dizem isso." O resto da história todo mundo sabe: o milagre econômico foi construído com uma economia de livre mercado e cinco décadas de busca irredutível da estabilidade dos preços.

O RECORDE

O Bundesbank sustentou a estabilidade dos preços como nenhum outro banco central. Se na Alemanha o poder de compra do marco de 1948 está reduzido atualmente a um quarto, o poder de compra de um dólar está reduzido a escassos 15 centavos. Na Inglaterra, Itália e França, as moedas pioraram muito mais. Ainda que o recorde seja invejável, é muito menos maravilhoso do que pode parecer. Durante os últimos cinqüenta anos, a taxa média da inflação alemã foi de 2,7%, e não a sempre anunciada como objetivo, de 1% ou 1,5%. Em apenas quinze dos últimos cinqüenta anos, a inflação realmente esteve no intervalo abençoado entre zero e 2% (ver figura 29.1). Ainda assim, o recorde é invejável.

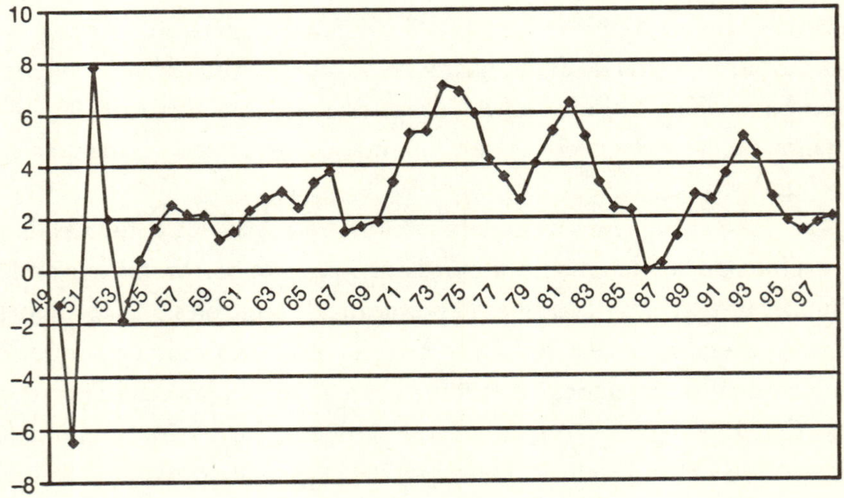

Figura 29.1 Alemanha: Inflação 1949-1998

Naturalmente, sempre há uma explicação: taxas de câmbio fixas baseadas no dólar em um mundo de superexpansão é a história dos anos 60, dois choques do petróleo nos anos 70 e o choque econômico da unificação no começo dos anos 90. Cada um funciona como boa desculpa para uma inflação acima do normal; em todos os casos, o Bundesbank apagou o fogo com determinação. Poderia ter sido melhor em termos de estabilidade dos preços? Sem dúvida, mas não sem um desemprego ainda mais alto. A mera linha dura não teria recompensado com maior credibilidade, nem, portanto, com melhores resultados.

Por que nunca se obteve sucesso sem reservas com um banco central firme? Seguramente, a resposta tem a ver com os sindicatos e o *welfare state*, que têm uma participação exagerada na Alemanha. O Bundesbank estabelece seu crescimento monetário, o *welfare state* e os sindicatos determinam as porções, e tudo sempre termina em inflação demasiado alta e crescimento econômico demasiado pequeno. Uma das lições da história do Bundesbank é seguramente que dois ingredientes são imprescindíveis para fomentar a credibilidade e o desempenho: um banco central severo e uma economia competitiva.

O LEGADO

Nos últimos cinqüenta anos, o Bundesbank escreveu o vade-mécum dos bancos centrais. São três os pontos essenciais que surgem: uma mensagem enérgica de comprometimento com a estabilidade dos preços, não necessariamente dia a dia, mas claramente como uma tendência; a seguir, os agregados monetários como o comprometimento-chave com a estabilidade de preços; finalmente, uma insistência incansável em comunicar reiteradamente ao público o que o Bundesbank promete fazer e pode efetivamente fazer — estabilizar os preços — e o que não pode realizar, por exemplo, pleno emprego, alto crescimento e rápida prosperidade.

O Banco Central Europeu fará bem em manter-se à distância de metas monetárias: mesmo o Bundesbank quase não conseguiu comprovar a fábula de uma relação estável entre moeda e preços. De fato, tomou liberdades que um BCE sob estrito controle não poderia tomar. Na nova união monetária, não há qualquer suposição de agregados estáveis, sobretudo no momento em que um profundo processo de reestruturação financeira cria um conjunto de instrumentos monetários totalmente diferentes. Como sempre, a meta de inflação deve ser a moldura conceitual e as taxas de juros, o instrumento-chave.

O Banco Central Europeu fará bem em aprender com o Bundesbank que a independência política só pode ser alcançada se o público confiar no banco central mais do que os políticos confiam. (Lembremos do Bundesbank que observava com desprezo o pobre Waigel na questão do ouro.) O Bundesbank chegou a esse resultado através de décadas de comunicação ponderada sempre que a ocasião se apresentava, em contato com grupos de cidadãos, de poupadores a banqueiros e acadêmicos, construindo uma comunidade de apoio à moeda forte. Uma história monetária traumática tinha fornecido ao Bundesbank um bom pano de fundo contra o qual podia invocar os temores da inflação, mas isso certamente não desmerece o resultado. Um tal precedente será dificilmente igualado. Na Alemanha, quase ninguém simpatiza com o euro, de professores de economia a donas-de-casa, de idosos a religiosos. A UME é fruto da disputa e do compromisso: é uma ambição política mais do que uma idéia em apoio à moeda forte. O Banco Central Europeu parte com um déficit de credibilidade e por isso necessita fazer seu próprio argumento chegar às pessoas; caso contrário, os políticos farão a seu modo.

Além do marco alemão e da União Monetária Européia

Na cerimônia solene no interior da Pauluskirche (Igreja de São Paulo) em Frankfurt em 20 de junho, mais do que meio século de moeda forte na Alemanha estará sendo celebrado. Será ocasião para festejar a aceitação mundial, ao menos pelos bancos centrais, de que a inflação não é uma solução para o desemprego, nem mesmo a curto prazo. Na Europa e nos Estados Unidos, não há nenhum funcionário do Banco Central ou do Ministério da Fazenda que não tenha estado, uma vez ou outra, à beira do desespero por causa da teimosa insistência do Bundesbank em manter sua própria rota. Embarcaram todos nessa canoa, mas tal convergência não é suficiente.

Hoje a Alemanha e a Europa estão na mesma encruzilhada em que estavam em 1948: falta de confiança, falta de dinamismo e desemprego de massa. A estabilidade monetária cultuada no BCE não é o bastante. A estabilidade financeira do pacto Waigel não completa o quadro de um caminho rumo ao pleno emprego em uma economia dinâmica. Em 1948, o modelo liberal foi útil para a reconstrução, para a criação de milhões de postos de trabalho para refugiados e para um crescimento rápido até os anos 70. A comunidade autocomplacente que festejará os cinqüenta anos de moeda forte e convergência econômica, de Kohl a Schröder, Lafontaine e seus parceiros europeus do *status quo,* necessita de outra lição do mesmo livro de história. Além do euro, as reformas ao estilo Erhard são essenciais para um outro milagre econômico europeu.

30

Cenários para a Europa

Levará um certo tempo, e não está claro como chegaremos lá, mas em dez anos a Europa comandará a economia mundial. Nos anos 70, os produtores de petróleo estavam no auge: em poucos anos, teriam a posse completa do mundo. Na década seguinte, estávamos todos a ponto de pagar aluguel aos japoneses. Disciplina e poupança garantiram ao Japão a *pole position*; a "riqueza de bolha" tinha permitido aos japoneses adquirir todos os imóveis sobrevalorizados ao redor do mundo. Hoje, ou pelo menos até poucas semanas atrás, os Estados Unidos eram superiores por sua tecnologia e valores acionários, e simplesmente por serem melhores em tudo. É evidente que está chegando a vez da Europa. Mas os Estados Unidos ficarão pesados e indolentes, os preços dos ativos toparão com a realidade, a franquia financeira vai estreitar-se e não poupar um centavo sequer, mesmo com um orçamento público equilibrado, representará um problema. A Europa dá a largada, primeiro com uma moeda forte e, fundamentalmente, com uma profunda reestruturação de uma economia que tem hoje tantos problemas quanto oportunidades genuínas para o futuro.

Ninguém que observasse a economia norte-americana em meados dos anos 80 teria previsto que se alcançaria a inflação zero, equilíbrio orçamentário, pleno emprego e um prolongado *boom* econômico. Os japoneses falavam da falta de qualidade na tecnologia norte-americana, os europeus deploravam a carência de poupança, enquanto os gurus dos Estados Unidos procuravam no exterior fórmulas mágicas para guiar e administrar com excelência as empresas. Da mesma forma, hoje é difícil perceber na Europa os traços de um campeão do mundo. Para os que acreditam no mercado, está claro que há socialismo demais, de Jospin a Lafontaine, e ainda demasiado corporativismo por toda parte. E também Bruxelas, que é facilmente considerada como um grande instrumento estatal em formação, prisioneiro de todos os *lobbies* interessados em reduzir a competição.

Contudo, há evidentemente outras forças em ação. As empresas européias passam por uma furiosa reestruturação buscando reinventar-se como atores globais. Em todo o mundo, os governos não dispõem de fundos e por isso estão à margem do processo que dá forma aos desenvolvimentos de mercado. Bruxelas, ao menos por enquanto, tem na pessoa de Karel van Miert um comissário violentamente contrário ao estatismo e favorável à livre concorrência. E, de forma mais importante, mesmo o último cidadão europeu captou a mensagem de que o governo não será capaz de fazer muito por ele e que é chegada a hora de cuidar de si mesmo. Essas novas forças levarão a Europa ao topo, não por meio de uma drástica revolução, nem em um ou dois anos, mas certamente durante a próxima década, passo a passo.

O euro poderia fazer sua parte em tudo isso. A grande vantagem do euro está claramente no mercado de capitais. Reforçando a desregulamentação financeira e os instrumentos do mercado interno que facilitam a concorrência transnacional, o euro cria a base para um mercado europeu de capitais com uma só denominação, comparável, em tamanho e importância, ao dos Estados Unidos. Esse mercado passará de uma estrutura financeira baseada em bancos (quase tão ruim quanto uma agência dos correios cuidando de seus investimentos) a florescentes mercados da dívida e de ações de sociedades anônimas, que vão oferecer transparência para as mal administradas e sonolentas empresas européias. Os mercados de capitais são bons em fazer barulho, que é precisamente do que as empresas européias gigantes necessitam. Os mercados de capitais também favorecem as empresas que começam do zero, e isso é essencial na Europa, onde o *status quo* tem sido a regra, e a destruição criativa schumpeteriana, um grande tabu.

A Europa tem dois grandes problemas: regulamentação e ineficiência disseminadas, incluindo por um lado um Estado enorme e invasivo, e por outro, desemprego em massa. Fundamentalmente, esses dois problemas formidáveis também são a chave para o desempenho da Europa no campeonato mundial. O abandono de um Estado de bem-estar social irracional, em que algumas pessoas trabalham e pagam impostos para que outras possam ficar sentadas em casa, oferece uma perspectiva de anos e anos de alto crescimento sem inflação. Há pelo menos oito milhões de pessoas que podem e devem trabalhar.

Desregulamentação e *downsizing* do Estado acrescentam ao mercado um ambiente no qual se abrem novas oportunidades e novas empresas surgem em toda parte. Para cada funcionário público que perde o emprego e deixa livre o caminho, o mercado cria dois novos empregos.

A Europa está emergindo de uma década de convergência: restrições sobre moedas e orçamentos, restrições sobre tudo. Certamente, isso criou o contexto financeiro no qual a União Monetária é uma proposta séria e não uma fuga irresponsável. Mas agora é o momento oportuno para um grande compromisso: uma redução dos impostos em toda a Europa, recompensada pela própria prosperidade que criará. Se acompanhada pelo abandono do *welfare state*, essa aposta na prosperidade criará um ambiente no qual crescimento e mudança poderão andar juntos.

VI

O Mal Latino? Ou o Triângulo Latino?

31

O triângulo latino

No processo de estabilização da inflação, a parte mais difícil é a gestão do câmbio. Quando as políticas monetária e fiscal são decisivamente orientadas à restrição, o resultado quase inevitável é uma apreciação real de uma taxa de câmbio flexível. Tudo isso favorece a estabilização, mas é fonte de problemas específicos, que surgirão no devido tempo. Em um processo de estabilização que inclua defesa do câmbio, política de rendas e indexação, uma apreciação real surge como conseqüência de uma confiança excessiva na taxa de câmbio como âncora nominal. De uma apreciação real para uma sobrevalorização, e desta para uma crise no mercado de câmbio, a distância é curta. Na maior parte dos casos, as crises monetárias não são acidentais. A questão é por que os governos seguem esta estrada perigosa.

Este capítulo analisa a experiência de estabilização em três países — Chile, México e Brasil — com a finalidade de refletir sobre a emergência da sobrevalorização e determinar o que poderia ter levado os governos a optar por riscos nos quais incorreram.

UM QUADRO TEÓRICO

Um ponto de partida da economia política das taxas de câmbio é constituído pelo enquadramento da taxa de câmbio em dois contextos. O primeiro é formado pela relação entre taxa de câmbio, padrão de vida e equilíbrio interno e externo. O segundo considera o papel da taxa de câmbio no processo inflacionário.

A relação entre o padrão de vida e a taxa de câmbio é dada pelo salário real ou salário calculado com base nos preços ao consumidor. Para simplificar, suponhamos que o preço das importações seja equivalente à taxa de câmbio nominal *E*. Suponhamos que *W* e *P* sejam respectivamente o salário monetário e os preços internos, expressos em termos da cesta de consumo. O nível dos preços internos é função dos preços das importações (*E*) e dos preços da produção interna, iguais aos custos unitários do trabalho (*aW*). Obtemos assim uma relação positiva direta entre o salário em dólares *W*/*E* e o padrão de vida. Os salários reais expressos em termos da cesta de consumo ($w \equiv W/P$) só podem aumentar se os salários em dólares aumentarem. Em termos de bens internos, dada a produtividade do trabalho, os salários são dados.[1]

$$w = W / P(aW, e) = \varphi\,(W / e; a) \qquad (1)$$

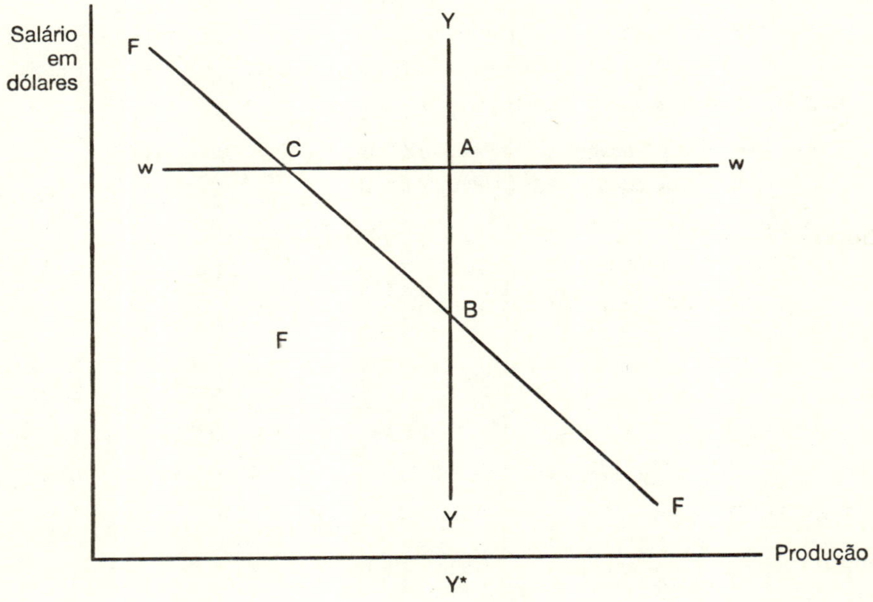

Figura 31.1 O triângulo latino-americano

O salário em termos de bens de consumo é uma variável política fundamental. Na figura 31.1, aparece a linha ww, ao longo da qual existe paz social. Qualquer nível do salário em dólares abaixo dessa linha deixa os trabalhadores insatisfeitos e equivale a uma situação de greve, protestos ou, de forma mais geral, turbulências políticas.[2]

Devemos considerar duas outras relações: ao longo de YY, existe pleno emprego. Qualquer nível de produção inferior a Y* corresponde a situações de desemprego, enquanto qualquer nível superior a Y* representa uma situação de excesso de demanda no mercado de trabalho. Há ainda o equilíbrio externo, representado ao longo de FF. Pontos à direita e acima de FF representam déficits: a produção e/ou o nível dos salários em dólares são demasiado elevados, havendo, por isso, um déficit comercial. Ao contrário, pontos abaixo e à esquerda de FF representam situações de superávit.

A situação típica da economia política é aquela em que as três retas *não* se interseccionam no mesmo ponto, mas constituem o "triângulo latino" ABC. Não há nenhum ponto que, ao mesmo tempo, equilibre o balanço de pagamentos, realize o pleno emprego e deixe os trabalhadores satisfeitos. A introdução de um vínculo político no mercado de trabalho cria, como se poderia imaginar, uma sobredeterminação do modelo. Desse modo, no ponto A existe pleno emprego e paz social, embora haja déficit no *front* externo; no ponto B, prevalece o equilíbrio externo com paz social, mas há desemprego; finalmente, no ponto C, estão garantidos o pleno emprego e o equilíbrio externo, mas não há paz social porque os salários reais são demasiado baixos.

Suponhamos agora que sobrevenha um choque, econômico ou político. O salário objetivo *w* aumenta, e coloca-se o problema de como conciliar vínculos e aspirações. A solução é recorrer ao empréstimo (ponto A): o país aplica políticas que visam conseguir um nível elevado da produção e do salário real. As finanças externas pagam a conta, através de uma ajuda internacional ou de empréstimos obtidos no mercado mundial de capitais. De uma forma ou de outra, o desequilíbrio é adiado.

A situação só começa a ficar interessante quando os capitais saem do país. Em algum momento, torna-se necessário um ajuste. Uma desvalorização que desloca a economia para o ponto C é uma solução possível. Mas, mal acontece a desvalorização e irrompem greves e protestos, os salários se ajustam para compensar a desvalorização e a economia volta ao ponto A, mas com uma espiral desvalorização/inflação que não traz nenhum resultado positivo.

A alternativa é tentar reduzir a despesa, contrair a produção e mover-se para o ponto B. Essa estratégia protege os salários reais, mas não protege o nível de desemprego. A situação descrita pelo ponto B não durará muito, pois a miséria causada pelo desemprego provocará suas próprias reações políticas.

Mais cedo ou mais tarde, haverá um deslocamento para o ponto C. A produção e o emprego de fato aumentam, mas entra em cena uma política de redução dos salários reais. Há uma complicação a mais, pois a reação de curto prazo da produção e do emprego aos salários reais pode ser negativa. É verdade que uma redução dos salários em dólares aumenta a competitividade, mas também pode reduzir a despesa, porque entram em jogo efeitos de redução e substituição: salários reais mais baixos implicam renda real mais baixa e, por isso, redução da despesa interna. Essa redução poderia ser mais que compensada, embora não a curto prazo, pelos efeitos de substituição que deslocam a demanda para os bens internos. Logo, a passagem de A ou B é bastante duvidosa como proposta política e será, portanto, adiada e adiada até o último minuto.

Uma complicação merece nota. Quando a economia está no ponto A e retarda o ajuste lançando mão de financiamento externo, acumula dívidas; o que cria um fardo extra e uma fonte adicional de vulnerabilidade. Em conseqüência, com o passar do tempo a linha FF realmente se desloca para baixo e para a esquerda: salários cada vez mais competitivos ou níveis de despesa mais baixos são necessários para criar superávits que financiam os serviços da dívida externa. Portanto, ter passado um certo período no ponto A significa que, no final das contas, o salário real sustentável (ponto C) será muito mais baixo.

O quadro teórico aqui apresentado mostra por que a economia das taxas de câmbio constitui um tema tão político. Em um estudo clássico sobre as crises de desvalorização, Cooper (1971) observou que os ministros das Finanças que presidem uma desvalorização quase sempre caem: destroem o sonho, criam o caos. É claro que essa conclusão está errada; eles são desafortunados punidos no final de um período de má gestão da economia, embora também seja claro que freqüentemente são eles mesmos os responsáveis pelo surgimento do problema.

A relação entre inflação e depreciação fornece o outro ingrediente para nossa estrutura de economia política. A inflação é um problema; reduzi-la é difícil se não houver voluntários. A taxa de câmbio torna-se a opção aparentemente de custo zero para iniciar uma desinflação. Uma redução da taxa de depreciação relativamente à taxa de inflação prevalente não apenas contribui para diminuir a inflação como também é uma medida francamente popular, porque aumenta os salários reais. Mas é um erro grave não refletir sobre como a sobrevalorização resultante poderá ser eliminada. Com freqüência, a história termina com uma crise monetária.

O processo inflacionário é constituído por aumentos salariais, aumentos nos preços dos serviços públicos e depreciação do câmbio. Em qualquer contexto inflacionário significativo, existem importantes características de indexação: a inflação salarial será indexada à inflação dos preços, mas também dependerá do nível de desemprego. Os preços dos serviços fornecidos pelo setor público tenderão a ser indexados, e a taxa de câmbio pode ou não seguir uma regra de indexação. Em conseqüência, a relação entre inflação e depreciação será similar a uma curva de Phillips sob hipótese acelerativa:

$$\Delta\pi = \alpha\,(e - \pi) + \lambda y \qquad (2)$$

Aqui π é a taxa de inflação, e é a taxa de depreciação da moeda e y, a diferença entre a produção efetiva e a potencial. A equação indica que a inflação acelera sempre que a depreciação é mais rápida que a inflação ou quando a produção efetiva excede a potencial. Se não houver diferença entre a produção efetiva e a potencial, e a taxa de câmbio for constante, a inflação é constante. Para fechar o modelo, necessitamos determinar a produção: os fatores determinantes da produção são a taxa de câmbio real, a quantidade real de moeda e a política fiscal.[3]

A maneira mais impopular de baixar a inflação consiste em intervir no lado da demanda. Os programas padrões do FMI reduzem a taxa de crescimento do crédito interno, aumentam a quantidade de moeda e, conseqüentemente, a despesa. O brusco aumento do desemprego se traduz então em redução da inflação salarial e, por fim, em uma inflação mais baixa. Tudo isso forma um cenário muito pouco atrativo. Ao contrário, tentar baixar a inflação diminuindo a taxa de crescimento dos preços do setor público é uma alternativa muito popular. Mas ela se traduz imediatamente em maiores déficits públicos. Trata-se de um problema evidente. O mesmo pode ser dito das tentativas de controle de preços: também nesse caso, é evidente que os problemas se acumulariam. Isso tudo nos deixa, como única opção, a taxa de câmbio.

Uma diminuição da taxa de depreciação do câmbio reduz a inflação de diversas formas. Em primeiro lugar, o impacto direto sobre os preços de importação de bens finais e intermediários se reflete na redução da inflação dos preços e, via indexação, retorna como uma menor inflação de salários. Mas também há efeitos extras: a concorrência devido à menor inflação dos preços de importação força os produtores internos a reduzir seus preços. As expectativas de declínio da inflação, prefigurado pela menor depreciação do câmbio, estendem-se e afetam a formação dos preços futuros. Através de diversos canais, a diminuição da depreciação opera na redução da inflação dos preços, como sugere a equação (1) enunciada acima.

Com o tempo, uma depreciação em ritmo inferior à taxa de inflação tem duas implicações. Em primeiro lugar, a inflação diminui. Em segundo, a taxa de câmbio *real* é apreciada. Uma vez alcançado o objetivo de desinflação, um outro problema terá sido criado sob a forma de uma sobrevalorização. A contraparte da apreciação real é um déficit externo e/ou uma recessão interna. Se a sobrevalorização for financiada com empréstimos externos e com uma expansão fiscal interna compensatória, o desemprego resultante pode ser negligenciado, mas o déficit será gigantesco (ponto A na figura 31.1). Na ausência de financiamento, a recessão interna espelha a sobrevalorização externa (ponto B na figura 31.1).

De uma forma ou de outra, uma redução da inflação não encerra os problemas; ao contrário, representa o início de um novo ciclo. O que surpreende é o fato de os governos, tantas e tantas vezes, seguirem o caminho aparentemente mais fácil: a inflação é o inimigo número um; a sobrevalorização não importa. Alguns estudos de casos comprovarão esta afirmação.

ESTUDOS DE CASOS

Nesta seção, descrevemos três estudos de casos: o Chile no final dos anos 70, o México entre 1990 e 1995, e o Brasil ainda em avaliação. Esses três casos têm alguns pontos em comum: um esforço para estabilizar a inflação no contexto de um pacote mais amplo de reformas. Em particular, os três programas compartilham duas características: um processo de abertura comercial e um renovado acesso ao mercado internacional de capitais.

Chile

Depois do golpe, o governo de Pinochet procurou progressivamente colocar em prática um modelo de reforma integral, sugerido pelos *Chicago Boys*. O orçamento foi equilibrado; com privatizações e desregulamentações, incluindo a abertura comercial, buscou-se melhorar a eficiência econômica. A estabilização da inflação era o objetivo supremo. Em 1977, muito já havia sido feito, o crescimento estava bem encaminhado e assistia-se a um milagre econômico. Mas a inflação resistia obstinadamente, se bem que a uma taxa bem mais baixa.

Em concordância com o pensamento monetarista da época, a "lei do preço único" conquistou a aprovação dos formuladores da política econômica, para quem havia um círculo vicioso entre inflação e depreciação: com a depreciação, buscava-se evitar a perda de competitividade, mas a depreciação trazia um aumento de preços e salários, exigindo outra depreciação, e assim por diante. Pareceu possível deter o processo simplesmente interrompendo a depreciação de uma vez por todas. Em uma economia aberta e altamente competitiva, o único impacto sobre os preços seria uma drástica e imediata parada da inflação. Além disso, se as expectativas de fato contavam, uma tal estratégia de taxas de câmbio fixas — hoje a chamaríamos de âncora nominal — não teria deixado de estabilizar a perspectiva de estabilidade.

Tabela 31.1 Chile: Indicadores Macroeconômicos (dados percentuais)

	1977	1978	1979	1980	1981	1982
Crescimento	9,9	8,2	8,3	7,8	5,5	–14,1
Inflação	64	30	39	31	10	21
Conta corrente	3,7	5,2	5,4	7,1	14,5	9,2

Nota: Déficit em conta corrente como percentual do PIB
Fonte: Dornbusch & Edwards (1994).

Conseqüentemente, em 1978 o governo adotou um regime de taxas de câmbio fixas: 39 pesos por 1 dólar, sempre.[4] Em uma ditadura, "sempre" soa mais plausível do que em uma democracia instável. Por isso o experimento começou acompanhado de todas as expectativas de sucesso. E, até o momento, tem sido bem-sucedido.

O crescimento econômico manteve-se elevado durante os anos 1978-1980 e a inflação diminuiu substancialmente, embora sem alcançar a plena estabilidade dos preços. Uma razão essencial para a lenta diminuição da inflação foi a presença de indexação salarial obrigatória, baseada na inflação do período precedente. Mesmo quando fixou a taxa de câmbio, o governo concedeu aumentos salariais de 30% ao ano. A inflação dos preços seguia um ritmo semelhante, o que não é nada surpreendente. A Lei do Preço Único não estava funcionando tão rigorosamente.

A figura 31.2 mostra o índice da taxa de câmbio real. É visível o desenvolvimento de uma enorme apreciação real. De acordo com a equação (2), com $e = 0$, o processo inflacionário é tal que a taxa de apreciação real é igual à taxa de inflação, reduzida por um fator cíclico. Dado que a inflação era inicialmente alta e a economia encontrava-se em uma fase de *boom*, a apreciação real foi rápida e cumulativamente bastante substancial. Esse processo continuou até o colapso em junho de 1982.

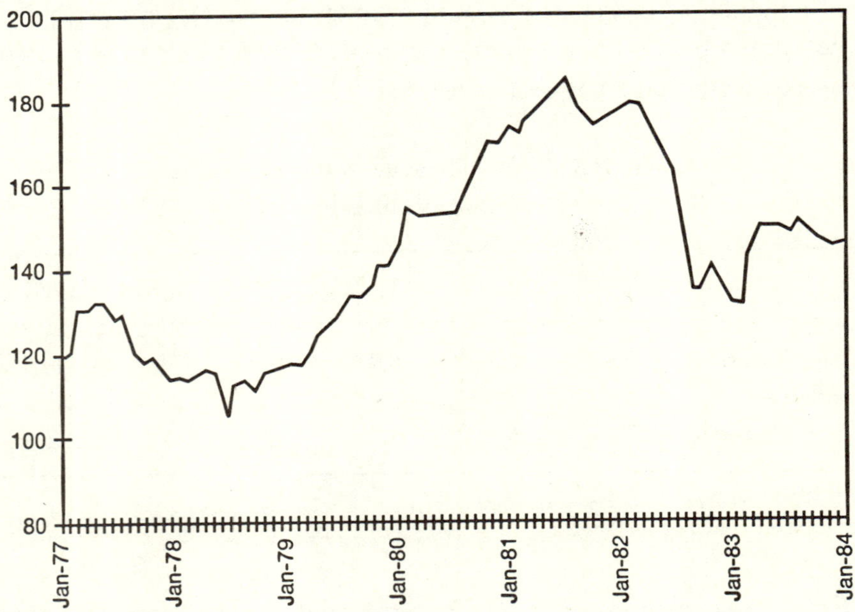

Figura 31.2 Chile: Taxa de câmbio real

Levou um tempo até que o impacto sobre a economia real fosse sentido. Em parte, isso se deve ao impacto de uma apreciação real sobre a demanda. O efeito Díaz Alejandro operava, quer dizer, o efeito de renda da apreciação real, no início, mais que compensava o efeito de substituição. Portanto, no princípio a apreciação real começou com uma expansão da demanda agregada. Além disso, também era bastante popular, pois significa aumento do poder de compra. A abertura da economia reforçava esse efeito: as cotas e tarifas de importação tinham sido eliminadas, o que significava que tanto a liberalização como a apreciação real estavam na base da diminuição do preço dos bens de importação. Como se podia prever, a conta corrente mostrava progressivamente o efeito do desequilíbrio dos preços. Mas, com um orçamento quase equilibrado, quem iria ver o déficit apenas como um reflexo do vigoroso milagre econômico?

Uma complicação importante da estratégia de sobrevalorização produz seus efeitos sobre os mercados financeiros. Aqueles que acreditavam que a estratégia de câmbio fixo duraria tinham interesse em tomar empréstimos no exterior, em dólares, evitando assim as elevadas taxas de juros internas. Aqueles que não confiavam nessa política, tinham interesse em contrair empréstimos internos, em pesos. Em um ambiente de desregulamentação financeira e créditos arriscados de vulto, estipulados durante os anos 70, as taxas de juros reais haviam ficado altíssimas. Quanto maiores ficassem, tanto pior era a qualidade dos empréstimos concedidos e tanto maior o predomínio da seleção adversa. Não deve surpreender que, quando finalmente o câmbio entrou em colapso, o sistema bancário quebrou.

Uma sobrevalorização nunca passa sem provocar tremores.[5] Juntamente com a necessidade de ser financiada, ela é fonte de vulnerabilidade. Não se sabe qual o evento que termina minando essa estratégia. No caso do Chile, foi a crise internacional da dívida. Mas isso não quer dizer que uma via branda estaria à disposição não fosse essa crise. Os formuladores da política econômica gostam de sustentar que tudo teria dado certo, não fosse esse ou aquele evento imprevisível. Mas uma sobrevalorização finalmente cai sob seu próprio peso; nem todas as notícias são boas, de modo que é só uma questão de tempo antes que um fato suficientemente desfavorável arrebente a estratégia.

A primeira estabilização de Pinochet terminou em uma profunda recessão, uma maciça depreciação real e uma crise bancária de vastas proporções. Significava recomeçar tudo de novo. Uma década mais tarde, a estabilização seguinte foi plenamente bem-sucedida. Um dos princípios básicos desse período foi manter a taxa de câmbio real constantemente competitiva.

México

Depois da metade dos anos 50, por um período de vinte anos, o México ateve-se a um regime de conversibilidade plena e de taxas de câmbio fixas. Os resultados foram exemplares em termos de disciplina. Mas, quando o petróleo não mais acompanhava o ritmo das ambições do país, o câmbio começou a ser gerido incorretamente, e assim foi durante os vinte anos sucessivos. Em particular, a experiência de câmbio do México esteve intimamente associada ao ciclo político. Na corrida eleitoral dos anos 1976 e 1982, a taxa de câmbio foi sobrevalorizada e seguida por uma crise monetária. O mesmo ocorreu em 1994.

O que interessa aqui é o episódio mais recente: a sobrevalorização da primeira metade dos anos 90 e o colapso de 1994-95. O governo Salinas foi empossado em 1988, embora a equipe econômica já estivesse em ação durante o sexênio anterior, ainda que um escalão abaixo. A desinflação era um processo em curso desde 1987, quando a inflação, alcançando seu pico, era bem superior a 100%. A estratégia desinflacionária seguida era o *pacto*, um pacote de políticas de renda bastante bem ajustado ao modelo político corporativo do país: os trabalhadores (vale dizer, os sindicatos PRI, representados por Don Fidel Velásquez, 97 anos de idade), as empresas e o governo reuniam-se periodicamente para estabelecer cerimoniosamente um acordo sobre uma estratégia para salários, preços dos setores público e privado e taxa de câmbio. Os acordos garantiam que não haveria efeitos de indexações retroativas capazes de prevalecer sobre o programa desinflacionário.

Superficialmente, a estratégia funcionou bem: entre 1987 e 1994, a taxa de inflação caiu de 130% para somente 7%. Mas o ingrediente essencial da estratégia era a taxa de câmbio. A taxa de câmbio real (medida pelos preços mexicanos no atacado, expressos em dólares) teve uma firme apreciação. O sistema formal das taxas de câmbio variou: câmbio prefixado, fixo, oscilante dentro de uma banda estreita. Contudo, o fato essencial é que a depreciação era sistematicamente inferior à inflação, com o que se alcança mecanicamente uma apreciação do câmbio real.

Como o Chile, o México tinha passado por um programa de desregulamentação, reestruturação do setor público e agressiva abertura comercial.[6] Um efeito de curto prazo dessas medidas foi a diminuição do ritmo de crescimento e o aumento substancial do déficit externo, reforçado pela apreciação real. Mas, com o orçamento equilibrado, como o déficit poderia não ser o indício de vigor

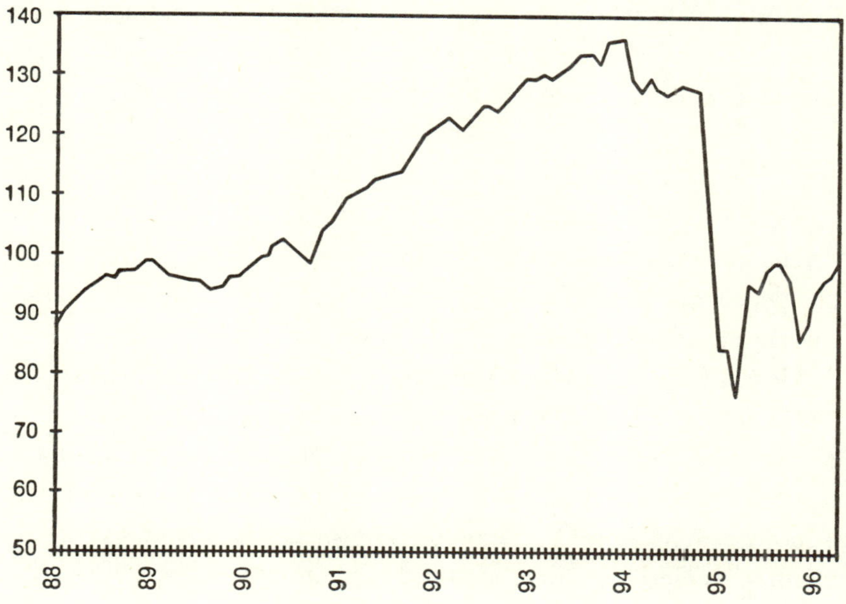

Figura 31.3 México e Estados Unidos: nível dos preços relativos

e dinamismo? De modo distinto do caso chileno, é interessante observar que não houve qualquer aumento dos investimentos, mesmo que observadores continuassem a falar de déficits gerados por maciças importações de bens de capital.

Tabela 31.2 México: Indicadores Macroeconômicos
(dados percentuais)

	1990	1991	1992	1993	1994	1995
Crescimento	4,4	3,6	2,9	0,7	3,5	–6,2
Inflação	30	19	12	8	7	52
Orçamento	–2,2	–0,3	1,6	0,7	–0,7	1,0
Conta corrente	–7,5	–14,8	–24,4	–23,4	–28,8	–0,7
% do PIB	–3,0	–5,1	–7,4	–6,4	–7,7	–0,2

Nota: O orçamento é avaliado como percentual do PIB; a conta corrente, em bilhões de dólares e como percentual do PIB.
Fonte: Banco do México.

O governo tinha perfeita consciência da ampla apreciação real. Mas a quase ilimitada disponibilidade de capital estrangeiro e os calendários políticos tornavam pouco atrativa uma mudança da estratégia. Desinflação a qualquer preço!

A estratégia de manter a depreciação abaixo da inflação foi seguida até o ano de eleições. Foi mantida mesmo quando os problemas políticos — incluindo a fuga maciça de capitais pertencentes a mexicanos ricos depois do levante de Chiappas e do assassinato de Colosio — prefiguravam uma situação de debilidade. Além disso, colocou-se em prática uma estratégia monetária que mantivesse a aparência de neutralização total das perdas de reservas. O governo mexicano fingia não haver problema algum, enquanto a maioria dos emprestadores internacionais, sempre crédulos, engolia a história.

Finalmente, a estratégia entrou em colapso durante a transição para o novo governo e no meio de uma limpeza de fim de ano dos balanços por parte dos investidores estrangeiros. O governo pensou em uma desvalorização e, segundo rumores, os mexicanos ricos foram os primeiros a servirem-se das reservas. O resto da história é conhecido: uma queda drástica do peso e uma dissolução total. Como no Chile, o sistema bancário mexicano, que se envolvera com apostas no peso, faliu. Colocar a casa em ordem custou trinta bilhões de dólares, e ainda não terminou.

Brasil

A instituição macroeconômica central do Brasil, desde a estabilização do governo militar nos anos 60, era a indexação. Tudo era indexado: a taxa de câmbio, salários, preços de serviços públicos, rendimentos da atividade financeira. Em conseqüência, sendo o Brasil uma economia grande, relativamente fechada e orientada, acima de tudo, para o mercado interno, a macroeconomia podia permanecer relativamente estável mesmo em face de uma inflação altíssima. De fato, era como se os brasileiros tomassem gosto pela hiperinflação. Contudo, evidentemente a situação econômica se deteriorava. A razão, oficial e *ex post*, é a inflação. Mas isso não é tudo: uma parte importante do problema deve-se a maus governos, sejam os militares, sejam os democráticos dos presidentes Sarney, Collor, Itamar Franco e Fernando Henrique Cardoso.[7] Isso não é um detalhe: uma vez eliminada a inflação, resta muito por fazer para colocar a economia em forma.

Tabela 31.3 Brasil: Indicadores Macroeconômicos

	1992	1993	1994	1995	1996*
Crescimento	–0,8	4,2	5,7	4,2	3,0
Inflação	1129	2491	941	23	12
Conta corrente	1,7	–0,1	–0,3	–2,6	–2,1
Orçamento	–2,2	0,2	0,5	–5,0	–2,2

*Estimativa. Conta corrente e orçamento como percentual do PIB.
Fonte: FMI e J. P. Morgan.

Na transição para o novo governo, em 1994, o então ministro da Fazenda, Fernando Henrique Cardoso, deu início a uma estratégia para eliminação da inflação usando uma engenhosa reforma monetária. Uma nova moeda, o real, foi gradualmente introduzida e a velha hiperinflação foi eliminada. Na fase de transição, foi usada uma unidade de valor baseada no dólar para evitar a indexação. Uma vez introduzido o real em julho, ao câmbio de 1:1 contra o dólar, foi permitida uma apreciação dessa moeda em relação ao dólar, reforçando assim a impressão de uma moeda forte e do fim da inflação. Não surpreende, portanto, que o ministro da Fazenda entusiasticamente aceito tenha se tornado o presidente seguinte. Ele estava ligado ao milagre desinflacionário e ao real forte: a indexação estava fora de questão. Também não surpreende que ele tenha sido finalmente apanhado por uma pesada sobrevalorização.

No início do período de estabilização, em meados de 1994, permitiu-se uma apreciação do real em termos nominais, o que reforçava a tendência a uma clara apreciação devido à ligeira inflação em curso. Com o tempo, com uma taxa de inflação anual superior a 15%, a apreciação real cresceu até um nível significativo. Dois anos mais tarde, uma nova apreciação resultou em um aumento dos preços em dólares superior a 50%. Com efeito, as autoridades tinham introduzido uma taxa de câmbio "flexível", mas isso significava basicamente uma taxa de depreciação essencialmente alinhada com a inflação. A clara apreciação acumulada foi mantida.

A sobrevalorização do Brasil é evidente sob diversos aspectos. Em primeiro lugar, o país é *muito* caro. O problema comercial resultante é gerido com tarifas e cotas de importação e subsídios às exportações. É uma solução pragmática que compensa a sobrevalorização, mas que causa conflito com os parceiros comerciais. Do ponto de vista do crescimento, o nível extremamente alto das taxas de juros em 1995 — superior a 50% — provocou uma desaceleração. Atualmente, as taxas de juros estão sendo reduzidas tanto quanto possível. Enquanto houver ingresso de capital estrangeiro, haverá esperança, mas por quanto tempo continuará ingressando, particularmente se a vizinha Argentina começar a decepcionar? Se as taxas de juros tiverem que ser aumentadas, problemas para o crescimento e para o sistema bancário anunciarão o fim de uma estabilização bem-sucedida.

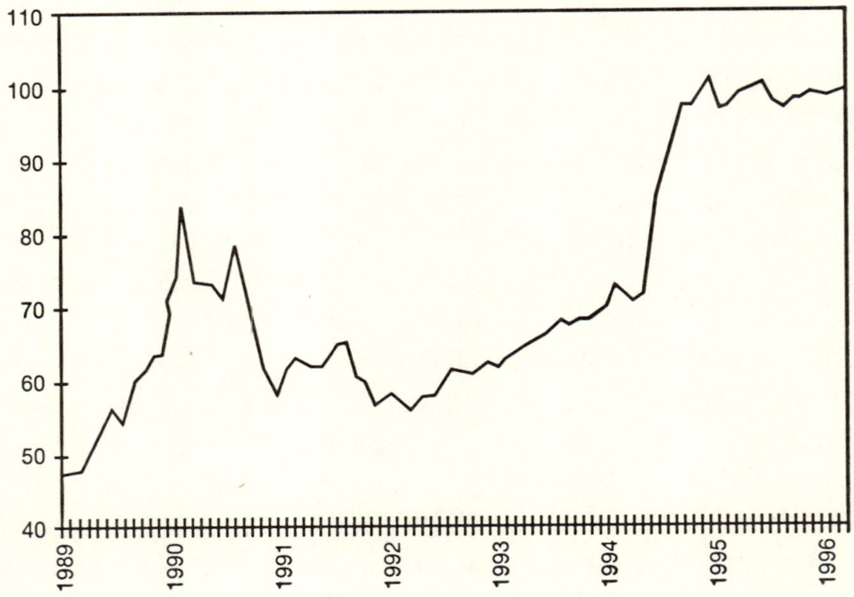

Figura 31.4 Brasil: Preços em dólares

Tradicionalmente o Brasil não leva em conta experiências estrangeiras, muito menos os conselhos vindos de fora. Com freqüência, isso foi útil para o país. Essa estratégia está sendo seguida outra vez. Como no Chile de Pinochet e no México de Salinas, dá-se prioridade à perspectiva política de Fernando Henrique Cardoso: um segundo mandato. Manter baixa a inflação é essencial; para que isso ocorra, a moeda necessita manter-se forte. Se isso implicar taxas de juros elevadas, que assim seja; se implicar piorar a situação do sistema bancário, que assim seja; se implicar proteção da concorrência estrangeira, que assim seja. A estratégia durará até nova ordem: reservas elevadas, um déficit externo relativamente pequeno e pragmatismo fazem crer que um colapso no estilo mexicano seja impossível. Mas também no Brasil não chegam apenas boas notícias. Uma taxa de câmbio amplamente sobrevalorizada, em um país que se abriu ao comércio exterior e que confia em inquietas finanças internacionais — os investimentos diretos correspondem a menos que 10% do financiamento total — pode vir a ser um problema.

POR QUÊ?

Examinamos três experiências de sobrevalorização. Duas terminaram em desastre; a outra ainda aguarda o veredicto. Temos todas as razões para ser otimistas, salvo a experiência. Por que os governos escolhem uma estratégia de sobrevalorização da moeda?

Uma primeira resposta consiste em dizer que eles de fato não a escolhem. Um argumento plausível para sustentá-la é afirmar que existe uma distinção entre apreciação real e sobrevalorização: elas parecem iguais, mas, enquanto a primeira é um aumento de equilíbrio de um preço relativo, a segunda é um fenômeno de desequilíbrio. Quando um governo estabiliza e reforma, os preços inevitavelmente melhoram a perspectiva de longo prazo para a utilização de recursos produtivos. Se um país fosse uma empresa, o preço de suas ações deveria aumentar. Uma apreciação adequada não é um fenômeno análogo?

A analogia leva longe, e apóia certamente uma leve apreciação real. Mas, mesmo a esse nível, é enganadora. É verdade que os preços dos ativos financeiros deveriam aumentar, mas a taxa de câmbio real segue mais fielmente a evolução dos salários em dólares. Uma forte reestruturação, acompanhada pela abertura da economia, libera, em primeiro lugar, trabalho, exigindo portanto uma queda dos salários de equilíbrio expressos em dólares. Os salários em dólares começam a aumentar somente no momento em que os investimentos criam novos postos de trabalho, em parte como conseqüência das reformas, em parte em resposta ao aumento da lucratividade induzido por uma depreciação real. Levando adiante a analogia com o mercado acionário, uma reestruturação consistente das empresas — que introduz novas tecnologias, terceiriza e reduz os desperdícios — certamente assegura um aumento do preço das ações, mas de fato reduz a demanda de trabalho e será por isso acompanhada por uma queda do salário de equilíbrio: os acionistas recebem mais, os assalariados recebem menos.

Os governos e o mercado não reconhecem essa distinção. Cada vez com maior freqüência, a abertura do comércio exterior e as reestruturações são usadas como razões a favor da apreciação real simplesmente porque representam a reforma, e a reforma é algo bom. Um erro adicional, análogo, é uma interpretação incorreta do crescimento da produtividade: freqüentemente se afirma que não há qualquer sobrevalorização, já que o crescimento da produtividade é elevado. É quase feita a sugestão de que, depois de medir-se a competitividade por meio do nível dos preços em dólares, o crescimento da produtividade seja usado como um ajuste extra. Mas é claro que o crescimento da produtividade reflete-se nos preços e não é algo extra. Uma razão adicional pela qual os governos se perdem nessa direção é o fato de medirem erroneamente o aumento da produtividade: os números disponíveis referem-se à produção bruta por trabalhador, e não ao valor adicionado. Logo, no caso em que a reestruturação e a terceirização tornam-se importantes, a diferença entre produto bruto e valor adicionado torna-se considerável. A demonstração de reduções drásticas do custo relativo unitário do trabalho, invocada por exemplo no México, dificilmente pode ser conciliada com os repentinos aumentos dos preços em dólares.[8] A explicação mais plausível é uma significativa sobreestimação da produtividade.

Uma linha diferente de explicação ressalta uma leitura errada dos fatos e das circunstâncias da crise. Em todos os episódios discutidos, cada país deu um salto de qualidade relativamente à sua história: fizeram-se reformas, dão-se os passos certos e são abundantes os capitais estrangeiros. Isso tudo necessariamente introduz um elemento de ilusão. Se os influxos de capitais são gigantescos, quem pensaria em depreciação para manter a competitividade? Uma reforma deve tratar da produtividade, o resto é por conta dos mercados de capitais. As finanças dominam, e a única coisa que os investidores estrangeiros exigem é continuidade: continuem tocando a mesma música de forma a ter mais dinheiro ingressando; e se o dinheiro continua afluindo, onde está o risco?

O erro de leitura ocorre em ambos os lados do mercado. Os investidores confiam excessivamente em sua boa informação e liquidez: em conseqüência, permanecem em seus lugares até o último momento, na esperança de poderem ir embora no último trem. Do lado dos tomadores de empréstimos, esse comportamento cria a ilusão de que os investidores não vacilam, que são totalmente leais e que não há urgência alguma de ajustes. Quando surge subitamente uma má notícia, os investidores escapam, o mercado quebra e a equipe econômica perde o jogo. No Brasil de hoje, essa possibilidade parece totalmente improvável. É refutada energicamente por todos aqueles envolvidos: absurda! Isso também acontecia no Chile e no México.

Um terceiro ponto diz respeito à inflação. Os governos, nos últimos dez anos, arremataram maciçamente a idéia de que a inflação é importantíssima para a opinião pública. Reduzi-la equivale a uma cruzada contra forças obscuras. Em parte, é o que querem ouvir dizer os mercados de capitais para manter o ingresso de dinheiro. Em parte, é o sinal mais visível de uma estratégia de reforma. Decididamente, é aquilo com que o público realmente se preocupa, por mais misterioso que isso possa parecer aos economistas.[9] Além disso, os bancos centrais cumprem o seu papel. Na busca sempre crescente de independência, a luta contra a inflação é importante, e uma moeda forte ajuda. Deve-se sempre também levar em conta o efeito do reforço provido por instituições oficiais estrangeiras.

Finalmente, os governos adotam inevitavelmente uma seqüência para implementar suas políticas. É importante que tal seqüência envolva um calendário político e que a desinflação e a sobrevalorização sejam nele inseridas. A desvalorização vem depois: no pior dos casos, uma vez completadas as reformas, mas se espera que a questão possa resolver-se por si mesma. Naturalmente, isso não acontece, e o craque tem um preço muito alto. A miopia e a demora são ingredientes importantes da má gestão das taxas de câmbio. Por fim, existe um círculo vicioso: uma vez que a sobrevalorização torna-se relevante, mais cedo ou mais tarde deve haver uma desvalorização. Mas sabemos bem que uma desvalorização é um desastre político.[10] Então, por que se arriscar?

NOTAS

1. Para dar uma idéia concreta, pode-se pensar que a função de preços seja Cobb-Douglas relativamente aos preços das importações e preços internos.
2. A relação também pode ser função do nível de produção. Nesse caso, se a produção é elevada, as reivindicações por melhores salários reais poderão aumentar; já durante as depressões, os trabalhadores podem aceitar salários mais baixos.
3. Ver Dornbusch (1980, 1993) e Rodríguez (1978, 1982).
4. Para uma discussão da experiência chilena, ver Edwards & Cox-Edwards (1987), Corbo & Fischer (1994) e Dornbusch & Edwards (1994).
5. Ver Goldfajn & Valdes (1996), que examinam um vasto conjunto de experiências de sobrevalorização.
6. Com respeito à experiência mexicana, ver Dornbusch, Goldfajn & Valdes (1995), como também as extensas referências aí apresentadas.
7. O último presidente militar, oficial de cavalaria, será lembrado por ter declarado: "Se a inflação fosse um cavalo, eu já a teria domado há muito tempo."
8. Ver Banco do México (1995), pp. 141-158, que contém uma elaborada apresentação do tema da produtividade.
9. Shiller (1990) refere-se a resultados de uma sondagem das atitudes com relação à inflação. Os resultados mostram que o público na Alemanha, Brasil e Estados Unidos vê a inflação como um fator que reduz o padrão de vida.
10. Para uma documentação sobre quedas de ministros da Fazenda logo após uma depreciação da moeda, ver Cooper (1971).

REFERÊNCIAS

Banco do México. (1995). *The Mexican Economy: 1995*. Cidade do México: Banco do México.

Cooper, R.N. (1971). "An Assessment of Currency Devaluation in Developing Countries", em G. Ranis (org.), *Government and the Economy*. New Haven: Yale University Press.

Corbo, V. e S. Fischer (1994). "Lessons from the Chilean Stabilization and Recovery", em B. Bosworth, R. Dornbusch e R. Laban (orgs.), *The Chilean Economy. Policy Lessons and Challenges*. Washington, D.C.: Brookings.

Dornbusch, R. (1980). *Open Economy Macroeconomics*. Nova York: Basic Books.

——. (1993), *Stabilization, Debt and Reform*. Englewood Cliffs: Prentice-Hall.

Dombusch, R., I. Goldfajn e R. Valdes. (1995). "Currency Crises and Colapses". *Brookings Papers on Economic Activity*, nº 2.

Edwards, S. e A. Cox-Edwards. (1987). *Monetarism and Liberalization: The Chilean Experiment.* Cambridge: Ballinger.

Goldjajn, I. e R. Valdes. (1996). "The Aftermath of Appreciations". NBER Working Paper nº 5650. Cambridge, Mass.: National Bureau of Economic Research.

Rodríguez, C. (1978). "A Stylized Model of the Devaluation-Inflation Spiral". IMF *Staff Papers* 24 (março).

Shiller, R. (1996). "Why Do People Dislike Inflation?". NBER Working Paper nº 5539. Cambridge, Mass.: National Bureau of Economic Research.

32

México: A loucura, o craque, e mais além

O craque de 1994-95 não foi a primeira crise do México e provavelmente não será a última. O México registra um recorde de má administração: excesso de empréstimos e insuficiência de poupança, fraca competitividade, Estado demasiado grande, transparência de menos e uma incrível tendência a negar a realidade dos fatos. É claro que é preciso duas partes para dar origem a uma crise: como em todos os casos, um mercado de capitais ávido demais ofereceu sustentação às hipóteses nada realistas da estratégia mexicana. Contudo, toda crise apresenta um aspecto novo, não é um mero repeteco.

A penúltima crise aconteceu em 1982, quando o ministro da Fazenda mexicano anunciou em Nova York que não tinha condições de pagar as dívidas: a maior parte da América Latina prontamente o imitou. A crise atual tem praticamente as mesmas causas das precedentes: empréstimos irresponsáveis por parte de credores demasiado confiantes e ávidos, e, por parte do México, uma grande sobrevalorização da moeda nacional. A novidade reside nos detalhes relativos aos empréstimos em excesso e à má gestão da dívida: tratou-se então de dívida bancária; hoje se trata de Tesobonos, mas o princípio é o mesmo.

Não é a primeira vez que se assiste a uma onda de entusiasmo em relação ao fornecimento de capitais aos países em desenvolvimento. É útil ter em mente as datas históricas, de forma a não perder o sentido de perspectiva sobre a fragilidade dos financiamentos dos amplos déficits de conta corrente. O grande economista de Harvard, Frank Taussig (1928), escrevendo às vésperas da difusão de inadimplências, refletindo sobre o colapso do crédito latino-americano à época, descrevia assim a habitual seqüência de eventos:[1]

> Os empréstimos dos países credores começam com valores modestos e depois aumentam num crescendo. Costumam ser feitos em quantidades excepcionalmente elevadas quando próximos da fase culminante de um período de atividade econômica e alta especulativa, e durante essa fase, aumentam de mês em mês enquanto durar a alta. Com a chegada de uma crise, são cortados de um só golpe e drasticamente, podendo inclusive cessar inteiramente. (...) Se há uma brusca inversão de tendência no balanço de pagamentos do país devedor, as conseqüências se fazem sentir de um momento para outro, com uma necessidade imediata de aumentar as remessas para o país credor, sob a forma de tensões no sistema bancário, taxas elevadas de desconto e queda dos preços. E tal cadeia de eventos pode sobrevir mais de uma vez.

Os investidores excessivamente confiantes que, como em todas as crises precedentes da América Latina, pensavam estar diante de um novo eldorado, com extraordinários rendimentos em dólares ano após ano, sofrerão uma inacreditável desilusão.[2] Os mesmos investidores que por um ano haviam, repetidas vezes, recebido garantias pessoais de que nunca mais ocorreriam problemas, foram os protagonistas mais radicais da liquidação do México.

Durante a crise de 1994-95, era tentador afirmar que, no fim das contas, o interesse em emprestar ao México e a toda a região voltaria, mas apenas quando os preços dos ativos financeiros estivessem muito baixos. Os investidores antes de tudo lamberiam suas feridas e praguejariam sua sina. Depois necessitariam ver o que o México faria para reconstruir sua imagem. Como no mercado imobiliário, sempre há um outro *boom*; mas nunca acontece a tempo para resgatar os que seguram a batata quente. Contudo, de fato o capital retornou surpreendentemente rápido. O fortalecimento do peso e as altíssimas taxas de juros (além das analogias com a rápida melhoria das condições da Turquia) trouxeram dinheiro de volta em pouquíssimo tempo. Longe de desiludir os investidores dos mercados emergentes, o quase-desastre mexicano teve poucas conseqüências duradouras. As finanças se estabilizaram e estão em crescimento. É evidente que boa parte da volta confiante de capitais deve-se ao socorro *in extremis* realizado pelo FMI e Estados Unidos. Muito do pano de fundo dessa ação ainda aguarda esclarecimento; provavelmente o objetivo não era proteger o México, mas antes tutelar os interesses de investidores norte-americanos espalhados por vários fundos de mercados emergentes, e sobretudo reparar enormes desequilíbrios nos balanços de algumas instituições de Nova York.

O craque do peso mexicano é apenas um exemplo a mais do ciclo de otimismo exuberante seguido pelo colapso e ceticismo ilimitado nas finanças latino-americanas. Enquanto durar a música, mais e mais investidores ignorantes serão atraídos. Com perspectivas tão brilhantes, mais e mais promotores aumentam o capital para levar os investidores a um passeio na bolha especulativa. O craque do peso arruinou os bônus dos investidores e provocou um considerável retrocesso nas perspectivas do México.

FIM ESPERADO

No final sempre acontece um craque, mas demora muito mais do que se crê e então acontece muito mais rapidamente do que se poderia imaginar. Um país que há pouco tempo se deleitava com a glória da reforma é arrastado diretamente à falência. Os investidores se sentem enganados, as perspectivas econômicas ficam sombrias e começa a caça ao culpado: um ministro da Fazenda incompetente que seguiu o caminho errado e exauriu a confiança, investidores que levaram tudo deixando o país de mãos vazias ou a administração anterior que deixou para trás um legado pesado. Uma autópsia pode ser instrutiva. No caso do México, a responsabilidade recai claramente sobre o ex-presidente Carlos Salinas e sua obsessiva preocupação com a inflação.

Depois da explosão de empréstimos no final dos anos 70, o México experimentou o último craque em 1982. As dívidas com vários bancos comerciais do mundo foram declaradas insolvíveis; o peso foi desvalorizado muitas vezes na tentativa de obter um superávit comercial capaz de satisfazer as exigências dos credores. Mas mesmo com a desvalorização da moeda, a inflação explodiu. O círculo vicioso inflação/depreciação atingiu um ápice com uma inflação bem acima de 200%. Com a pressão desses acontecimentos, a reforma e a estabilização tornaram-se os objetivos prioritários. Muita coisa boa foi feita: privatizações, liberalizações comerciais (incluindo o NAFTA), desregulamentação e equilíbrio do orçamento, incluindo uma reforma fiscal.

Em algum momento, a confiança externa foi recuperada, o dinheiro começou a afluir e os déficits externos se expandiram. Dado o fácil acesso a financiamentos e a realização da maior parte dos objetivos da política interna, a redução da inflação aos níveis da inflação norte-americana tornou-se a principal preocupação. A depreciação da moeda foi mantida bem abaixo da taxa de inflação, o que contribuiu para diminuir a inflação, mas também significou uma posição comercial sempre menos competitiva. No início, tudo isso era justificado pelo acesso renovado ao mercado mundial de capitais e pelas recompensas de uma economia reformada e em via de estabilização.

O problema é o seguinte: a um certo ponto, deve ocorrer uma curva de 180 graus para restaurar a competitividade; caso contrário, a moeda termina caindo no precipício. Em 1993, os preços dos produtos mexicanos, expressos *em dólares*, tinham aumentado mais de 45% em relação aos preços norte-americanos. Uma sobrevalorização de pelo menos 25% podia ser destacada. O crescimento desacelerou (com exceção do aumento da despesa no ano eleitoral), as taxas de juros reais cresceram enormemente, se medidas pelas taxas sobre empréstimos bancários, e a balança comercial começou a exibir um maciço superávit. Existiam todos os sintomas de uma situação financeira problemática. O peso estava claramente sobrevalorizado, mas os dirigentes mexicanos recusavam-se a reconhecer os fatos e os investidores estrangeiros eram enganosamente tranqüilizados para que mantivessem suas posições expostas a risco. Um ponto forte, invocado em toda explicação do porquê de o México ter uma atração única, era a superioridade dos resultados obtidos na política fiscal. Naturalmente, isso não era suficiente.

UMA ESTABILIZAÇÃO BASEADA NA TAXA DE CÂMBIO

Nos anos 90, o México levou adiante um ambicioso processo de reforma que começara durante a administração de la Madrid. Os aspectos fundamentais da reforma foram o ajustamento da dívida externa ao Plano Brady, a desregulamentação e abertura ao comércio internacional, e privatizações. Mesmo que hoje a política de reforma tenha se tornado suspeita por estar contaminada pela corrupção, não se pode ignorar os notáveis resultados na modernização econômica. O México deu um passo de gigante em direção à criação de uma economia aberta e competitiva. O presidente Salinas e sua equipe merecem reconhecimento pelos objetivos que se colocaram e pela coragem com que os buscaram.

Um considerável esforço para alcançar a estabilização financeira acompanhou o processo de reforma. São duas as características essenciais desse processo: equilíbrio do orçamento e redução da inflação. A tabela 32.1 mostra a taxa de inflação do índice de preços ao consumidor (em relação aos 12 meses precedentes). No início dos anos 90, a inflação quase atingiu 30%, uma taxa elevada demais para gerar tranqüilidade. Os déficits orçamentários entre 5% e 10% do PIB, no final dos anos 80, eram excessivos sob qualquer ponto de vista. Era preciso então um esforço incondicional para garantir a estabilidade financeira.

Tabela 32.1 Indicadores Macroeconômicos

	1990	1991	1992	1993	1994	1995
Crescimento	4,5	3,6	2,8	0,6	3,5	–6,9
Inflação	29,9	18,8	11,9	8,0	7,1	52,0
Depreciação	14,4	7,3	2,7	0,6	8,3	90,2
Orçamento	2,8	0,5	–1,6	–0,7	0,1	–0,1
Conta corrente	–3,0	–5,1	–7,4	–6,5	–7,9	–0,3

Nota: Conta corrente e orçamento como percentuais do PIB.
Fonte: Banco do México.

Como a tabela 32.1 mostra, a consolidação fiscal foi rápida e substancial. O progresso no campo da inflação não foi menor. Considerando a desinflação, pode ser útil usar uma fórmula sintética que expressa a taxa de inflação em função da inflação precedente, da aceleração devida à depreciação real (ou da desaceleração induzida por uma apreciação real), da aceleração derivada do incremento dos preços reais do setor público e do impacto da diferença entre o produto potencial e o real medido como estímulo a margens de lucro mais elevadas ou exigência de maiores salários reais:

$$\pi = \pi_{-1} + \alpha(e - \pi_{-1}) + \beta(p - \pi_{-1}) + \phi y; \qquad \alpha + \beta = 1 \qquad (1)$$

onde π é a taxa de inflação, e é a taxa de depreciação corrente, p é a taxa de incremento corrente dos preços do setor público, e y a diferença entre o produto potencial e o real. O problema da desinflação é a ausência de voluntários dispostos a dar início ao processo. Os salários tendem a ser indexados, explicitamente ou implicitamente. Os preços do setor público seguem a taxa de inflação; do contrário, arrisca-se ampliar os déficits. A taxa de câmbio deve compensar a taxa de inflação existente, sob pena de haver perda de competitividade. Uma compressão das margens de lucro ou dos salários reais, como acontece em períodos de recessão, é impopular. Assim, a inflação de ontem se transforma na inflação de hoje.

A política de rendas representa uma possibilidade de interromper o ciclo inflacionário. Se salários, preços e taxa de câmbio em algum momento começam a desacelerar todos juntos, a inflação se reduziria sem que fossem precisos cortes nos salários reais, apreciações reais ou reduções dos preços reais dos serviços públicos. O México obteve bons resultados com essa estratégia em meados dos anos 80, mas as tensões em torno ao pacto tornaram-se sempre mais evidentes: havia excessiva inflação salarial e insuficiente depreciação da moeda. A inflação de fato diminuiu regularmente: em 1993-94 tinha caído abaixo de 10%. Mas, ao mesmo tempo, a taxa de câmbio real foi apreciada, chegando a um recorde no final de 1994. A taxa de câmbio real é medida aqui em termos de preços mexicanos no atacado, expressos em dólares, em relação ao nível de preços no atacado norte-americano.[3] Como sempre, surge a questão sobre qual é o ano-base mais apropriado. Não é certamente adequado o nível de pico da competitividade alcançado em 1987; mas, ao mesmo tempo, a apreciação real recorde deve ser explicada. Se, como sustentamos, um programa de reforma exige uma depreciação real, e não uma apreciação real, então o problema do ano-base ou da medição da apreciação real passa ao largo da questão fundamental.

Uma estabilização baseada na taxa de câmbio passa por três fases. A primeira é muito útil, e talvez até mesmo indispensável. Nessa fase breve, a ancoragem do câmbio contribui para a realização da estabilização, porque são alcançados alguns objetivos concretos da estabilização e criados resultados visíveis, e com isso ganha-se confiança. Além disso, a primeira fase freqüentemente se beneficia de uma subvalorização inicial, que absorve a apreciação real. Ainda assim, essa fase não pode durar muito porque muito do que nela se realiza é de fato obtido como empréstimo: deve ser validado por sucessivas melhorias de política econômica. Quanto mais se toma emprestado, menores as chances de que haja restituição, quer dizer, de que a estabilização dure. Na segunda fase, torna-se evidente uma crescente apreciação real, o que é reconhecido cada vez mais, mas não é conveniente intervir. A relutância a agir em parte se deve à questão bastante realista a respeito do que convém exatamente fazer. É fácil não fazer nada; muito mais difícil é fazer alguma coisa. Não é surpreendente que esta fase dure um bom tempo; parece bom que seja assim já que a superabundância de influxos de capitais assinala um acerto. Finalmente, na terceira fase, é tarde demais para agir. A apreciação real chega a um ponto em que se torna necessária uma maciça desvalorização. Mas a política não pode deixar que aconteça: por um tempo, as evidências serão negadas, e então, em algum momento, terão se acumulado suficientes más notícias para provocar o craque.

A história das taxas de câmbio mexicanas nos anos 1991-94 seguiu muito esse padrão de evolução. Entre 1992 e 1993, a questão da excessiva apreciação real e da sobrevalorização era cada vez mais discutida, mas, faltando uma idéia concreta sobre como formular uma outra estratégia e a vontade de abandonar o programa desinflacionário, nada foi feito. Depois, já se vislumbrava a chegada do ano eleitoral de 1994. As últimas oportunidades de ação em 1993 não foram usadas; quando 1994 chegou, uma intervenção estava completamente fora de questão. Porém chegaram, sim, más notícias do *front* político, e o resto da história todo mundo já sabe.

Em 1993, ainda havia a possibilidade de uma desvalorização; certamente o presidente Salinas a havia considerado — pelo menos disse isso privadamente — como uma clara alternativa na primavera desse ano. Mas em seguida o governo envolveu-se com prioridades políticas que conflitavam com a realidade dos fatos, e talvez tenha até mesmo enganado a si próprio afirmando que os problemas se resolveriam por si mesmos ou que os financiamentos ficariam mais fáceis. O resto é conhecido: as reservas reduziram-se a níveis incompatíveis com qualquer gestão, as dívidas foram dolarizadas, os vencimentos abreviados: continuava-se tocando a música de forma que ninguém notasse que o rei estava nu. É evidente que esses últimos passos, visando extrair um ano de vida a mais de uma estratégia moribunda, ajudam a explicar a extrema severidade da crise que se seguiu.

Os formuladores da política econômica mexicana acreditavam que a apreciação real não era um problema: o NAFTA traria investimentos diretos e oportunidades comerciais. No momento, os déficits eram amplos, mas seriam reduzidos no futuro; de qualquer forma, não havia perigo de falta de financiamento, pois os investidores estavam apaixonados pelas ações e bônus do Tesouro mexicano. A sobrevalorização tornou-se problemática com as eleições de 1994, que trouxeram consigo a possibilidade de mudanças na estratégia econômica e mostraram a debilidade do partido oficial.

De fato, a política se fez mais áspera (os acontecimentos em Chiappas, o assassinato de um candidato rival e outros fatos), gerando muita perplexidade. Mas não passava um dia sem que os investidores recebessem garantias de que tudo ia bem: uma queda do peso não seria mais permitida. Os empréstimos externos continuavam a afluir, mas a taxas de juros crescentes. Taxas de juros elevadas e falta de competitividade começavam a estrangular o crescimento. A ausência de crescimento e o gigantesco déficit externo — quase 8% do PIB — tornavam provável a previsão clássica: mais cedo ou mais tarde, o peso seria esmagado. A tagarelice sobre a continuidade e a credibilidade só conseguem manter os problemas afastados até um certo ponto.

Todavia, o presidente Salinas permaneceu apoiado em uma estratégia rígida: primeiro a política, depois a realidade. Mantinha-se vivo o mito de um México de espantosas realizações, sem possibilidade de crítica, sobretudo por parte dos membros do conselho de ministros que aspiravam obter a mágica indicação para futuro detentor do poder absoluto. O ditador chileno Augusto Pinochet tinha se colocado na mesma situação no final dos anos 70. Da mesma forma que Pinochet e sua equipe eram impermeáveis ao bom senso em questões monetárias, Salinas também acreditava que, com uma boa dose de manipulação e censura, podia manter o peso à tona. No fim, ambos provaram estar errados, e de uma maneira surpreendentemente similar.

Pode ser que a crise não tivesse ocorrido sem os acontecimentos de Chiappas. Mas isso é improvável, pois sempre se verifica *algum* evento externo que desfere o golpe fatal: se o valor da moeda está distorcido, basta pouco para fazê-la cair. Mas por que agora esta queda do peso, aparentemente sem fim? É preciso recorrer a analogia com a corrida aos bancos. Na tentativa de manter vários níveis do peso, o México dissipou suas reservas. Os investidores escaparam em massa: ninguém quer ser o último a sair ou o primeiro a entrar.

A renda *per capita* mexicana é ainda hoje 5% menor do que em 1982, à época da última crise. Os tempos do dinheiro fácil se foram e a renda real ainda cairá mais. As brilhantes reformas de Salinas estavam prestes a colocar o México no caminho da prosperidade, não fossem seus experimentos monetários completamente desorientados, que em vez disso mergulharam o país no caos econômico e talvez político também.

O período imediatamente seguinte ao colapso foi caracterizado por vendas maciças, resgates nos fundos, liquidações forçadas acompanhadas por colapsos de preços que acentuavam a tendência dos resgates. Em poucas palavras, os mercados simplesmente sumiram. O caos financeiro, a falta absoluta de um mercado, a incapacidade, no início de 1995, de obter créditos até de poucos milhões de dólares davam a impressão de uma fraude gigantesca: era como se o México nunca tivesse feito qualquer reforma, como se não houvesse substância por trás da aparência, como se o que restava de pé (fosse o que fosse) estivesse para desmoronar.

Certamente, essa é uma avaliação exagerada e completamente injustificada do progresso conseguido pelo México. Pode ser mais adequada a analogia com uma empresa na qual os engenheiros desenvolveram uma alta tecnologia, os trabalhadores realizaram um esforço especial para aumentar a produtividade e o departamento comercial se distinguiu pela abertura de novos mercados. Mas, enquanto ninguém observava, o executivo-chefe e os diretores financeiros operavam na bolsa, especulando com a moeda e armando uma perda gigantesca, maior que todos os ganhos obtidos nos anos da reforma. O problema do México era similar ao da falência do condado de Orange, ao sul de Los Angeles, se quisermos estabelecer uma analogia com um escândalo financeiro recente nos Estados Unidos. Além disso, as autoridades, quaisquer que sejam, responsáveis pela supervisão financeira no sistema financeiro internacional fecharam os olhos ao que estava acontecendo.

REFORMA SEM CRESCIMENTO

A pergunta interessante a ser feita, para analisar o recente colapso do México, é como foi possível que o governo se convencesse de que não havia nenhum problema. Evidentemente, a verdade pode ser que o conselho de ministros tivesse plena consciência da dificuldade, mas simplesmente insistisse na necessidade de realizar as eleições e constituir um novo governo, para depois ocupar-se dos problemas. Mas também é possível que, na atmosfera de isolamento do governo mexicano, tenha predominado a tendência a negar a realidade dos fatos.

O dado mais impressionante sobre o desempenho do país que deveria ter chamado a atenção foi certamente a ausência de crescimento. Entre 1985 e 1994, a produção mexicana cresceu a uma taxa média de 2%. A força de trabalho cresceu, durante esse período, pelo menos 3%. Em conseqüência, o setor informal aumentou durante a década. Na fase mais recente (1990-94), o crescimento progrediu a uma taxa média de 2,6% ao ano, sempre abaixo do crescimento da força de trabalho. Em 1993, o crescimento era praticamente nulo. O ano eleitoral trouxe de volta um pouco de crescimento, graças a uma expansão fiscal com objetivos definidos e consistentes. Mas o governo não deveria tê-la considerado como algo mais que um efeito da clássica estratégia de injetar energia na economia em ano de eleições.

A tese básica aqui é de que a falta de crescimento — e não a conta corrente ou a taxa de câmbio real tomadas isoladamente — assinala a presença de um problema de sobrevalorização. Ainda que a falta de crescimento deva ter causado alarme, dois dados importantes confirmavam as opiniões preconcebidas do governo. Em primeiro lugar, o México experimentava um elevado crescimento da produtividade, e com certeza não tinha problemas de competitividade. Em segundo, a modernização e a reforma deveriam ter produzido uma valorização mais alta do mercado acionário e da taxa de câmbio real, e não uma sobrevalorização.

A QUESTÃO DA PRODUTIVIDADE

Devido à ausência de dados confiáveis sobre o emprego, a OCDE, da qual o México faz parte, não disponibiliza dados sobre a produtividade na economia mexicana. Mas o governo mexicano publica dados sobre a produtividade do setor manufatureiro e o banco central julga que eles refletem boa parte dos *ganhos* de competitividade. Especificamente, a série histórica do Banco do México (1996, p. 282), baseada nos custos relativos unitários do trabalho, indica um ganho de competitividade de apenas 7% entre 1990 e 1994. Essa estimativa contrasta claramente com os dados relatados em outro lugar, que indicam uma taxa média de crescimento da produtividade de 5,7% ao ano.[4] É uma taxa superior à do Japão em seus melhores anos, entre 1960 e 1973.[5] Há muitas razões para duvidar dessa estimativa. A primeira é que os dados relativos ao emprego são pouco confiáveis, pelo menos segundo o entendimento da OCDE. A segunda é que não está claro que a distinção entre produto bruto e valor adicionado seja aplicada com coerência. Em um momento de crescimento significativo das terceirizações, essa diferença se revela crucial.

Contudo, mesmo se as cifras fossem precisas, haveria outras duas razões para avaliá-las com cautela. A primeira é que muitas empresas podem aprender a conviver com praticamente *qualquer* taxa de câmbio, simplesmente aumentando a intensidade de capitais. É claro que não se pode dizer da economia inteira, em oposição às empresas, que tenha condições de seguir o mesmo processo de adaptação. A superabundância de mão-de-obra deve ser enfrentada. No México, o produto cresceu quase à taxa de crescimento da força de trabalho; logo, se o crescimento da produtividade fosse significativo, as condições do mercado de trabalho teriam sofrido uma deterioração constante, ano após ano e por muitos anos. O problema então é que a competitividade não diz respeito somente às empresas, mas à capacidade da economia inteira de alcançar o pleno emprego. Está claro que o México não possui essa capacidade.

LIBERALIZAÇÃO DO COMÉRCIO E TAXA DE CÂMBIO REAL

Na discussão do problema da sobrevalorização, é preciso considerar uma outra questão crucial: a liberalização do comércio e a desregulamentação. Freqüentemente se argumenta que as reformas asseguram uma apreciação real, mas isso supõe uma compreensão inadequada do que sejam as reformas. Elas se caracterizam propriamente por dois aspectos: por uma parte, incentivam um uso mais eficiente dos recursos; por outra, liberam recursos. O primeiro aspecto está na base dos incrementos de valores no mercado acionário (ou dos aumentos de salários reais), enquanto o segundo deixa de lado o problema da destinação dos recursos. Se salários e preços fossem *plenamente* flexíveis, uma liberalização seria acompanhada por uma queda de salários e preços expressos em dólares.[6] Os ganhos de competitividade resultantes criariam demanda e, portanto, emprego. Na ausência de flexibilidade de preços e salários, deve-se proceder a uma depreciação real, através de uma desvalorização. Pode ser instrutivo observar a experiência atual da Argentina. Um maciço desemprego é a contrapartida de uma reestruturação substancial, incluindo a do setor público, e de uma liberalização do comércio. A flexibilidade de preços e salários não funciona com rapidez suficiente; sempre há uma ligeira deflação. Não sendo possível intervir na taxa de câmbio, é provável um longo período de solavancos pela frente. No México, em vez disso, foi possível agir sobre a taxa de câmbio, de modo a compensar os efeitos das reformas e traduzi-las em uma experiência de crescimento elevado. Indubitavelmente, uma depreciação real não apenas resolveria o problema do desemprego, como também ajudaria o setor externo, ao permitir a contenção do déficit comercial induzido pela liberalização do comércio.

HIPÓTESES ALTERNATIVAS

Dissemos, neste capítulo, que a sobrevalorização é a razão capaz de explicar a crise mexicana de 1994-95. Outras hipóteses plausíveis foram apresentadas.[7] Uma tese bem conhecida diz respeito à expansão do crédito mexicano no ano eleitoral. Diante de perdas de reservas, o banco central mexicano esterilizou completamente o efeito deflacionário, enquanto os bancos de desenvolvimento mantiveram uma significativa expansão do crédito. O problema essencial, segundo essa tese, foi a disponibilidade excessiva de moeda, motivada pelo ano eleitoral. Não há dúvida de que a política do banco central contribuiu para gerar a crise e, presumivelmente, também para seu agravamento. É acertado supor que taxas de juros elevadas poderiam ter evitado imediatamente a crise. Mas também é provável que um longo período de taxas de juros elevadas teria finalmente provocado problemas de credibilidade: o crescimento tornava-se insignificante, com exceção da criação de crédito, enquanto cresciam fortemente as despesas eleitorais e os empréstimos não-produtivos. Taxas de juros elevadas poderiam ter afetado o momento de surgimento da crise, mas não poderiam desfazer a sobrevalorização. Indubitavelmente, ao provocar a expansão da demanda e a ampliação do déficit externo, a política de crédito do banco central e dos bancos de desenvolvimento contribuiu para determinar o alcance da crise. O mesmo pode ser dito da estratégia de gestão da dívida, sob a forma de dolarização e encurtamento dos vencimentos. Tais medidas, que eram parte de uma tentativa desesperada de superar as eleições, revelaram que a administração tinha pouca consciência da insustentabilidade implícita de suas próprias políticas.

Em suma, as reformas mexicanas deveriam ter colocado o país na rota do rápido desenvolvimento. O fracasso claramente não se deve às reformas: o erro-chave reside na sobrevalorização; más políticas de crédito e gestão inadequada da dívida foram fatores agravantes. A lição que se tira é que não deve haver sobrevalorizações. Como acontece atualmente na Argentina, uma política de saneamento do crédito não é suficiente quando está em curso uma sobrevalorização substancial!

PÓS-ESCRITO: DESACELERAR HOJE OU QUEBRAR AMANHÃ

Poderíamos pensar que a severidade da experiência recente deixou uma lição aos formuladores da política econômica no México: fiquem longe, muito longe, de qualquer estabilização baseada na taxa de câmbio. Porém, a mesma estratégia está sendo buscada hoje. No final de 1996, resta muito menos da metade da gigantesca depreciação real de 1995. Mesmo diante de uma inflação de mais de 20%, as autoridades monetárias mantiveram o peso estável por um ano inteiro em vez de deixá-lo depreciar-se ao mesmo ritmo da inflação. O peso é considerado uma moeda "flexível", mas o México consegue, entre a taxa de juros e a política agregada, conservar a moeda e manter o influxo de capitais, mas arriscando com isso preparar o terreno para um outro episódio de sobrevalorização. É cedo para expressar tal preocupação, mas é o momento oportuno porque ainda é fácil fazer ajustes de percurso. É difícil imaginar que a taxa de inflação possa cair rapidamente para níveis abaixo da tendência mundial, pelo menos o bastante para remediar a situação. A experiência passada de apreciação real, referida por Goldfajn & Valdes (1996), mostra claramente que grandes sobrevalorizações têm poucas chances de terminar bem.

Os países com uma taxa de inflação de 15%-20% ao *ano* não devem diminuir a importância do problema; devem considerar o controle da inflação como uma de suas prioridades, e devem tomá-lo como um processo que dura cinco ou até mesmo dez anos. É importante aceitar a perspectiva correta quanto ao modo de moderar a inflação; caso contrário, serão alcançadas apenas uma severa inflação, taxas de juros elevadíssimas (com os problemas bancários que as acompanham) e sobrevalorização da moeda, com o risco de um colapso total em vez dos impactantes sucessos esperados na luta contra a inflação.

O Chile oferece um exemplo excelente de boa política. Durante a década passada, o país conheceu uma inflação média de 17%. A princípio era de 30%, no início dos anos 90 ainda era de dois dígitos, e hoje, dez anos depois, baixou para 7%. O crescimento médio desta última década foi de 7%. A abordagem chilena foi exemplar, especialmente nos últimos anos, quando o banco central se recusou a exagerar, buscando comprimir a inflação até os 2%, que são a moda dos países industrializados. Os formuladores da política econômica chilena se deram conta de que um forte crescimento, a modernização e a integração da economia mundial não são refreados por uma inflação de 6%, 10% ou até 15%, mas poderiam ser seriamente impedidos se uma desinflação demasiado ambiciosa criasse algum problema macroeconômico.

A lição fundamental, a ser levada em conta em uma estabilização da inflação, é que pode ser muito perigoso usar a taxa de câmbio para qualquer coisa diferente de um esforço de consolidação inicial e transitório. Sobre a taxa de câmbio não pode pesar a maior parte, nem muito, do ônus da estabilização. Nem a política monetária pode funcionar sozinha: a política fiscal e a concorrência cumprem um papel importante.

Preocupar-se com a inflação é totalmente apropriado, mas não exclusivamente com a inflação. Diante de uma inflação moderada, deve-se incluir o crescimento como parte da discussão. Não é correto afirmar que não pode haver crescimento na presença de inflação, nem dizer que mesmo uma inflação moderada prejudica o crescimento. Uma confrontação dos dados relativos às taxas de crescimento de um amplo grupo de países, nos quais a inflação oscila entre 5 e 20%, não confirma a existência de qualquer relação entre inflação e crescimento. A ausência de custos em termos de crescimento perdido torna aceitável uma estratégia de desinflação mais gradual.

Certamente, poderia ser defendido que a única inflação estável é a inflação zero. Mas se trata de um dogma, que não tem nenhum fundamento empírico. Nas últimas décadas, os países trabalharam para reduzir a inflação ou pelo menos contê-la. Os países com taxas de inflação moderadas, como o Chile, conseguiram perfeitamente levar a cabo reduções graduais sem comprometer a credibilidade da estratégia seguida nem sacrificar o crescimento: pelo contrário, o fato de que a inflação caiu — durante 12 anos — de forma regular, enquanto o crescimento permaneceu forte, fez do programa seguido um caso de manual de luta vitoriosa contra a inflação. O caso do México, ao contrário, é caracterizado por uma série de erros e fracassos, resultantes de idéias confusas sobre a credibilidade, sobre como acabar com a inflação e assim por diante. Se o Chile é hoje um país com inflação baixa, o México voltou a ter taxas de inflação intoleravelmente altas. Cabe concluir que a inflação deve baixar, e quanto a isso não pode haver concessões; porém, não significa que se deva primeiro reduzir a inflação e depois crescer, tal como mostra inquestionavelmente uma comparação entre o PIB *per capita* do México e o do Chile para o período dos últimos 15 anos. As experiências monetárias do México tiveram altos custos; e quem necessitaria de mais outro?

NOTAS

1. Ver Taussig (1928, p. xx). Ver também Cardoso & Dornbusch (1989) para uma apresentação da discussão mais ampla sobre os empréstimos internacionais que se seguiram à inadimplência de dívidas no final dos anos 20.
2. Kindleberger (1989) analisa, de forma exaustiva, a história e a atmosfera das crises financeiras.
3. Há uma ampla discussão sobre a medida da competitividade. Basta dizer aqui que não utilizamos os preços ao consumidor para não incluir a eliminação dos subsídios aos bens de consumo, parte do processo de correção do balanço estatal.
4. Os dados indicam que o crescimento real médio, no período considerado, foi de apenas 1,8%. Ver Banco do México (1996, p. 290).
5. Ver Maddison (1991, p. 275).
6. Para uma demonstração formal, ver Dornbusch (1973).
7. Ver particularmente Banco do México (1995, 1996), Blejer & de Castillo (1996), Calvo (1996a, 1996b), Calvo & Mendoza (1996), Cole & Kehoe (1996), Gil-Diz & Carstens (1996), FMI (1995a), Morgan (1996), Lustig (1995), Mancera (1995), Masson & Agenor (1996), Roberts (1996), Sachs, Tornell & Velasco (1996) e USA (1996).

REFERÊNCIAS

Andrews, David e Shogo Ishii. (1995). "The Mexican Financial Crisis: A Test of the Resilience of the Markets for Developing Country Securities." Working Paper, FMI, dezembro.

Bank of Mexico. (1995). *The Mexican Economy*. Cidade do México: Bank of Mexico.

——. (1996). *The Mexican Economy*. Cidade do Mexico: Bank of Mexico.

——. Blejer, Mari e Graciana del Castillo. (1996). "Deja Vu All Over Again? The Mexican Crisis and the Stabilization of Uruguay in the 1970's". Working Paper, FMI, julho.

Calvo, Guillermo A. (1996). "Capital Flows and Macroeconomica Management: Tequila Lessons," Manuscrito inédito, fevereiro.

——. (1996) "Why Is 'The Market' So Unforgiving?", Manuscrito inédito, Universidade de Maryland.

Calvo, Guillermo A. e Enrique G. Mendoza (1996). "Mexico's Balance-of-Payments Crisis: A Chronicle of a Death Foretold". Working Paper in International Economics, nº 20, Center for International Economics, Departamento de Economia, University of Maryland at College Park, março.

Cole, Harold L., e Timothy J. Kehoe. (1996). "A Self-Fulfilling Model of Mexico's 1994-95 Debt Crises". Staff Report #210, Departamento de Pesquisa do Federal Reserve Bank of Minneapolis, abril.

Dornbusch, Rudi. (1973). "Tariffs and Nontraded Goods". *Journal of International Economics*.

Gil-Díaz, Francisco, e Augustin Carstens. (1996). "Some Hypotheses Related to the Mexican 1994-95 Crisis". Serie Documentos de Investigación, Banco de México, Dirección General de Investigación Económica.

Goldfajn, I. e R. Valdes. (1996). "The Aftermath of Appreciations". NBER Working Paper nº 5650.

González-Hermosillo, Brenda. (1996). "Banking Sector Fragility and Systemic Sources of Fragility". Working Paper, FMI, fevereiro.

Hanke, Steve H. (1996). "Currency Board for Mexico". *Central Banking*, volume VI, nº 4, primavera.

FMI (1995a). *World Economic Outlook*, Washington, D.C.

——. (1995b). *International Capital Markets*. Washington, DC.

Kindleberger, Charles P. (1989). *Manias, Panic, and Crashes: A History of Financial Crises*. Nova York: Basic Books.

Lustig, Nova (1995). "The Mexican Peso Crisis: The Foreseeable and the Surprise". *Brookings Discussion Papers in International Economics*", The Brookings Institution, junho.

Maddison, Angus. (1991). *Dynamic Forces in Capitalist Development: A Long Run Comparative View.* Nova York: Oxford University Press.

Mancera, Miguel. (1995). "Don't Blame Monetary Policy". *Wall Street Journal,* 31 de janeiro.

Masson, Paul R. e Pierre-Richard, Agenor. (1996). "The Mexican Peso Crisis: Overview and Analysis of Credibility Factors". International Monetary Fund Working Fund, FMI, janeiro.

Morgan, J.P. (1996). "Mexico's 1994 Crisis and its Aftermath". *Economic Research Note,* Banco J.P. Morgan, S.A., 5 de abril de 1996.

Roberts, Craig. (1996). "Mexico: Don't Blame Salinas for Zedillo's Mistakes". *Business Week Economic Viewpoint,* 4 de março.

Sachs, Jeffrey, Aaron Tornell e Andres Velasco (1996). "Financial Crises in Emerging Markets: The Lessons From 1995." *Brookings Papers on Economic Activity,* 1, 147-198.

Santella, Julio A. e Abraham E, Vela. (1996). "The 1987 Mexican Disinflation Program: An Exchange Rate-Based Stabilization?". Working Paper, FMI, março.

Taussig, F. (1928). *International Trade.* Nova York: Macmillan.

33

Um outro desastre do peso pode estar à espreita

Você poderia pensar que a crise econômica de 1994 tenha ensinado algo aos responsáveis pela política econômica mexicana: evitem sobrevalorizações da moeda se não quiserem correr o risco de esfacelamento financeiro. A mesma estratégia que levou ao desastre está sendo usada novamente. Em vez de deixarem o peso flutuar a níveis mais baixos, estão mantendo-o artificialmente alto para atrair capitais estrangeiros e combater a inflação alta.

Se fosse dado livre curso às forças de mercado, um país com inflação alta veria sua moeda depreciar-se; caso contrário, o país perderia sua competitividade nos mercados mundiais, o crescimento das exportações ficaria mais lento e as importações aumentariam vertiginosamente: o comércio externo se tornaria um obstáculo ao crescimento. Isso é exatamente o que aconteceu na última vez no México, e está acontecendo hoje de novo.

Segundo as medidas convencionais da paridade do poder de compra, a competitividade do México é hoje apenas 20% superior à de 1993. No último ano e meio, a competitividade diminuiu drasticamente: de fato, mal basta para manter a expansão da economia, e com certeza é insuficiente para acionar um crescimento elevado e criar postos de trabalho.

Por que as autoridades mexicanas não podem manter a competitividade de seu país permitindo uma depreciação do peso no mesmo ritmo da inflação? Uma possível resposta é que uma moeda sobrevalorizada atrai capitais estrangeiros. As empresas mexicanas podem também sofrer por causa da perda de competitividade, mas seus títulos são populares devido às ta-

---

Publicado originalmente na *Business Week*, 25 de novembro de 1996, p. 26. Reproduzido com permissão.

xas de juros elevadas fixadas pelo Banco do México. Disso resulta um ciclo feito por altas taxas de juros, importações de capitais e sobrevalorização adicional do peso. A erosão da competitividade que se segue mina o crescimento e o emprego.

A OBSESSÃO

Seria preferível moderar a obsessão com a luta contra a inflação e buscar soluções de longo prazo, capazes de gerar capital interno. Por que os formuladores da política econômica resistem tanto a aceitar um tal princípio, especialmente levando em conta a desastrosa experiência recente do México?

Há uma segunda razão para explicar o porquê de uma estratégia para manter alto o peso. A sobrevalorização contribui para baixar o custo das importações, diminuindo as pressões inflacionárias. Se a inflação estiver sob controle, os trabalhadores aceitarão menores aumentos salariais, refreando de novo as forças inflacionárias. Do ponto de vista da luta contra a inflação, defender o câmbio funciona. Mas este círculo aparentemente virtuoso causa danos à competitividade e ao comércio: a sobrevalorização do peso implica um aumento crescente do preço das exportações mexicanas, enquanto as importações tornam-se mais baratas. Foi o que aconteceu durante o ano passado. A vantagem comercial graças à desvalorização de 100% do peso entre 1994 e 1995 vem se dissipando mês após mês. A grande vantagem comercial mexicana está começando a reduzir-se rapidamente e logo desaparecerá de todo.

A terceira razão pela qual se escolheu manter o peso sobrevalorizado diz respeito aos balanços financeiros. Os bancos mexicanos foram duramente atingidos; as corporações tiveram quase a mesma sorte. O melhor remédio para ambos é uma política de baixas taxas de juros. Mas como uma economia aberta e com alta inflação, como a do México, poderia ter baixas taxas de juros? A solução é ter taxas moderadas comparativamente com a inflação mexicana, o que significa taxas nominais relativamente altas, mas taxas reais nulas. Até que se modifique, essa solução ainda proporcionaria a Wall Street rendimentos de 25% e permitiria ao México recomeçar a crescer.

IDÉIAS SIMPLISTAS

O banco central mexicano transformou a inflação em inimigo declarado a ponto de não conseguir se distanciar da sua própria retórica. Há muitas evidências de que uma inflação extrema — 20% ao mês — é devastadora para o crescimento. Mas mais relevante é destacar o apoio esmagador à tese de que uma inflação moderada — 20% ao ano — não interfere no crescimento. É verdade que nenhuma inflação seria melhor. É verdade que se deve reduzi-la com o tempo. Mas não é uma questão cuja importância seja insuperável: crescimento, empregos e estabilidade política são igualmente importantes e não podem florescer se a competitividade for sacrificada em nome de balanços perfeccionistas.

Dessa forma, os mexicanos esperam que seu peso sobrevalorizado "leve outro golpe" nos mercados de câmbio internacionais, enquanto os debates de política econômica interna giram em torno de idéias simplistas sobre a credibilidade. Não são nada boas as perspectivas para um crescimento equilibrado. O mantra das autoridades do banco central e dos gurus da moeda forte — uma inflação zero é a única inflação estável — é simplesmente falso. Há países com inflação moderada que conseguiram reduções graduais sem comprometer a credibilidade da estratégia seguida nem sacrificar o crescimento. Países como Japão, Finlândia e Suíça, que levaram demasiado a sério a propaganda da inflação zero — hoje estão com a faca no pescoço. O México deve deixar de lado a ficção e voltar à realidade. Chegou o momento de ter uma nova equipe dirigindo o banco central: a atual não parece ter aprendido coisa alguma do passado, nem estar compreendendo o presente, nem se preparando para o futuro.

34

O Brasil não tem mais desculpas

O Brasil está se encaminhando para dificuldades outra vez? Há dois anos, a inflação foi controlada. Depois, o ministro da Fazenda, Fernando Henrique Cardoso, que havia realizado o feito, foi eleito presidente. Ocupou seu cargo e nada fez desde então. Não houve qualquer medida voltada ao equilíbrio do orçamento, às privatizações, à descentralização do Estado, às reformas da previdência social ou da administração. Qual a desculpa? Tratam-se de ações "politicamente difíceis".

O Brasil, costuma-se dizer, é único entre as economias emergentes. É uma verdadeira democracia; e como se pode esperar que se tomem decisões difíceis em uma democracia? No Chile, o ditador Pinochet podia tomá-las. Alberto Fujimori também, depois do golpe no Peru. Carlos Salinas de Gortari tinha sinal verde em um México autocrático, dominado por um partido único. Mas o Brasil é uma democracia e as coisas não podem ser apressadas. E por que se apressar afinal, estando a inflação sob controle? Bem, porque a estabilização da inflação brasileira é muito menos milagrosa do que o governo afirma. Em muitos outros países, um esforço consistente de disciplina fiscal é parte de uma estratégia desinflacionária. Mas não no Brasil. Em vez disso, o país sobrevalorizou sua moeda e aumentou bruscamente as já altas taxas de juros reais. No ano passado, as taxas de juros reais eram, em média, de 50% e os preços em dólares cresceram mais 40% desde o início do plano de estabilização.

O custo dessa política é elevado: uma crise bancária e um baixo crescimento econômico. O governo se empenha no socorro aos bancos. Enquanto isso,

Publicado originalmente na *Business Week*, 10 de junho de 1996, p. 24. Reproduzido com permissão.

grandes aumentos salariais estão tirando a competitividade das indústrias. O déficit do orçamento alcançou 5% do PIB e a dívida pública duplicou em apenas um ano.

UMA LONGA ESPERA

Houve um tempo em que o Brasil estava na vanguarda. Nas duas décadas anteriores a 1980, o Brasil tinha uma das mais altas taxas de crescimento da renda *per capita* do mundo. É verdade que a inflação sempre foi um problema, mas a indexação a impedia de se transformar em obstáculo ao crescimento e à estabilidade financeira. Como em toda a América Latina e Europa, a passagem para a democracia tornou mais difícil uma política econômica de saneamento. Mas isso foi há uma década, e tal desculpa não convence mais. Enquanto a renda *per capita* asiática dobrou nos últimos 15 anos, a brasileira não fez progresso algum.

O Brasil é um país vasto, pouco aberto ao exterior. Sempre fez as coisas a seu modo, freqüentemente com sucesso. Os ensinamentos provenientes do exterior foram invariavelmente negligenciados por serem irrelevantes. No passado, os brasileiros podiam dizer que essa estratégia funcionava bem. Mas é evidente que hoje não se pode dizer o mesmo. Perder uma década e meia de crescimento da renda é um resultado abaixo das expectativas, seja qual for o padrão usado para medi-lo.

Por enquanto, o capital externo, excessivamente ávido, atraído pelas altas taxas de juros, contribui para que as coisas continuem funcionando. As reservas de moeda estrangeira continuam altas, e a moeda está estável. Mas alguns investidores estrangeiros não se impressionam tão facilmente. Sabem que o "milagre" está perdendo as forças e que em breve será cobrada a conta pelos sucessivos adiamentos da solução dos problemas. Uma vez que o capital tenha se retirado do país, restarão duas opções: aumentar ainda mais as taxas de juros, o que pararia o crescimento por completo e promoveria falências bancárias de maiores dimensões, ou deixar a moeda flutuar, o que implicaria em abandonar o controle sobre a inflação.

A DISSOLUÇÃO

Os formuladores da política econômica no Brasil, gozando da admiração da imprensa e da opinião pública, interpretaram mal a sua situação. Subestimaram a internacionalização de sua economia e sua dependência do capital externo. Se o governo não der início a uma reforma rápida e ampla, deve-se esperar grandes dificuldades. Não será um repeteco exato dos acontecimentos no México, mas até mesmo metade da experiência mexicana seria um dramático retrocesso. É difícil prever quando se dará a dissolução, mas isso não torna a perspectiva menos realista, nem menos urgente a necessidade de reforma. O México não recebeu nenhuma crítica até que os mercados entrassem em colapso; o Brasil se beneficia da mesma reticência. Um problema financeiro pode ser desencadeado por um acontecimento fora do país. Um aumento das taxas de juros mundiais ou uma retração dos mercados acionários mundiais poderia bastar para tornar incertas as perspectivas financeiras do país. É igualmente verdadeiro que uma política de reformas agressivas poderia levar o país para fora da zona de perigo e torná-lo um país dinâmico, projetado para o futuro.

O Brasil não é a única economia mal gerida do mundo, mas é a única em que a elite acredita que tudo vai bem. Seus dirigentes deveriam se preocupar com a estabilização e a reforma por razões que vão muito além da estabilidade financeira. O Brasil tem uma das piores distribuições de renda no mundo, e os níveis de pobreza no norte do país são comparáveis aos dos países africanos mais atrasados. O presidente Fernando Henrique Cardoso tem uma responsabilidade especial. Ele é imensamente popular, é um experiente comunicador e um intelectual refinado. Ele pode levar o Brasil a seguir o caminho certo; ou não fazer nada e ser apenas um entre tantos líderes que deixaram de se responsabilizar pelo fato de o país ainda não ter alcançado seu lugar legítimo na cena mundial.

35

A política monetária argentina: Uma lição para o México

Desde que a Argentina adotou sua nova moeda em 1991, verificou-se uma drástica mudança. Nos anos 80, a produção argentina caiu 0,5% ao ano; nos últimos seis anos, o crescimento anual esteve na faixa de 5%. A Argentina é o único país que hoje desfruta tanto de estabilidade de preços como de crescimento vigoroso.

No decorrer dos anos, a Argentina experimentou boas e más políticas monetárias. Atualmente, mesmo observadores ocasionais podem perceber que a moeda forte é a incontestável vencedora.

Diante dessa evidência, é instrutivo comparar a história da Argentina com a experiência de outros países da região que ensaiaram experimentos monetários, mas, na falta da disciplina produzida por uma lei, não foram levados a reconhecer a importância de uma reforma fiscal e estrutural. A lei argentina sobre a conversibilidade não deixou ao país outra escolha a não ser ajustar os preços e a competitividade à moeda.

"Os argentinos sempre têm problema com sua moeda", escrevia o *Bankers Magazine* em 1889. "Ou é boa demais para o uso interno ou, como sói acontecer, é ruim demais para as trocas com o exterior. Em geral, eles a têm em quantidade excessiva, mas sua percepção é de que a têm em quantidade insuficiente. Os argentinos alteram sua moeda quase tanto quanto trocam de ministros da Fazenda. Nenhuma nação tem um interesse tão forte pelos experimentos monetários quanto a Argentina."

Publicado originalmente no *Wall Street Journal*, 28 de fevereiro de 1997, A15. Reproduzido com permissão.

Poucos anos mais tarde, o ministro da Fazenda, Ernesto Tornquist, fez a Argentina aderir formalmente ao padrão-ouro, limitando a emissão de moeda às reservas do Tesouro e, dessa forma, estabilizando a moeda. Esse foi o momento em que a Argentina tornou-se, por certo tempo, uma das economias mais importantes do mundo.

"Como conseqüência dessa lei, o ouro afluiu aos cofres do Tesouro em quantidades que superaram bastante as previsões mais otimistas", segundo o relatório "Economic Development in the Argentine Republic in the Past 50 Years", publicado pelo Banco Tornquist em 1919. "O aumento correspondente da circulação monetária, o crescimento dos negócios a níveis inesperados e o desenvolvimento econômico do país revelaram o sucesso notável que atraiu a atenção do mundo inteiro."

A Argentina foi bem-sucedida em seu internacionalismo até que, nos anos 30, em todo o mundo foi desligado o interruptor do livre mercado e da moeda estável. Junto com o resto da América Latina, a Argentina optou pelo protecionismo. Isso preparou o terreno para Juan Perón, que combinou populismo com sindicalismo. Nesse momento iniciou-se o declínio da estabilidade monetária e do padrão de vida. A renda *per capita* começou a estagnar, a inflação aumentou, fracas tentativas periódicas de estabilização e reforma cederam lugar a fortes manobras para nacionalizar a produção e imprimir ainda mais moeda. Os capitais abandonaram o país. Rapidamente, os argentinos passaram a pagar seus impostos como os italianos (quer dizer, muito mal) e a formar sindicatos como os ingleses (isto é, violentamente). Nos primeiros anos da década de 1980, somente algo como três mil pessoas pagavam imposto de renda e a grande indagação era como podiam ser tantas. Os sindicatos dividiam igualmente seu tempo entre trabalho e greve. Inevitavelmente, a última parada desse processo de decadência foi a hiperinflação.

Depois do fracasso de algumas tímidas medidas para deter a hiperinflação, o presidente Carlos Saul Menem e seu intransigente novo primeiro-ministro, Domingo Cavallo, introduziram em 1991 a lei de conversibilidade. No começo, a moeda forte significava apenas olhar a realidade de frente: de fato, o dólar tinha se tornado a moeda argentina. A lei estabeleceu uma regra rígida: fixou a paridade com o dólar, definindo o dólar como moeda de curso legal, proibiu toda emissão de moeda local exceto quando 100% cobertas pelas reservas de dólares do banco central e também todo financiamento ao Tesouro por parte do banco central.

A moeda forte forneceu a cobertura para as reformas urgentes: privatizações, reestruturação do setor público e eliminação de numerosos subsídios. Além disso, o regime monetário resistiu a duros testes durante a crise mexicana do peso.

Também é verdade que a Argentina tem uma alta taxa de desemprego (efeito imediato da drástica reestruturação e da liberalização), mas nenhum político ousaria modificar a regra. Na Argentina, todos compreendem muito bem que brincar com o controle monetário significa retornar à hiperinflação. A velha solução dos empregos públicos está felizmente fora de moda. A única estratégia que resta implica maior flexibilidade e produtividade, bem como a adoção de uma estrutura de taxação que favoreça o emprego em vez das taxas.

Uma vez que a moeda forte tem sido um sucesso político e econômico para a Argentina, quem é candidato a passar pela mesma experiência? Acredite-se ou não, o México. Uma mudança para a paridade fixa com o dólar abrandaria o ciclo de desvalorização e colapso que se repete a cada seis anos, coincidindo com as eleições presidenciais. Na metade do ciclo atual, o governo jogou a carta da despesa apenas para vencer as próximas eleições para o Congresso. Para as eleições presidenciais de 2000, deve-se esperar ainda mais política e ainda menos estabilidade econômica. O México pode mudar essa situação adotando um sistema baseado no dólar.

O regime do tipo *currency board* adotado na Argentina seria ideal para o México, não fosse um pequeno problema: a credibilidade. O México continua sob suspeita; por essa razão, deve agir mais drasticamente.

Para enfrentar o problema, o México deve dar um passo a mais e liberar-se quase inteiramente do peso. Especificamente, o sistema bancário inteiro deveria operar em dólares. Dessa forma, descartar o *currency board* ou proceder a uma outra desvalorização passariam a ser opções impossíveis. Essa reforma bastante radical estabeleceria um nível de confiança sem precedentes. A argumentação contrária a isso — de que seria politicamente impossível, pois o nacionalismo não o permitiria mais — está fora de moda.

Hoje, o PIB *per capita* mexicano continua no ponto em que se encontrava na metade dos anos 70. Se o país não pode gerir uma taxa de câmbio competitiva, deve liberar-se da própria taxa de câmbio. Em um sistema baseado no dólar, os salários e os preços convergiriam rapidamente para níveis norte-americanos, o sistema oficial para fixar os salários (conhecido como o pacto) felizmente se tornaria impossível, os prêmios de risco nos mercados de crédito diminuiriam e o mercado de crédito ressuscitaria. A unidade incontrolável da artilharia — o peso — teria sido neutralizada.

O que quer que faça no campo monetário, o México estará em liberdade vigiada nos próximos anos. Os Estados Unidos não podem fazer muito para ajudá-lo posteriormente: as reformas propostas, como a união monetária e um representante do México no Federal Reserve, são inconcebíveis. Mas a melhor oportunidade para ir adiante vem da utilização de um sistema que tenha funcionado em outro lugar. Como demonstra a experiência argentina, a moeda estável é o início da prosperidade econômica e da estabilidade política. O México precisa de ambas, mas não há expectativa de que alcance uma ou outra. Depois de experimentos demais, hoje a moeda forte é o caminho mais seguro, antes que chegue a próxima desvalorização.

36

Como não salvaguardar a democracia na África do Sul

Quando o sistema majoritário se afirmou na África do Sul, a ampla coalizão vencedora esperava que o embargo que os investidores estrangeiros haviam imposto a si mesmos cedesse espaço ao retorno dos investimentos, com efeitos benéficos tanto para o crescimento econômico como para a disponibilidade de moeda estrangeira. As instituições multilaterais fariam de tudo para garantir uma aterrissagem suave para esse esforço enérgico de democratização, com os bilhões do FMI e do Banco Mundial. O *timing* estava ajustado: o crescimento econômico mundial prometia voltar, e com o dólar em dificuldade, os preços do ouro seguiam uma boa tendência.

Infelizmente, as coisas não se deram desse modo. O déficit do orçamento é enorme: chega pelo menos a 6% do produto interno bruto. O afluxo imediato de capital estrangeiro não se materializou e por essa razão as reservas de moeda estrangeira já se esgotaram. Os investidores estrangeiros, desconfiados de uma situação na qual os lucros potenciais e os riscos não são comensuráveis, mantêm-se à distância. Os capitais estrangeiros preferem disparado as situações nas quais os potenciais de ganho são vastos, se for preciso assumir riscos. Sob esse ponto de vista, Rússia, Brasil, Venezuela, Vietnã ou mesmo a China são muito mais atrativos que a África do Sul.

Toda vez que uma jovem democracia se encontra diante de problemas econômicos sérios, irrompe em cena o populismo. E mais cedo ou mais tarde, sem falta o populismo econômico se transforma em crise econômica e, por

Publicado originalmente na *Business Week*, 19 de setembro de 1994: 22. Reproduzido com permissão.

fim, em queda dos salários reais. O risco é cada vez mais evidente na África do Sul. Se isso acontecesse, a perspectiva de emancipação econômica da população minguaria. Infelizmente, o problema não é só econômico. A democracia é invocada para produzir resultados que a economia não pode criar.

PROMESSAS, PROMESSAS

No *front* doméstico, crescem as tensões em torno das estruturas dos salários e do orçamento. Para os trabalhadores, democracia significa oportunidade, esperada por longo prazo, de obter os benefícios econômicos que lhes foram manifestadamente negados. E os governantes relutam em dizer não porque sabem que se os eleitores não vêem o progresso econômico refletido em seus contracheques, o país fica repleto de políticos dispostos a prometer o céu. Esse é o primeiro passo para o aumento dos gastos públicos, seguido prontamente pela inflação.

Comumente, o passo seguinte é a tentativa de conter a inflação permitindo a sobrevalorização da moeda. A motivação óbvia é dar fim ao círculo vicioso da inflação dos preços, inflação dos salários e depreciação da moeda. Mas a sobrevalorização da moeda contém a semente de uma crise monetária, que se traduz em horizontes mais limitados e taxas de juros mais altas para persuadir os investidores a permanecerem a bordo. Por sua vez, essas taxas de juros elevadas dificultam a situação dos devedores: insolvência e, a seguir, falência. Por fim, desmorona o castelo de cartas. Quando o país fica sem moeda estrangeira, os salários reais se precipitam.

É claro que não sê prevê para breve um colapso econômico da África do Sul. Um dos aspectos insidiosos do populismo é que no começo ele tem um sucesso estrondoso. Um maior poder aquisitivo de fato cria postos de trabalho e prosperidade: a inflação chega mais tarde. Aqueles que alertam contra os riscos são abertamente contrariados pelos fatos e perdem a credibilidade. E enquanto os conselhos de moderação e prudência são lançados à margem, os populistas ganham popularidade e poder. E já que, antes de tudo, as políticas populistas dão frutos, são levadas muito além de um limite razoável, preparando o terreno para o colapso.

O MAL LATINO

Esse ciclo populista é bem conhecido graças a inúmeros exemplos provenientes da América Latina, cada vez acompanhados da pretensão de que "se trata de uma economia singularmente diferente". Se os salários puderem ser aumentados, continua o argumento, haverá crescimento. A inflação não é um problema e as taxas de câmbio não têm importância. Tudo isso é verdade no início, mas não vale a longo prazo. Um inesquecível exemplo desse ciclo pode ser percebido no Peru dos anos 80, quando o presidente Alan García pensava poder criar prosperidade usando apenas caneta. Ele teve um ano grandioso, um ano bom, e depois um espantoso craque.

A África do Sul poderia contrair o mal latino. É útil lembrar a Pretória os riscos iminentes, mas o cuidado com que a coalizão dá forma a uma estratégia sensata demonstra ter consciência do risco. A atenção dos formuladores da política econômica sul-africana e do resto do mundo deveria concentrar-se sobre poucos pontos específicos:

- A comunidade econômica mundial deve estar atenta à aparição de fenômenos populistas, que colocam em risco os atuais planos econômicos, e denunciá-los no momento mesmo em que surgem.
- A política pública e o apoio internacional devem promover um esforço maciço de investimento em capital humano: a única fonte conhecida de crescimento equilibrado e prosperidade. Estamos falando de uma economia na qual a discriminação manteve a maioria da população excluída de uma existência plenamente produtiva.
- Abertura da economia, que está crivada de protecionismo, regulamentação e ineficiência, liberando recursos que podem aumentar os salários reais sem forçar a estabilidade.
- As instituições multilaterais devem empenhar-se em fazer da transição sul-africana para uma sociedade democrática e pluralista um sucesso ideal, do mesmo modo que, por razões de segurança, dispuseram-se a ajudar o Leste Europeu a realizar reformas e alcançar a estabilidade.

37

O México deve abandonar o peso pelo dólar

Se o México quer mudar, deve abandonar o peso e adotar o dólar como sua moeda corrente. Se isso for feito, dentro de um ano teremos um *boom* econômico, com 6% de crescimento praticamente assegurado.

Por que abandonar o peso? Porque toda vez que o México faz progresso econômico, este termina destruído por uma crise monetária. A economia mexicana funciona seguindo um ciclo político, o das eleições presidenciais que ocorrem a cada seis anos. No terceiro ou quarto ano, a economia está quase sempre em crescimento, tal como atualmente. Depois, a despesa pública e a dívida durante o ano eleitoral levam a uma crise do peso. Este é o terceiro ano do atual ciclo político e o México emergiu com sucesso da crise do peso de 1994-95. A menos que o México mude seu sistema monetário, em 2000 — o ano das próximas eleições presidenciais — ocorrerá uma repetição do ciclo crise-colapso-recuperação.

As sementes dessa crise já foram plantadas. Existem graves incertezas políticas precisamente no momento em que a democracia se confronta com um partido oficial falido que não renuncia ao poder. As eleições parlamentares de julho, quando o Partido da Ação Nacional e o Partido Revolucionário Democrático poderão aumentar a própria influência, indicarão o que está por vir. Também o sistema financeiro passa por dificuldades. Continua arrastando-se desequilibrado por balanços desastrosos e intervenções emergenciais diárias do governo.

Publicado originalmente na *Business Week*, 19 de maio de 1997, p. 22. Reproduzido com permissão.

Todas as nações gostam de ter uma moeda própria, por muitas razões. A primeira e mais importante é o nacionalismo. Um país tem sua bandeira, suas linhas aéreas e sua moeda. São parte de sua cultura e de sua identidade. Imprimir dinheiro é também uma fonte de financiamento para os governos. Podem retribuir melhor aos eleitores permitindo que as casas da moeda continuem em atividade. A política monetária, exercitada por meio de ajustes de taxas de juros e de câmbio, pode ser um instrumento válido de flexibilidade para compensar choques externos que golpeiam a economia.

UMA POLÍTICA ABUSIVA

É imediatamente evidente que esses argumentos tradicionais não têm força quando aplicados ao caso do México. A cada seis anos, os funcionários do governo mexicano abusaram precisamente dessa flexibilidade, causando crises do peso. Sobrevalorizaram a moeda e imprimiram dinheiro mesmo diante de uma fuga de capitais.

Um programa de dolarização para o México não poderia ser mais simples. O país declara que o dólar é sua moeda legal. O banco central usa as próprias reservas de dólares para retirar as notas de valor alto de circulação e as substitui por notas de dólares. O sistema bancário concede empréstimos e aceita depósitos apenas em dólares.

O efeito líquido seria o fim da volatilidade monetária e da inflação no México. Os preços e os salários não refletiriam mais as incertezas que se associam às crises cíclicas do peso e à inflação galopante de seis em seis anos. O crescimento dos salários ficaria limitado aos ganhos de produtividade. Os preços provavelmente diminuiriam a partir do momento em que as pessoas não precisassem mais se preocupar com a depreciação da moeda ou com a inflação.

A ARGENTINA TEVE ÊXITO

Um programa como esse pode funcionar? É de fato assim tão simples? A Argentina já declarou a paridade com o dólar. Não passa uma semana sem que a Argentina toda aplauda aquele dia fatídico de 1992, quando todo o país comprometeu-se definitivamente com o dólar. O crescimento atingiu uma média de 5%, um nível nunca antes alcançado, e hoje chega a quase 7%. A estabilidade foi colocada à prova quando a fuga de capitais, depois da última crise do peso, ameaçou a economia argentina. O padrão-dólar teve êxito.

Para não ofender as sensibilidades nacionalistas, seria melhor se o México seguisse o exemplo argentino e criasse um *currency board* para gerir um peso ancorado ao dólar. Mas os políticos mexicanos candidatos à presidência detêm o recorde de manipulação do peso durante o período de eleições. Simplesmente, não se pode ter confiança de que eles não vão interferir na gestão do câmbio. Por isso a economia mexicana deve ser dolarizada.

No passado, a gestão da moeda e do câmbio conduziu a desastres. Não será diferente no futuro. São as mesmas pessoas que governam. São bem-intencionadas, bem treinadas... e, sobretudo, dominadas pelos problemas políticos do momento. Essa custosa insistência em tentar passar a perna nos mercados arruinou o progresso por décadas. Certamente, a moral é perguntar se vale a pena manter o peso como moeda nacional, e a resposta é não.

O México realizou esforços extraordinários para reestruturar sua economia e reconhecer que a integração no mundo é uma fonte de crescimento. O NAFTA é uma grande aposta e agora está dando seus resultados. Todavia, a estabilidade monetária é uma base essencial para os fluxos de investimentos diretos no México. Ela é fundamental para que se obtenham baixas taxas de juros sobre empréstimos. Estas são, por sua vez, essenciais para um renascimento dos investimentos e para um crescimento equilibrado. Se o México deseja o progresso social e a estabilidade política, deve seguir decididamente na direção do NAFTA pagando um último tributo à prosperidade. Deve mudar definitivamente para o dólar.

38

Brasil: Políticas possíveis para o segundo mandato

O Brasil é diferente, e sempre foi. Malgrado a crise mexicana, malgrado a crise asiática e malgrado a crise russa ainda em curso, o Brasil consegue resistir e seguir em frente. Contudo, o Brasil é um dos principais candidatos para a próxima crise, segundo todas as opiniões. Amplos déficits orçamentários, vastos déficits em conta corrente e uma enorme dívida de curto prazo — todos presentes no caso do Brasil — são fortes evidências para os que investigam as crises. Todavia, parece que nunca vai ocorrer. Uma das razões pelas quais o Brasil goza de maior confiança do que a Rússia ou a Venezuela é a forte perspectiva de reeleição do presidente Fernando Henrique Cardoso no primeiro turno e a resultante incumbência de realizar uma grande reforma no seu segundo mandato. Mas há também importantes progressos no setor privado brasileiro nos anos 90, que dão a impressão de um país com todos os números para ser um importante jogador na economia mundial.

O Brasil é diferente: sem um arsenal nuclear, a Rússia seria como a África e a Venezuela, um país à margem de uma América Latina que se moderniza rapidamente. O Brasil, ao contrário, é uma equipe da primeira divisão, mas ainda não realizou toda a sua promessa. Diante de uma promessa dessas, os investidores não estão muito dispostos a desistir. Os bem treinados decoradores de interiores do governo — o melhor deles é o ministro Pedro Malan, um verdadeiro Pitanguy em sua atenção "cosmética" ao orçamento, aos balanços e às vaidades dos investidores — têm sido essenciais para garantir a eterna juventude da idéia de que o Brasil é o país do futuro. Mas tudo isso não será suficiente quando as eleições estiverem concluídas. A nação nutriu-se da promessa do que está por vir, mas algo tem que acontecer, sobretudo nos próximos seis meses. Sem medidas políticas drásticas, os credores perderão a confiança e, quando isso ocorrer, o dique cederá.

O que precisa ser feito? Os principais resultados a serem buscados são uma combinação de redução da vulnerabilidade financeira e aumento do crescimento. Esses dois objetivos estão claramente inter-relacionados: um maior crescimento melhora o desempenho fiscal e, dessa forma, reduz a vulnerabilidade financeira; uma menor vulnerabilidade diminui as taxas de juros e por isso aumenta o crescimento. É importante reduzir a vulnerabilidade porque não se pode prender a respiração para sempre, vivendo com uma postura defensiva beirando o estado de sítio, no qual a macroeconomia lança uma sombra sobre a vida econômica cotidiana. É essencial aumentar o crescimento porque o Brasil teve resultados medíocres nas últimas duas décadas, incluindo os anos do governo de Fernando Henrique Cardoso. De quase 8% nos anos 1960-1980, o crescimento caiu para escassos 2% no período 1980-98. Esta taxa está um pouco acima do crescimento demográfico, o que significa que o cidadão médio de fato não progrediu nada, sobretudo se incluirmos o aumento do endividamento e o fato de a maior parte dos ativos estatais não existir mais.

Que papel podem ter as taxas de câmbio em um retorno à estabilidade financeira e ao crescimento? Nada de maior importância: não há nenhum belo truque capaz de fazer o país sair da caixa. Uma maxidesvalorização é uma solução horrível, e sempre foi horrível, pelo menos desde que a inflação e os balanços públicos se tornaram um problema. Uma ancoragem ajustável mais agressiva teria sido uma estratégia muito boa quando do plano de introdução do real, e teria evitado a custosa apreciação que agora se reflete no baixo crescimento, no amplo déficit externo, no claro aumento da dívida e no crescimento da vulnerabilidade. O outro caminho comportaria a vantagem de uma inflação mais baixa, mas seguramente a um preço exorbitante em termos de fragilidade e desempenho do crescimento. Mesmo se aceitamos, olhando em retrospectiva, que foi uma má escolha, não é possível fazer voltar os anos. A política da taxa de câmbio pode, na melhor das hipóteses, ser útil para um maior comprometimento com uma política corajosa como a adotada pela Argentina, colhendo por fim os frutos da confiança e a redução das taxas de juros.

Manter abertas as opções na forma de bandas de oscilações mais amplas e de um ritmo incerto de ajustamento é uma estratégia arriscada para um país que tem finanças públicas ineficientes e alta vulnerabilidade externa. Os investidores cobrarão um prêmio para esta opção. Manter abertas as opções custa caro no mundo financeiro. Portanto, se os formuladores da política econômica estão empenhados em baixar a inflação, como certamente estão no caso do Brasil, então com certeza vão resistir a uma grande mudança na política monetária. E se essa é a sua intenção, poderiam empenhar-se ao máximo e evitar ter de pagar prêmios inúteis aos investidores. A palavra mágica aqui é *currency board*. Significa alguma coisa no Brasil? É claro que na Argentina foi um passo decisivo para o restabelecimento da normalidade. No Brasil, enquanto o presidente Fernando Henrique Cardoso se avizinha do fim de seu mandato e aparecem no horizonte políticos provavelmente menos promissores, a institucionalização da estabilidade financeira é um ponto crítico. Conectar rigidamente a política monetária a um valor fixo da moeda não é de forma alguma plausível. Poderíamos pensar que essa seja uma estratégia adequada apenas para economias financeiramente esgotadas e para "Repúblicas das Bananas", e não para países grandes e bem-sucedidos. Infelizmente, a situação do Brasil está comprometida, depois de duas décadas de má gestão; por isso o país não pode se permitir luxos. O país tem que mostrar que, independentemente da política interna cotidiana e de personalidades, existe um comprometimento com a estabilidade: para isso precisa-se de muito mais que discursos. Isso é certamente ainda mais verdadeiro no caso das finanças de mercados emergentes, desiludidos por três anos de crise.

Dessa forma, a busca da estabilidade financeira compreende sobretudo o círculo virtuoso de cortes orçamentários que induzam uma redução das taxas de juros, diminuição dos déficits, e assim por diante. Se esses cortes forem duradouros e não apenas medidas para enfrentar emergências, há espaço para a realização de mudanças importantes. Mas os cortes orçamentários seguramente vão prejudicar o crescimento, ao menos no começo. Um menor crescimento melhorará o equilíbrio externo, o que é útil para fomentar a confiança. Mas os investidores sabem que um Brasil sem crescimento equilibrado é um risco. Por isso é essencial um maior compromisso com relação às taxas de câmbio para estimular importantes reduções das taxas de juros por meio dos cortes orçamentários.

Se a competitividade não pode ser alcançada por meio de movimentos das taxas de câmbio, claramente os meios devem ser a flexibilidade e a produtividade do mercado de trabalho. Neste campo, pouca coisa aconteceu, em parte porque o governo politizou demais todas as frentes do ajuste econômico. A perspectiva de desfazer, com essa estratégia, uma vasta sobrevalorização só pode ser limitada. A Argentina percorreu esse caminho com a maior firmeza possível. Onde quer que o governo encontrasse obstáculos às exportações ou custos excessivos, de um porto ineficiente a uma injustificada regulamentação das finanças públicas, agia com toda a energia. Houve uma boa dose de sucesso, mas claramente não o bastante para compensar uma alta taxa de câmbio. Se o Brasil pretende realizá-la, deverá pelo menos igualar o entusiasmo argentino pela competitividade. A flexibilidade do mercado de trabalho é, seguramente, um outro problema nodal que se liga tanto a melhores perspectivas de emprego como a custos mais baixos. Os salários na moeda local devem baixar, e o emprego deve aumentar. Os dois só aumentarão *pari passu*, na Argentina e no Brasil, com mercados bem mais flexíveis.

Há muita esperança de que, no segundo mandato, o presidente Fernando Henrique Cardoso possa antes de tudo reparar muitos dos erros ou omissões do passado. Como conseqüência, assim segue a história, o Brasil poderá obter rapidamente resultados apreciáveis, sem ser mais sitiado de forma recorrente por iminentes crises monetárias e taxas de juros recordes. As previsões são excessivamente favoráveis. Sem dúvida, o cenário mais esperado é de somente 3% de crescimento. O ambiente externo é menos propício do que foi no passado e as expectativas de apoio político às reformas radicais são demasiado otimistas. Além disso, em breve os investidores olharão para o futuro, além de Fernando Henrique Cardoso e Lula, e poderão ver, diversamente da situação atual, muita incerteza e pouco consolo.

39

O Brasil além das ilusões tropicais

Do ponto de vista financeiro, o Brasil hoje está em queda livre. Em uma rápida sucessão, o país passou de uma minidesvalorização fracassada (como aquela mexicana de 1994) para uma banda estreita de oscilação do câmbio que entrou em colapso em um dia sob a pressão de uma megadesvalorização forçada pelo mercado. Os formuladores da política econômica estão traumatizados com o que está acontecendo nos mercados, e até agora foram incapazes de introduzir aquela mudança significativa de regime que justificaria a renovação da confiança no país e em suas finanças. É verdade que o Congresso deu início à aprovação de leis que teriam sido suficientes no ano passado, mas que hoje estão um tanto defasadas. Voltam-se para o passado para defender uma decoração de interior disfarçada de genuíno progresso. Mas a prosperidade não é medida pelo mercado de ações, pela privatização e por todo o dinheiro tomado emprestado, mas antes avaliando se a renda *per capita* melhorou e se o investimento no futuro foi alto. Depois de duas décadas de experiências com uma moeda fraca, não surpreende que isso não tenha acontecido. O país continuou enredado na defesa da própria moeda sobrevalorizada e perdeu de vista a questão mais fundamental do crescimento e da estabilidade. Uma enorme dívida ruim foi contraída, as apostas foram dobradas e triplicadas, e agora foi expulso do cassino. Chegou o momento de fazer reformas drásticas.

Como muitas das tentativas de estabilização na sua história, e na de toda a América Latina, o Plano Real fracassou. Durou muito mais que os outros e parecia bem melhor, mas isso devido à enorme quantidade de dinheiro tomada de empréstimo. Além disso, os ganhos com a privatização foram disponibilizados para financiar uma aparência de estabilidade e normalidade, na qual todos queriam acreditar, cada um por suas próprias razões: o presidente, para obter outro mandato; os brasileiros, porque o suplício da normalidade em um país pobre e com grandes desigualdades é demasiado pesado. Quanto aos investidores, contentavam-se em aderir ao sonho porque era um bom negócio: todos de acordo, o Brasil é diferente. Sim, como sempre até que se prove o contrário; até esse momento, vamos negar a realidade. A crise asiática teve pouco a ver com o colapso do Brasil, que foi inteiramente produzido em casa, como o do México por sua vez, com uma taxa de câmbio sobrevalorizada e um enorme déficit orçamentário, muitas obrigações estrangeiras de curto prazo com o exterior, e uma explosiva dívida interna indexada.

A reivindicação de crédito por parte do Brasil justificava-se pelo fato de o país ter contido a inflação, sem ter feito nada para que a situação perdurasse. A primeira fase de uma estabilização sem austeridade fiscal, e com uma moeda forte, é sempre uma fase de euforia: a inflação é baixa, o dinheiro aflui do exterior, os mercados acionários decolam, o consumo aumenta, finalmente retorna o crescimento. A segunda fase, quando surgirem as dúvidas e os investidores abocanharem sua fatia do bolo, é feita de altas taxas de juros, de um encurtamento dos vencimentos e da indexação da dívida: mais outra ajuda em dinheiro, por favor, só até o fim das eleições e até que o FMI venha nos afiançar. E depois chega o inevitável terceiro capítulo, no qual os investidores querem dar o fora quando ainda resta algum dinheiro. É nesse momento que o castelo de cartas desmorona. As taxas de câmbio não podem ser mantidas elevadas para sempre, o que significa que a moeda não vai se sustentar, o que significa que se deve cair fora, e rápido. A mesma bolha de sempre.

Este é o teorema fundamental das crises monetárias: levam muito mais tempo para acontecer do que se poderia esperar, mas depois transcorrem muito mais rapidamente do que se poderia imaginar. E também há um outro teorema: de três crises previstas pelos economistas, duas nunca ocorrem, e a terceira é muito pior do que a esperada. O Brasil é a confirmação dessas verdades. O mais surpreendente é que, depois do México, depois da Ásia, depois da Rússia, em que pensavam exatamente os brasileiros? Os investidores podem ser facilmente compreendidos: sabiam que ainda havia algumas reservas e algum dinheiro do FMI que lhes permitiria pular do barco sem molhar os pés. Mas o que dizer dos que pagaram o pato, sobretudo o governo? Ainda acreditam em Papai Noel ou em algo parecido com o "grande demais para falir"? E o FMI e o Tesouro norte-americano agora aprenderam que é melhor ser mais cético quando se ouve apenas promessas sem se ver nada de concreto? A justificação de que o governo brasileiro não tinha a intenção de cooperar soa absurda, talvez seja verdadeira, e significa somente que o FMI é hoje um emprestador de última instância para jogos desesperados, favorecendo a instabilidade em vez de finanças sólidas. O presidente do FMI, Michel Camdessus, tornou-se o maior crupiê do mundo... Planeta Terra para Camdessus: controle-se.

Três passos devem ser dados para criar uma economia estável e de sucesso. O primeiro e mais urgente: o país deve adotar um *currency board*. A inflação e a taxa de câmbio foram um problema constante nos últimos vinte anos, responsável por um crescimento *per capita* zero em todo esse período. Basta, livrem-se do banco central, tal como a Argentina. É uma mudança difícil para um país grande, orgulhoso e orientado para dentro. Mas não somente reflete uma exigência de adaptação a um mercado de capitais moderno sempre disposto a apertar o gatilho e não perdoar, como também é uma questão de bom senso depois dos horríveis recordes econômicos negativos das últimas duas décadas. A justificação tradicional para a manutenção de um banco central articula-se em três razões: o orgulho nacional, a capacidade de criar moeda e a flexibilidade proporcionada pela capacidade de agir sobre a taxa de câmbio em vez de passar por dolorosos ajustes internos. Se refletirmos por um segundo, concordaremos que nenhum desses argumentos se aplica a situações tropicais nas quais cada uma dessas razões transformou-se em peso morto. Ficar orgulhoso com a quinta moeda em poucos anos é uma piada, imprimir muito dinheiro é um risco e manipular a taxa de câmbio seria bom, mas a idéia original não era exatamente primeiro sobrevalorizá-la, para depois vê-la entrar em colapso. Os *currency boards* em Hong Kong e na Argentina não são uma panacéia, mas são uma excepcional pilastra da estabilidade em meio à turbulência regional. São a estrada a ser seguida.

O segundo passo, lamentável e inevitável, é reestruturar a dívida interna. Ela tem um vencimento extremamente curto e é indexada às taxas dos mercados monetários ou do dólar, e por isso cresce a um ritmo vertiginoso. Os imensos pagamentos de juros de uma dívida que aumenta como bola de neve constituem uma grande parte do problema fiscal. Alongar os vencimentos usando taxas de juros prefixadas e moderadas, mas indexadas, não é punitivo e pode resolver o problema que de outra forma, no decorrer do tempo, simplesmente se tornaria um outro cancelamento da dívida, tal como o que ocorreu no Brasil há poucos anos. O argumento de que ninguém concederá mais crédito ao Brasil é um absurdo. Os investidores voltarão assim que a última dívida for quitada ou cancelada, tal como sempre voltaram.

O terceiro passo é empenhar-se em fazer reformas estruturais e restabelecer a credibilidade. O Brasil deveria imediatamente colocar à mesa as privatizações restantes e levá-las a cabo, sem corrupção. Uma tal medida criará confiança e ajudará a reduzir o custo do capital para a volta do Brasil no mercado mundial de capitais. Tirar o Estado do mercado seria metade da reforma. A outra metade depende de que o governo desista de elaborar regras arbitrárias e interferir na atividade econômica. Um século de governos intrusivos, poderosos e instáveis criou uma vida econômica que busca favores e privilégios em troca de apoio a uma má administração pública. Os horizontes são reduzidos e os investimentos — ao contrário das especulações e venda de títulos — são baixos, da mesma forma que o crescimento. O Brasil encontra-se em uma encruzilhada: ficou sem dinheiro e sem "jeitinho".

VII

Milagre do Leste Asiático? Quase

40

Os tigres de papel, o FMI e o mercado mundial de capitais

Em um primeiro momento, o colapso do Japão foi uma surpresa colossal. um país que durante anos tinha dado lições aos Estados Unidos sobre como crescer e progredir subitamente se mostrava combalido, com bancos falindo e um mercado acionário despencando tragicamente. A seguir, a desintegração da Ásia foi uma surpresa para a maioria de nós. Até pouco tempo atrás, os tigres asiáticos e os bebês tigres eram designados como exemplos de sucesso entre as economias emergentes: finanças públicas estáveis, altas taxas de poupança e de investimento, firme integração na economia mundial. A Tailândia está numa situação muito complicada; a Coréia, numa situação ainda mais complicada, as Filipinas estão à beira do colapso, tal como a Malásia e a Indonésia, onde os problemas de sucessão política se somam a um quadro de grandes déficits externos e frágeis sistemas bancários. Atualmente, a única dúvida é até onde continuarão caindo e quem será o próximo. Hong Kong está prestes a capitular? Cingapura agüentará? E quanto falta para a China terminar mal? Todos os países com grandes déficits estão sob suspeita, como também todos os que se ancoram no dólar, todos os países com um *boom* do setor imobiliário, todos os países com um velho ditador enfrentando problemas de sucessão e todos os países com um sistema bancário muito ineficiente. Com base em critérios tão amplos, poucos países passam no teste.

As burocracias asiáticas — arquitetas do milagre e estrategistas do controle financeiro ao velho estilo e do moderno recurso aos empréstimos internacionais com alta alavancagem — estão revoltadas. Afirmam que uma conspiração de especuladores sem escrúpulos está afundando economias perfeitamente sadias. A sua imagem está sendo desacreditada e elas lançam mão de controles sobre o câmbio e restrições sobre trocas financeiras. Fazem as coisas piorarem mais a cada dia que passa. E enquanto lança a sua fúria e até rotula caluniosamente o FMI de conspirador, o irascível primeiro-ministro malaio dr. Mahathir dá o alerta: esses sujeitos são malvados, não são parceiros confiáveis, "*bye-bye*". Os mercados acionários incham, enquanto os investidores buscam lugares mais convenientes, onde o tapete vermelho lhes seja estendido com graça requintada: Rússia e Bulgária, Brasil e Egito.

A crise atual não é um resultado inevitável da experiência de crescimento asiático dos últimos vinte anos, nem dos mercados internacionais de capitais por si mesmos. As finanças dos mercados emergentes são um importante desenvolvimento; os benefícios para a economia mundial são enormes porque elas favorecem a acumulação de capital em economias atrasadas e, por essa razão, aceleram em décadas seu progresso em termos de padrões de vida. Sem dúvida, tomar empréstimos no exterior só pode complementar, mas não substituir, a poupança interna. Mas quanto a isso, a Ásia não tem problema: as taxas de poupança sempre foram altas. As taxas de investimento é que tem sido fenomenais. O problema central das economias asiáticas é sua relação com o mercado mundial de capitais: bancos, instituições financeiras e grandes corporações pouco regulamentadas e excessivamente alavancadas. A recente possibilidade de fazer empréstimos externos a baixo custo traduziu-se em um *boom* de investimentos que as tornou excepcionalmente vulneráveis. Na base de todo problema bancário estão os empréstimos de empresas falidas e os valores imobiliários que caem bruscamente de níveis estratosféricos. A crise financeira asiática de hoje é sobretudo uma crise financeira interna, e não uma crise monetária. A vulnerabilidade dos sistemas financeiros deixava os governos impossibilitados de praticar taxas de juros normais; sua tentativa de ficar abaixo das taxas de juros mundiais deixava-os expostos a ataques especulativos. O fato de haverem tolamente apostado todas as reservas de moeda estrangeira (como na Itália e na Grã-Bretanha em 1992) só poderia ter um resultado: depreciação da moeda. E uma vez que isso ficou claro, todos os credores se engalfinharam para escapar, o que serviu apenas para perceberem que já era tarde demais. O caos que se seguiu foi grande demais, mesmo para os investidores de longo prazo: os mercados acionários foram liquidados, criando um círculo vicioso de depreciação, queda das cotações e alta de taxas de juros. A carnificina financeira ainda não terminou.

Os ditadores asiáticos (ou quase-ditadores) têm pouca simpatia pelos desmancha-prazeres, sejam eles partidos democráticos de oposição ou investidores internacionais. Eles estragam a aparência de paz e prosperidade; mostram que o rei está nu. O drama atual da Ásia tem tanto a ver com governos ilegítimos, megalomaníacos e corruptos quanto com problemas financeiros propriamente ditos. Não lancem a culpa sobre os especuladores. Seu trabalho nunca foi perder dinheiro: eles apenas o arriscam. Eles são pagos por seus investidores para assumir os riscos em situações que envolvem oportunidades emergentes e para escapar antes que as portas se fechem. É óbvio que isso desagrada muito ao ministro das Finanças, mas desde o princípio foi essa a regra das finanças. Se um país ingressa no jogo do crédito internacional em busca de investidores, deve abandonar todas as ilusões ao ingressar. Quando o primeiro-ministro da Malásia chama os especuladores de "imbecis" e "racistas", está confundindo tudo: eles não são estúpidos nem racistas: de fato, são insensíveis à cor da pele. Mas são muito bons em farejar problemas, e quando os percebem, escapam rapidamente.

É surpreendente que a Ásia, sobretudo a Tailândia, tenha expandido tanto seus empréstimos. Parece quase uma réplica da crise da dívida dos anos 80. A razão principal é que o Japão não aprendeu a lição na época nem agora. Os bancos japoneses, desejosos de restaurar seus próprios balanços com os suculentos prêmios na Ásia, emprestaram mais de quarenta bilhões de dólares à Tailândia. Se é preciso identificar os culpados, são eles os bancos japoneses e seus supervisores, bem como as autoridades financeiras tailandesas, e não os especuladores de Nova York que fizeram desmoronar o castelo de cartas.

O FMI também está sendo alvo de críticas. No passado, o Fundo raramente havia comentado sobre os detalhes dos orçamentos. Limitava-se a observar a oferta de moeda e o déficit. Mas hoje a sua influência é muito maior, como também seu senso de responsabilidade. Hoje tem em mãos a alavanca dos mercados de capitais. Se o FMI dá a sua bênção, o dinheiro flui em abundância para um país e lá se vão todas as preocupações com o financiamento externo. A nova alavanca transforma o FMI em polícia das boas finanças. Nenhum dos grandes países pode ou quer atuar nesse papel; o FMI se presta ao papel e está crescendo nele. O Fundo tem toda a razão ao advertir — em um momento de intensa crise sistemática na região — que a inclinação da Malásia para megaprojetos é perigosa, que a Tailândia necessita arregaçar as mangas e que o déficit da Indonésia é demasiado alto. O mundo inteiro ganha se o FMI usar de maior força em seu papel de vigilância. Por maior que seja a irritação do ministro criticado, três vivas para o FMI por ter declarado em alto e bom som a sua posição.

A Ásia não é o único lugar do mundo onde se podem encontrar finanças pouco sólidas. Seguramente, a África do Sul é muito frágil e tem em curso operações a termo extremamente perigosas, que não se distinguem daquelas que provocaram o *crash* na Tailândia. O Brasil está à espera da sua crise, na esperança de empurrá-la para depois das próximas eleições; a Rússia está tentando desesperadamente — e até agora teve sucesso — manter-se longe do precipício. E ainda há outros. As finanças dos mercados emergentes trarão bons rendimentos e, ocasionalmente, riscos bem altos: *caveat emptor*.

O novo mundo das nações periféricas financiadas de maneira agressiva comporta maior incerteza, maior instabilidade e crises ocasionais. Mas as crises são um bem: têm a função educativa de disciplinar tanto credores como devedores para controlarem suas exposições ao risco, limitarem a vulnerabilidade e refletirem sobre o que pode dar errado. Nos mercados emergentes, há uma grande necessidade disso: é o aspecto positivo das crises atuais.

41

Por que o Japão atira nos próprios pés?

Dez anos atrás, o Japão parecia ter um poder imenso, e parecia pronto para desempenhar um papel dominante no comércio e nas finanças mundiais. Hoje, o iene é tão onipotente quanto era o dólar no ponto máximo de sua supervalorização, em 1985, mas sua força é ilusória. A verdade é que as moedas excessivamente fortes primeiro corroem os lucros, e depois os postos de trabalho, a estabilidade financeira e a coesão social.

Os Estados Unidos desceram essa ladeira nos anos 80. Foi preciso uma década para reparar o dano causado por altas taxas de juros reais, contas públicas em desordem, sobrevalorização e desindustrialização prematura e excessiva. Por sua parte, o Japão tinha os bolsos cheios: as perdas foram compensadas nos mercados domésticos por acionistas e banqueiros que não faziam perguntas. Agora, depois de muitos anos de dificuldade financeira e crescimento zero, os bolsos estão vazios e uma dura batalha está em curso. As empresas japonesas sabem o que fazer: transferir-se para o exterior, para bem longe do iene forte, deixando para trás um rastro de contratos vitalícios rescindidos, bancos quebrados e finanças públicas arruinadas.

Enquanto o iene dispara, a economia japonesa afunda. As empresas passam pela roda de suplício da apreciação da moeda e cortes de custos, os bancos estão em dificuldade e o governo, parado esfregando as mãos. O Japão encontra-se em uma espiral fatal de sobrevalorização que é inteiramente autoimposta: está insensatamente cuspindo fora mercadorias e sugando dinheiro. Os japoneses são famosos por sua poupança, mas com a rentabilidade em queda, eles investem pouco e inundam o mundo com mercadorias. Mas

Publicado originalmente na *Business Week*, 8 de maio de 1995, p. 26. Reproduzido com permissão.

como detentores de ativos, insistem no iene forte em seus balanços e fluxos de caixa, despejando seus dólares em excesso em todo o mundo. O resultado, perverso, é um iene tão forte que os japoneses não se podem permitir viver com ele.

Um modelo superado

No passado havia a Japan Inc.: uma parceria estreita entre governo e empresa que assegurava estabilidade e crescimento. Os mercados de bens e ativos eram mantidos abafados, dessa forma as empresas podiam desfrutar de finanças baratas provenientes da poupança forçada e de preços internos elevados para apoiar batalhas para a conquista de fatias de mercados externos. Um iene em crescimento era a regra, mas nunca tão rápido a ponto de o crescimento da produtividade não conseguir absorver o fortalecimento da moeda. Hoje, o modelo está se exaurindo: as empresas querem sobreviver, e isso significa ir para o exterior. Os mercados financeiros não podem cobrir falências *de facto* para sempre, e isso significa que o crédito será racionado. O governo hesita, a meio caminho entre compromissos internacionais e a conspiração nacional para manter os mercados sob abrigo. As políticas públicas e a política não estão em melhores condições: os nostálgicos administram o MITI (Ministério do Comércio e Indústria Internacional), o Banco do Japão e o Ministério das Finanças como se nada tivesse acontecido. Mas com o fim da lei de um partido único, a política está se transformando em um espaço acessível para todos.

Pela primeira vez, as políticas norte-americanas não são a causa do iene forte. Em comparação com o Japão e a Alemanha, os Estados Unidos parecem muito mais sólidos do que pareciam em 1985, no apogeu do dólar. O déficit orçamentário é menor do que o alemão e o japonês, e a taxa de inflação tem sido moderada por uma década. Com certeza, cortes orçamentários são desejáveis e seria uma boa idéia se o Federal Reserve se empenhasse um pouco mais ativamente em conter a inflação, mas mesmo isso não faria muita diferença para o iene.

A RODA DE SUPLÍCIO

Fundos de moeda quente poderiam ampliar o problema, mas não os culpemos: este é um problema de mau funcionamento da Japan Inc. Nos últimos anos, a política monetária japonesa foi consistentemente ultra-restritiva. É verdade que as taxas de juros estavam baixas, mas os preços estavam caindo, o que significava que as taxas de juros reais eram elevadas sobretudo em relação aos balanços forçados e à ausência de crescimento. A política fiscal também estava desalinhada: havia estímulos à demanda, mas sempre excessivos ou atrasados. A honestidade ostentada por teimosos formuladores de políticas faz lembrar os Estados Unidos de 1928 a 1932, quando a insistência em orçamentos equilibrados e no controle restritivo da moeda precipitou a Grande Depressão. O Japão necessita de políticas de prosperidade, e não de mais deflação.

O Japão também deve enfrentar seu eterno problema comercial. Até que ofereça um honesto programa de abertura dos mercados em lugar das promessas vazias da década passada, os mercados financeiros verão o superávit comercial japonês e a escassez do iene como razões para outra elevação do iene.

Até agora, o problema é principalmente do Japão e dos que devem em ienes. Todavia, o problema pode não continuar circunscrito: a crescente fragilidade do país poderia provocar uma instabilidade em nível mundial. Até que Tóquio compreenda seus próprios interesses, pouco podemos fazer para ajudar o Japão.

Para sair dessa roda de suplício, o Japão deve abandonar o insulamento de seu comércio e de suas finanças e enfrentar a incompetência de seus formuladores de políticas. Na marcha atual, a economia em breve estará oca, e uma sociedade nutrida pelo consenso ver-se-á dividida.

42

Qual é o elo mais fraco da economia mundial? O Japão

O milagre asiático acabou, e talvez o Japão seja o país que mais sofre as conseqüências. O país está apertado contra as cordas, sob os golpes do colapso dos preços dos ativos, da perda da confiança, do mau governo, da corrupção e do impasse político. Em vez de ser a solução da crise asiática, o Japão é cada vez mais o verdadeiro problema para toda a economia mundial. Se o país não crescer, a prosperidade global e o livre comércio serão abalados. A situação japonesa tem todos os pressupostos da situação do Estados Unidos em 1929: enquanto a economia afunda, os burocratas pouco fazem e afirmam que tudo se ajustará a tempo.

Tóquio é surdo aos conselhos vindos dos formuladores de políticas norte-americanos, que até agora perceberam corretamente a situação. Até mesmo o Fundo Monetário Internacional, com seu característico circunlóquio, expressou ceticismo. Como recentemente afirmou em Tóquio um dirigente do FMI: "Será importante que no Japão não se verifiquem outras limitações aos estímulos fiscais, ainda que mais adiante sejam necessários esforços adicionais para avançar no campo da consolidação fiscal." Tratemos de ser um pouco mais enérgicos. Terra para Japão: controle-se! Siga em frente e faça algo de grande, porque a economia está fugindo ao controle.

Publicado originalmente na *Business Week*, 12 de janeiro de 1998, p. 28. Reproduzido com autorização.

TUDO É PASSADO

Uma década atrás, o Japão era o rei da economia mundial. O país estava prestes a ser dono dos Estados Unidos inteiros. Um quarteirão em Tóquio valia mais que toda a Califórnia. A tecnologia estava no nível máximo. A qualidade era incomparável. As finanças públicas eram exemplares. A valorização do mercado acionário anunciava um futuro de prosperidade ilimitada. Nada disso resta hoje. Os Estados Unidos substituíram o Japão como modelo econômico de forte crescimento, pleno emprego, contas públicas equilibradas e cotações recordes.

O Japão não consegue decolar para um crescimento equilibrado. O déficit orçamentário é enorme, e está piorando. As cotações em queda ameaçam com a falência de todo o sistema financeiro, de bancos a empresas de seguros. O único crescimento resulta de um iene excessivamente depreciado, enquanto os produtos japoneses invadem os mercados norte-americanos, prejudicando o resto da Ásia. Sem dúvida, esta é uma boa notícia para o deputado Richard A. Gephardt (democrata). Para um protecionista e suposto candidato à presidência não há nada melhor do que um dilúvio de importações que começam a chegar.

O Japão deve urgentemente fazer três coisas. Deve reorganizar seus bancos, de modo que eles possam começar a emprestar em vez de ocultar suas perdas. O novo pacote do governo nem sequer inicia a resolver os problemas dos bancos, os quais detêm empréstimos inadimplentes que somam quase 15% do PIB. O país também deve introduzir um grande programa de cortes de impostos (que correspondam a pelo menos 2% do PIB) para estimular o consumo. Os 15 bilhões de dólares em cortes propostos pelo primeiro-ministro Ryutaru Hashimoto é muito pouco para impulsionar a economia. Por fim, para pagar tudo isso, o Japão deve desregulamentar de forma maciça. Isso aumentará a atividade econômica, criará postos de trabalho e gerará o crescimento capaz de fornecer a receita necessária para equilibrar o orçamento.

Os burocratas japoneses ainda estão administrando mal a segunda maior economia do mundo. Desdenhando o bom senso e a economia de mercado, aumentaram os impostos apenas para darem-se conta de que a economia já estava a pique. Disso resultará uma recessão, que muito provavelmente será mais profunda do que as três anteriores. Com efeito, os anos 90 cada vez mais se parecem com uma única longa recessão com breves interrupções de recuperações abortadas. A menos que políticas fiscais restritivas sejam deixadas de lado, a economia afundará, levando consigo o orçamento.

Praticamente as mesmas considerações valem para a tentativa de reorganizar os bancos. O saneamento dos bancos japoneses é politizado, como foi nos Estados Unidos. Os populistas odeiam os bancos e, por conveniência, esquecem que os bancos são parte necessária da economia. Quanto mais prosperam, mais emprestam. A reorganização dos bancos é custosa, mas resta pouca escolha. Sem empréstimos, não há crescimento. Tóquio deve tomar coragem e revelar aos eleitores um pouco das tristes verdades sobre os erros de gestão feitos no passado e sobre os riscos atuais.

A desregulamentação é o terceiro passo que o Japão deve dar para recolocar sua economia em movimento. Sempre foi prometida, mas ainda é letra morta. Devido a restrições ao ingresso e aos altos custos de manutenção dos negócios, na economia japonesa pouquíssimas pessoas pagam impostos. O país tem desesperadamente necessidade de uma revolução no estilo Reagan-Thatcher.

O Japão é o elo mais fraco da economia mundial. É um país incrivelmente rico, mal governado como nenhum outro, preso em uma recessão e afundando rapidamente. Sem uma vigorosa expansão econômica, os problemas econômicos do Japão não poderão ser resolvidos, a crise financeira asiática não melhorará e o sistema aberto do comércio mundial não poderá operar sem tropeços. Os Estados Unidos não devem e não podem socorrer um parceiro comercial rico que não consegue organizar sua desregulamentação.

Hashimoto disse de forma reveladora: "Somos diferentes das economias asiáticas. Somos ricos." É verdade, mas cada vez mais parece que o Japão carregará sua riqueza para o túmulo em vez de fazer o que necessita para mudar.

43

O México aprendeu a lição. E o Leste Asiático?

Na última rodada das altas finanças, o primeiro-ministro malaio Mahathir chamou os especuladores de "inúteis, improdutivos e imorais". Num dia, Mahathir fala, de forma sensata, da criação de corredores de alta tecnologia para conduzir o país ao nível do Primeiro Mundo por volta de 2020. No dia seguinte, são lançadas sérias dúvidas sobre o modelo, o futuro e a pessoa.

A posição oposta no debate é ocupada por George Soros, a encarnação do especulador, que anuncia que Mahathir é uma ameaça para seu país, insistindo em que abandone a violência verbal antes que os investidores fiquem ainda mais preocupados com a viabilidade do modelo econômico da Malásia. Sem dúvida, Soros tem razão. Contudo, a Ásia ainda tem dificuldade em aceitar esse ponto de vista e poderia rejeitar o papel que o capital internacional desempenha nos mercados emergentes.

A crise monetária asiática que iniciou na Tailândia e que desde então fez estragos nas Filipinas, na Indonésia e na Malásia não é diferente da crise mexicana de poucos anos atrás. Na época, o México tinha um grande déficit e uma moeda sobrevalorizada. A desvalorização — tardia e limitada — piorou a situação, porque colocou em evidência a terrível condição dos bancos e a exposição da dívida, vasta e altamente líquida, das empresas e do governo. O colapso continuou até que a intervenção americana resgatasse o México. Tudo, exceto este último particular, aplica-se à Tailândia, que, além disso, está sofrendo os males de um mercado imobiliário superaquecido, financiado por empréstimos bancários baratos. Não surpreende que, uma vez descoberto o estado de indi-

Publicado originalmente na *Business Week*, 13 de outubro de 1997, p. 18. Reproduzido com permissão.

gência da Tailândia, os especuladores se perguntassem qual seria o próximo país. As Filipinas eram o candidato óbvio, porque a moeda tinha se apreciado bastante e o déficit já era grande. A Indonésia e a Malásia não eram candidatos igualmente óbvios, mas caíram sob os golpes dos especuladores assim que se evidenciaram suas lamentáveis situações financeiras e comerciais.

Bom senso na Indonésia

Se hoje se colocasse em prática um bom pacote de políticas em resposta à crise monetária do Sudeste Asiático, os investidores contariam com uma garantia de ter pela frente um período de gestão econômica austera favorável aos investimentos. Mas o paralelo entre o México e o Sudeste Asiático termina aqui. Entre os resultados da crise asiática, houve respostas bem diferentes em termos de políticas. Na Tailândia, o governo está longe de uma solução para a desordem financeira que se criou, na qual a corrupção, bem assentada e difusa, exerce um papel fundamental, e para a qual a incompetência contribui bastante. Os passivos são maiores e de vencimento curto, e os credores não vão prolongar esses vencimentos se não perceberem ações positivas. As autoridades tailandesas não conseguiram resolver muita coisa. O espetáculo não terminou, e talvez ainda estejamos no primeiro ato. Na Indonésia, o governo tentou, por certo tempo, repelir os ataques aumentando as taxas de juros, como se espera de qualquer governo. Mas logo percebeu que os especuladores tinham iniciado um cerco e que não lhes faltava determinação. O país inteligentemente aprendeu a lição: permitiu que a moeda seguisse seu curso e começou uma impressionante demonstração de corte do orçamento. Isso restaurou a confiança, e os investidores já estão de volta.

A Malásia paga o preço da própria incompetência. O ditador-premiê tomou a moeda como uma questão pessoal. Depois de tornar-se a encarnação do milagre malaio, não podia aceitar que os mercados mundiais de capitais pudessem afundar a moeda com tal facilidade. E cada vez que Mahathir lança outra tirada contra o Fundo Monetário Internacional e Soros, defendendo a necessidade de tirá-los de circulação, mais investidores se dão conta de seu totalitarismo e querem escapar. Cada acesso de raiva leva a outra onda de vendas e a outra rodada de queda do mercado acionário e depreciação da moeda.

UMA ZONA PROTEGIDA?

O duelo entre Soros e Mahathir é sinal de um problema muito mais amplo do que meras frustrações narcisistas. Dito de forma simples, a Ásia tem dificuldade em aceitar a economia de mercado. Seus governos desfrutam do acesso aos financiamentos externos e à tecnologia, aceitam os louvores, mas não aceitam facilmente a disciplina que isso comporta. Quando o jogo fica complicado, os administradores públicos retornam à modalidade de controle, suspendem a liberdade econômica e fecham o país às influências negativas sufocando a imprensa e colocando restrições aos investidores. A América Latina aceitou o FMI e o capital internacional, mas a Ásia de fato não os aceitou. Simplesmente não consegue abraçar a nova realidade. Poderíamos imaginar que outros países asiáticos estão por alinhar-se com o Japão e a China para criar uma zona protegida na qual o capital internacional não tenha a última palavra. Isso poderia interessar à Malásia, ao Japão, à China e à Coréia do Sul, que não opuseram pouca resistência à abertura aos fluxos de capitais. E também poderia ser um modo seguro de deter o crescimento asiático.

Uma crise monetária é um alarme despertador para recuperar o controle sobre finanças arruinadas, orçamentos e projetos irreais. Mahathir e seus partidários fariam melhor se parassem de culpar o mensageiro e recebessem a mensagem.

44

Um pacote de ajuda não muda a situação na Coréia

A Coréia é a última peça do dominó dos mercados emergentes a desabar. Não surpreende que o país tenha pedido ao FMI um pacote de ajuda no valor de sessenta bilhões de dólares para evitar a inadimplência de sua dívida externa. Na superfície, a Coréia era mais uma economia com finanças públicas prudentes e uma reduzida dívida pública, com elevado crescimento e boa reputação. Mas sob a superfície, a realidade era outra: duas décadas de fracasso na promoção da desregulamentação, da competitividade, de políticas de crédito rigorosas e de uma administração transparente. A Coréia tentou desesperadamente ser como o Japão; o pior é que conseguiu. O que foi que deu errado e o que fazer para remediá-lo?

Um excesso de liquidez no mercado mundial de capitais encorajou financiamentos indiscriminados na Ásia. Cada nação, banco ou empresa podia obter empréstimos a taxas de juros um pouco superiores às pagas pelo governo dos EUA. A realidade foi deixada de lado e se deixou de averiguar a confiabilidade dos tomadores de empréstimos. Ninguém calculou o montante total das exposições para empréstimos ou o andamento dos fluxos de caixa para pagar as dívidas que iam vencendo. Tudo isso é paradoxal. Nos anos 80, tivemos uma crise da dívida nos mercados emergentes por causa de uma restrição da liquidez mundial. Desta vez, ao contrário, o problema é uma excessiva liquidez.

Há muitos problemas de fundo na economia coreana, que estão por trás da atual crise bancária e de empreendimentos. O estatismo tornou-se contraproducente. Mesmo hoje, o governo tem um papel central para o progresso da

Publicado originalmente na *Business Week*, 8 de dezembro de 1997, p. 26. Reproduzido com permissão.

economia, em uma proporção somente equiparável ao caso do Japão. O estatismo foi importante décadas atrás, no limiar do desenvolvimento. Mas hoje, a planificação e o intervencionismo público devem dar passagem ao livre mercado e à descentralização para que se possa responder à crescente complexidade das decisões econômicas.

TATEANDO NO ESCURO

O sistema financeiro coreano tornou-se disfuncional. Durante décadas, Seul alocou o crédito e o sistema financeiro limitou-se a ser mera caixa registradora. Hoje, o sistema está simplesmente quebrado; estima-se que seu reordenamento custará o equivalente a 15% do PIB.

A estrutura industrial da Coréia está desequilibrada. Um punhado de empresas controla 50% do PIB. Esses *chaebols* — com alto grau de concentração e vasto domínio de atividades — operam sob uma direção centralizada e burocrática. Falta-lhes a agilidade de adaptação rápida às oportunidades e à necessidade de mudanças contínuas. De fato, eles tateiam seu futuro no escuro.

A Coréia está achatada entre a concorrência de economias com baixos salários, como a China e o Sudeste Asiático por um lado, e o Japão, por outro. Para o setor manufatureiro coreano será sempre mais difícil competir no mercado mundial. As desvalorizações competitivas das moedas asiáticas são um fardo a mais.

O processo de democratização da Coréia mudou os locais de trabalho. Deu fim a um mundo no qual a defasagem entre salários e produtividade era de anos, no qual a força de trabalho era paciente além do imaginável e as paralisações só aconteciam fora do horário de trabalho. A democracia também fez emergir uma gigantesca corrupção política, tão difusa quanto as dívidas de recebimento duvidoso no sistema bancário. De fato, são coisas que andam juntas.

Exatamente como no Japão (ou na Alemanha), tudo na Coréia funciona com precisão cronométrica. O problema, com toda essa arregimentação por parte do governo e das burocracias das corporações, é que a criatividade resulta sufocada. A despeito de um enorme capital humano, as inovações não decolaram. O progresso não é apenas um problema de engenharia.

TAREFA ÁRDUA

A Coréia não conseguirá sair da crise apenas fazendo retoques. Alguma desvalorização extra, uma pequena reforma, mais subsídios para empresas e bancos em dificuldades e um pacote de ajuda externa que traga fôlego aos empréstimos não serão o bastante. Já que esse desafortunado governo está prestes a perder as eleições, as novas lideranças devem operar uma drástica ruptura de continuidade. A Coréia necessita abrir completamente sua economia à participação externa. Os investidores externos devem assumir o comando e arrumar a desordem com uma onda de reestruturação (já tardia) dos bancos e das corporações que não façam concessões. Esta é uma tarefa que nem o governo nem as empresas coreanas podem fazer.

O apelo quase diário ao Fundo Monetário Internacional por novos empréstimos de emergência está rapidamente subvertendo o papel dessa instituição e o funcionamento do mercado internacional de capitais. O FMI transformou-se em um emprestador de recurso cotidiano. Uma crise como a atual deve ser aproveitada para construir economias que funcionam melhor. Uma tentativa em menor escala foi feita na Indonésia. Na Coréia, existe a oportunidade de avançar bastante. Os credores estrangeiros, o FMI, os EUA e quaisquer outros participantes não devem contentar-se com menos. Não basta insistir apenas em uma medida orçamentária que deixe de lado um pouco de dinheiro destinado a reordenar os bancos. Mas se a Coréia não se dispõe a fazê-lo, uma moratória do serviço da dívida comercial ensinará tanto ao país como a seus mercados uma lição que há muito lhes é devida.

45

Um calcanhar-de-aquiles que pode aleijar a China

Quando o XV Congresso do Partido Comunista Chinês se reunir, neste outono, boa parte da atenção estará voltada à escolha dos novos membros da direção. Mas enfrentar o problema de um enorme e ineficiente setor público é pelo menos igualmente importante. Haverá um novo compromisso com a reforma, ainda que, infelizmente, pouco mais do que isso. Os péssimos resultados das empresas estatais e a crescente possibilidade de um desastre financeiro são certamente o calcanhar-de-aquiles do que hoje é chamado na China de "primeiro estágio do socialismo", um eufemismo para as atuais convulsões da economia chinesa. É desnecessário dizer que as implicações internacionais são fortíssimas. Se a China ficar imobilizada, a Ásia e o mundo precisam começar a preocupar-se.

O extraordinário crescimento da China nas duas décadas da reforma agrária que seguiu o catastrófico colapso do coletivismo foi um fenômeno de enorme relevância. Nos últimos vinte anos, o PIB *per capita* chinês quadruplicou, um êxito inigualável na história mundial. A poupança e os investimentos foram enormes: de fato, exagerados, no sentido de que a China poderia ter se desenvolvido com menor investimento em seu ineficiente setor público e maior consumo privado. Todavia, a China cresceu mais rapidamente do que os outros países asiáticos "com superdesempenhos". O sucesso deveu-se principalmente às empresas de propriedade de cidades e aldeias, e apenas em menor medida às empresas privadas. A contribuição das empresas estatais foi modesta.

Publicado originalmente na *Business Week*, 15 de setembro de 1997, p. 24. Reproduzido com permissão.

EM VERMELHO

Eis um esboço da paisagem econômica da China. Segundo o documento "A gestão dos ativos de empresa na China: o Estado como acionista", do Banco Mundial, existem cerca de sete milhões de empresas industriais. Destas, 5,7 milhões, todas com menos de sete funcionários, pertencem a proprietários individuais, tal como outras sessenta mil que são maiores ou têm participação estrangeira. Um outro milhão e meio são empresas de propriedade de cidades e aldeias, que foram decisivas para o sucesso chinês. Depois, existem 118 mil empresas estatais, que dão conta de um terço da produção industrial, de metade dos ativos, de dois terços dos empregos urbanos e de 75% dos investimentos (o índice de perdas destes investimentos é de 50%).

A reforma das empresas estatais faz parte da agenda há anos, e tem tido limitado sucesso. As empresas estatais estão sendo transformadas em corporações, com seus registros contábeis e conselhos de administração. Além disso, presume-se que o desempenho econômico esteja substituindo o simples objetivo de alcançar metas de produção sem consideração dos custos ou da demanda dos consumidores. No todo, o processo de reforma está emperrado. Na verdade, o programa de reforma está criando seus próprios problemas. Algumas tentativas de mudança envolvem um controle excessivo, lançando os velhos ministros de Pequim contra os novos dirigentes. Outras vezes, exerce-se um controle insuficiente, o que permite aos administradores locais saquearem os recursos e aumentarem os salários indefinidamente.

CORTE DE EMPREGOS

Enquanto os burocratas de Pequim continuam em seus postos, não devemos nos surpreender se eles interferirem. Um novo roteiro para a reforma significa pouco, a menos que os velhos controladores fossem embora e as empresas estatais começassem a ser operadas de forma mais semelhante às empresas de propriedade de cidades e aldeias. Desmantelar os ministérios centralizados é a primeira coisa a fazer, mas isso nem sequer consta na programação. Em segundo lugar, as empresas estatais são "pequenas sociedades" pelo fato de fornecerem a inteira gama de serviços sociais para seus funcionários: da moradia à assistência médica, da escola a pensões e funerais. Assim, a reforma deveria ser acompanhada por uma nova rede de serviços sociais. Em terceiro, as empresas estatais tradicionais, estejam elas na França ou na China, têm um excesso de pessoal, seja para fornecer trabalho às massas, seja para dar poder e influência aos administradores. Uma mudança para um modo de operação "orientado para o lucro" implicaria um pesado corte de empregos. Os governos locais e as autoridades centrais não querem que 110 milhões de pessoas empregadas nas estatais juntem-se à instável população de imigrantes e desempregados.

Contudo, a reforma deve ser iniciada rapidamente, ou as empresas estatais chinesas vão derrubar — e não apenas frear — o milagre econômico. Elas são um problema financeiro crescente. Prejudicam empresas saudáveis ao não pagar suas dívidas e representam um rombo enorme no orçamento. A economia chinesa, assim como a tailandesa, já está vulnerável a uma bolha especulativa no mercado imobiliário. Além do fator financeiro, as estatais interferem na eficiência da economia como um todo. Os seus maus resultados se traduzem em protecionismo, problemas de aceitação das regras da Organização Mundial do Comércio, limitações da livre concorrência e restrições ao comércio interno. Se as empresas estatais continuarem jogando, o campo do jogo será abalado para todos.

O dilema político chinês é este: a China necessita de estabilidade financeira e progresso econômico rápido para legitimar o atual governo; porém, não pode alcançar esses objetivos sem forçar a aceleração do capitalismo na forma de empresas de propriedade de cidades e aldeias, de *joint-ventures* e de empresas privadas *tout court.* Talvez o primeiro estágio do socialismo venha a ser o estágio terminal. A passagem da Rússia ao capitalismo nu e cru amedronta os dirigentes chineses. Ainda assim, devem fazer alguma coisa. A China é o próximo grande problema da economia mundial.

46

É a vez da China?

Ultimamente, o pessimismo tem sido uma boa regra empírica para avaliar as perspectivas financeiras da Ásia. Hoje a China arrisca perder sua estabilidade e ser parte do cada vez mais grave problema asiático? A desvalorização chinesa é uma possibilidade. Mas a China não necessita de uma desvalorização. E seus líderes fariam bem se rejeitassem claramente essa alternativa, em vez de usá-la como um instrumento de chantagem no pôquer internacional.

A convicção de que haverá uma desvalorização na China, mais cedo ou mais tarde, apóia-se no fato de que o país tem pela frente extraordinários desafios de reestruturação no sistema bancário e no setor público. Esses problemas são difíceis de resolver mesmo em tempos favoráveis, mas sem crescimento elevado, arrisca-se a perder a estabilidade política e social.

Infelizmente, a taxa de crescimento caiu substancialmente, ficando entre 5 e 7%, relacionando-se desfavoravelmente com a taxa média de 10% dos últimos quinze anos. De qualquer forma, é um valor inferior à meta oficial de 8%. O problema do crescimento é, obviamente, em grande parte um reflexo do declínio das exportações. Os mercados asiáticos são vitais para a China; entraram em colapso, levando junto o crescimento das exportações.

Na última década, as exportações chinesas freqüentemente subiram 20% ao ano. Na primeira metade de 1998, aumentaram 10%, e atualmente o crescimento pode estar interrompido. Como as exportações (em termos de valor agregado) são responsáveis por 10% do PIB, passar de um crescimento de 20% a zero custa 2% do PIB diretamente e, se incluídas as reações em cadeia, talvez 4%.

Publicado originalmente no *Financial Times*, 4 de agosto de 1998, p. 18. Reproduzido com permissão.

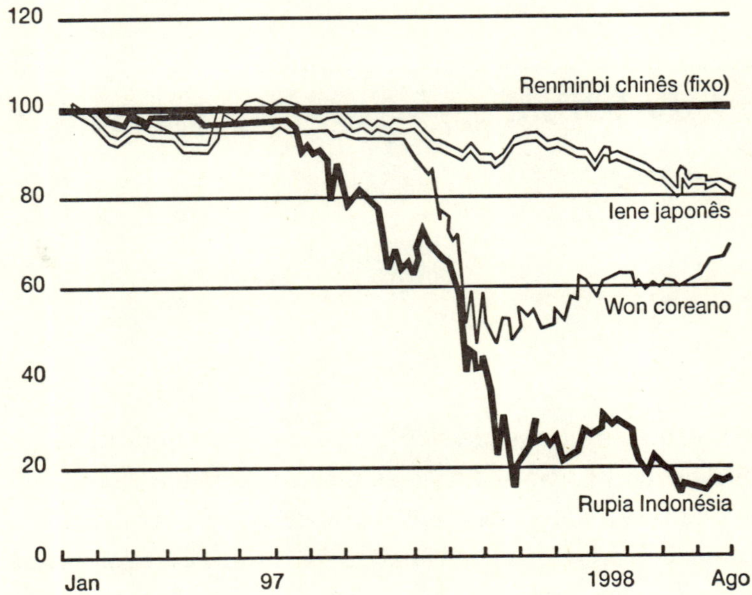

Figura 46.1 É a vez da China?

O problema é real e não está a ponto de desaparecer. Por isso a conclusão: a desvalorização para recuperar o crescimento das exportações é inevitável. Não obstante, a conclusão está errada. A China não necessita desvalorizar, nem deveria.

Não tem necessidade de uma desvalorização porque o país tem claramente controle de sua taxa de câmbio. É verdade: toda a Ásia realizou desvalorizações competitivas, deixando a China com uma moeda sobrevalorizada e um fraco desempenho das exportações. Mesmo assim, o *front* externo não está sitiado. Os controles sobre capitais são bastante severos (e estão ficando ainda mais severos). Há um substancial superávit de conta corrente. E o país tem grandes reservas de moeda estrangeira. Isso faz a diferença com relação a todas as outras economias que se arruinaram. Além disso, se houver necessidade de proteção extra, os influxos de capitais podem ser aumentados concedendo maior flexibilidade às *joint-ventures*. É o que parece ter acontecido recentemente nas telecomunicações e poderia dar-se em outros setores. A China não está com suas reservas por um fio, nem está a ponto de solicitar ao Fundo Monetário Internacional e ao Tesouro norte-americano uma intervenção de emergência.

Ao contrário, dispõe de recursos para sustentar e defender a atual taxa de câmbio se quiser fazê-lo.

A verdadeira indagação é se convém à China desvalorizar, e não se é necessário que desvalorize. Uma pequena desvalorização pouco adiantaria, e uma grande desvalorização poderia ser danosa ao deflagrar uma onda de instabilidade financeira, incluindo uma depreciação monetária em toda a região.

Uma pequena desvalorização pouco adiantaria porque a China precisa importar aproximadamente um dólar para cada dois dólares de exportações. Desta forma, uma desvalorização de 10% representa um ganho de apenas 5% em competitividade, mas evidencia a perspectiva de uma depreciação ulterior. Uma grande desvalorização ajudaria diretamente a competitividade, mas, se provocasse certas repercussões (começando com um colapso em Hong Kong) e desvalorizações competitivas por toda parte, ou taxas de juros mais altas para impedi-las, não ajudaria a criar melhores oportunidades para as exportações. A China é um jogador de peso. Não pode fingir que não é e continuar prejudicando todos os outros. Em particular, a China tem um superávit comercial com os Estados Unidos de cinqüenta milhões de dólares. Isso já está provocando reações protecionistas em setores norte-americanos. Se houvesse uma desvalorização, todos os oportunistas no Congresso começariam a complicar objetivos-chave de política econômica, como o ingresso da China na Organização Mundial do Comércio. Em suma, desde o ponto de vista internacional, a desvalorização é uma má idéia.

O mesmo pode ser dito de um ponto de vista doméstico. Uma ampla desvalorização mostraria a todos os chineses que o renminbi não é tão bom quanto o dólar. Isso poderia levar rapidamente à criação de um mercado negro em dólares e a corridas bancárias, convertendo-se os depósitos em moeda corrente a ser trocada por dólares. A China enfrentaria a escolha entre perder o controle sobre seu precário sistema bancário, sob a pressão da desvalorização, e levar adiante a reforma bancária nos próximos anos em um contexto de estabilidade financeira doméstica.

Os líderes políticos chineses detestam a instabilidade financeira. Eles têm uma memória de elefante (lembremos que o Kuomintang perdeu a China quando permitiu uma inflação excessiva). No final dos anos 80, as autoridades deliberadamente frearam o crescimento para combater a inflação. O mesmo aconteceu nos últimos dois anos: a estabilidade financeira é politicamente ainda mais importante que o alto crescimento.

No entanto, a freada das exportações é um fato. A China precisa enfrentá-la. Pode enfrentá-la por meio de uma expansão interna, em vez de uma desvalorização. O déficit orçamentário é bem pequeno, como também a dívida pública interna e a inflação. Não há nenhuma razão para avançar em direção a uma expansão fiscal para manter o crescimento. Não é necessário que essa despesa assuma a forma de outros arranha-céus vazios em Xangai; poderia simplesmente implicar em lidar com os afunilamentos na infra-estrutura chinesa. A margem substancial para uma expansão fiscal oferece alguma garantia para um crescimento mais veloz e elimina um pouco da urgência da retomada das exportações.

Os funcionários públicos chineses fazem discursos ambíguos. Agitando o espantalho de uma desvalorização, apressaram os Estados Unidos a buscar salvar o iene. Ao mesmo tempo, dizem que estão empenhados em ser a principal economia estável da Ásia. A China acertaria se se comprometesse a manter a atual taxa de câmbio e se submetesse, por alguns anos, a prestar atenção ao crescimento e à reforma interna. Ainda que o crescimento anual fosse de "apenas" 6%, seria suficiente tanto para elevar o padrão de vida como para enfrentar a reestruturação econômica. Se a China se aproximar demais da desvalorização, o que agora parece ser uma experiência controlada tornar-se-á uma perda de controle catastrófica. Os líderes chineses deveriam empenhar-se em estreitar laços com a OMC e parar a queda-de-braço com as finanças internacionais usando a chantagem da desvalorização. A desvalorização é um jogo para perdedores.

VIII

Boas Pessoas e Más Idéias

47

Réquiem para o chanceler Kohl

Depois da guerra, Churchill sofreu uma retumbante derrota nas urnas. Numa perspectiva histórica de longo prazo, esse fato é apenas um detalhe sem maiores conseqüências. Praticamente a mesma coisa pode ser dita do chanceler Helmut Kohl, que recentemente foi demitido de forma incontestável pelo voto do eleitorado alemão. Kohl também exerceu um papel extraordinário, que será registrado por séculos nos livros de história. A fugaz humilhação da derrota eleitoral é apenas um detalhe em grande parte inevitável, uma vez que nenhum grande líder (e os pequenos, ainda menos) deve se demitir antes que os eleitores o demitam.

Kohl realizou dois grandes feitos: a unificação das Alemanhas e a União Européia. São realizações que mudaram a face da Europa para sempre, e para melhor. A inserção de uma Alemanha economicamente dominante em uma União Européia significou um desvio da busca de hegemonia que, como no passado, poderia ter péssimas conseqüências. O mesmo pode ser afirmado da unificação: o próprio Kohl relata impacientemente o momento em que estava numa sacada em Berlim e recebeu uma mensagem urgente de Gorbachov dizendo "se seus tanques entrarem em cena, os nossos também entrarão". Não houve uso de tanques: o desmantelamento do governo comunista deu-se de forma incrivelmente pacífica, até mesmo na Rússia! A unificação exigiu muita tranqüilidade quando a multidão nas ruas arrebatava a liberdade como se estivesse pronta. Longe disso. Não fosse o relacionamento especial que Kohl cultivara com Gorbachov, a unificação poderia não ter acontecido. Ao contrário, poderia ter havido uma revolta seguida de repressão, como aconteceu nos anos 50. O crédito é de Kohl.

Quaisquer que sejam as disputas em torno à União Monetária Européia e as genuínas indagações sobre os seus custos e seus benefícios, não há dúvida de que uma União Européia é uma extraordinária realização. Está bem claro que os passos da Europa para integrar-se de forma cada vez mais sólida, para aperfeiçoar um mercado interno e adotar uma moeda única são todos benéficos. A Europa tem problemas fundamentais, mas também dispõe de extraordinárias vantagens de um mercado interno que cresce em tamanho e competitividade. Foi preciso uma persistência obstinada para manter a União Européia como objetivo, lutar por ela e torná-la realidade. Foi essa a contribuição de Kohl: sem sua persistência, a Itália e talvez até a França estariam hoje sendo nocauteadas pela crise monetária mundial. Nas atuais circunstâncias, estão colhendo os resultados de um corte nas taxas de juros.

Boa parte da insatisfação expressa nas eleições na Alemanha é imediatista, mas qualquer pessoa que trace as diretrizes para a Europa do século XXI pode muito bem negligenciar os interesses imediatistas dos eleitores: mais empregos e uma retórica da satisfação. Schroeder preencheu um vazio; é sempre fácil para uma ampla aliança dar prioridade a objetivos imediatistas, e prometer o que não pode cumprir, para desalojar quem esteve presente por muito tempo e perdeu a capacidade de ser genuinamente desonesto com a máxima sinceridade. A aliança entre o Partido Socialista e o Partido Verde estará nas manchetes muito menos por suas realizações do que por suas disputas, desacordos e dissolução final.

Kohl poderia ter arquitetado uma aterrissagem suave, permitindo à próxima geração ocupar seu espaço sem deixar que seu partido fosse excluído. Ele errou, mas não necessariamente piorou as coisas. A situação hoje é bem melhor: a esquerda tem a chance de fazer-se desacreditada, a direita dispõe de um tempo para repensar seus compromissos com o centro e, nas próximas eleições, terão peso os genuínos reformadores, de todos os matizes. Schroeder ainda está flertando com uma terceira via. Existe, sim, uma terceira via, mas ela leva a um beco sem saída. A economia mundial é uma imensa promessa, mas carregada de estresse e tensão. A Europa necessita hoje, mais do que nunca, ocupar um papel ativo na gestão da economia mundial. A Europa necessita de um líder para dar forma a esse papel. Mesmo antes de ocupá-lo, é cada vez mais duvidoso que Schroeder preencha o perfil do candidato necessário para tal tarefa.

48

Oskar é um problema

Na campanha eleitoral da Alemanha, Schroeder representa a promessa de um Tony Blair: juventude e brilhantismo, idéias novas e iniciativa, e um equilíbrio entre uma consciência social e um realismo dos negócios do dia-a-dia. Schroeder foi o cavalo-de-tróia, usado como a face pacífica de uma nova abordagem. O fato de ser destituído de convicções foi sua grande arma: podia ser tudo que qualquer um quisesse. Mas em todo pequeno problema, esconde-se um grande: Oskar Lafontaine, que assumiu uma posição de centro, ocupou altos cargos e adotou uma agenda de ativista. Oskar Lafontaine não é de centro-esquerda, nem pertence à nova esquerda; ele é de esquerda, uma esquerda que permaneceu intacta. Ele é brilhante, maquinador, o campeão da luta pelo poder na Alemanha, e se tiver sua oportunidade, moldará o futuro da Europa, e não será para melhor. Ele desconhece qualquer idéia de economia de livre mercado ou de finanças sólidas, como se tivesse passado os últimos vinte anos em um distante Gulag. Em meros termos de estilo e pensamento econômicos, Lafontaine está para Greenspan e Rubi do mesmo modo que Átila, o rei dos hunos, está para a civilização ocidental.

A Europa teve suas escaramuças com políticos de centro-esquerda: Delors defendeu a visão de economia de mercado da democracia cristã; Jospin e seus ativistas têm sua origem mais à esquerda. Mas todos terminaram no centro, conciliando-se amplamente com os mercados de capitais, que têm pouca paciência com os benfeitores e menos ainda com os arquitetos de uma "nova economia social". É verdade que em toda a Europa, e mesmo nas salas das diretorias das corporações, todos deixam clara a intenção de não chegar à atitude extre-

---

Publicado originalmente no *The Wall Street Journal Europe*, 25 de novembro de 1998, p. 10.

ma norte-americana do "matar ou morrer". Todos querem manter algum compromisso com o *welfare state*, por mais caro, inviável e contraproducente que seja. Ele é parte da cultura e vai além do cálculo econômico num sentido restrito. O que acontece hoje com a agenda de Lafontaine é um movimento de volta, como se o caminho para uma economia competitiva de mercado, além do *welfare state*, desse em um beco sem saída.

Lafontaine poderia ganhar força buscando apoio na Europa, aproximando-se de ativistas que não se alinharam com Jospin ou que não participaram do governo de Prodi na Itália (o ostracismo ocorreu durante o período de convergência com a UME). Certamente, a ambição de Lafontaine deve ser a de transformar Bruxelas em um instrumento que impulsione uma nova agenda social de proteção do trabalho numa economia de mercado e tomar o lugar das grandes corporações. Enquanto a economia de livre mercado estava em seu apogeu, até que a crise financeira mundial revivesse o ceticismo sobre os benefícios de um capitalismo desenfreado, tudo isso dificilmente ocorreria. Hoje é fácil falar da necessidade de controle dos mercados, do controle social da moeda, da necessidade de criar demanda e do papel do Estado como um poderoso instrumento para alcançar melhores resultados econômicos.

O que Lafontaine pode realizar? Antes de tudo, a desregulamentação dos mercados de trabalho e os benefícios sociais estão dando para trás ou, pelo menos, não estão progredindo. Em segundo lugar, a disciplina orçamentária do pacto Waigel será atacada não por falhar como complemento à reforma do lado da oferta, mas pela exigência tosca de "gastar para criar demanda". A reforma fiscal está se tornando uma tributação antiempresarial. Em terceiro, será declarada guerra ao BCE, pois o "dinheiro barato" é o modo mais fácil de criar empregos e atribuir-lhe mérito. Tudo isso será bastante contraproducente: os preços das ações poderiam subir sob a pressão da demanda, mas essa alta não duraria muito. As taxas de juros de longo prazo irão se elevar quando os poupadores perceberem que a disciplina fiscal foi perdida. Os aumentos salariais serão encorajados por governos trabalhistas, o que significa que muito mais cedo a inflação será um problema. Em suma, ganha vida uma agenda do passado, já considerada morta.

A retórica da "economia do lado da demanda" em breve enfrentará referências aos Estados Unidos dos anos 60: uma bem-sucedida política fiscal expansionista, sustentada por um ajuste monetário e por taxas de câmbio fixas, e assim por diante. De fato, os Estados Unidos experimentaram então um longo período de expansão e de taxas baixas recordes de desemprego, mas isso também levou à enorme inflação dos anos 70. Na Europa, a inflação chegará muito mais cedo, porque o encorajamento para aumentos salariais já está no ar.

O que quer que Lafontaine possa pensar, taxas de câmbio fixas não fazem parte da sua concepção de economia mundial. A Grã-Bretanha certamente não vai aderir a uma Europa intelectualmente desgarrada, e os Estados Unidos não se unirão a ela fixando o câmbio a menos que as coisas piorem muito e Gephardt se torne presidente. E mesmo em tal caso, o profundo ceticismo a respeito da macroeconomia européia fará os Estados Unidos quererem distância e independência de uma conspiração para derrubar a economia de mercado.

A Europa está louca para obter algum crescimento, e é isso o que Lafontaine promete, tal como os economistas keynesianos prometeram ao presidente Kennedy nos anos 60. Mas naquela época tratava-se de um problema de desemprego real e não, como atualmente na Europa, de as pessoas serem pagas para não trabalhar. Se esta economia global reage à inflação nos mercados de títulos e é ávida de salários no mercado de trabalho, é tarde demais para acreditar que um governo mais intervencionista, que emite mais dinheiro e "toma emprestado" de crianças, represente um caminho para o desenvolvimento.

49

A crise do capitalismo global: Um elogio ambíguo de Soros

Nenhuma situação é mais propícia que a atual, com abundantes crises financeiras e muitas dúvidas sobre o que exatamente achamos que estamos fazendo, para aqueles que querem assumir uma posição rival dramática na cena intelectual. Os mercados são o inimigo: controlem a fera, salvem primeiro as pessoas e abaixo o capitalismo desacorrentado! Soros escreveu: "Eu me pergunto: você estaria lendo este livro se eu não tivesse ganho uma reputação de mago das finanças?" Isso é verdade, mas mesmo assim, os que estiverem em busca de conselhos sobre negócios ficarão profundamente decepcionados; encontrarão mais coisas na Bíblia ou em qualquer livro com receitas de sucesso. Se você estiver pensando em um presente de Natal, este seria apropriado para a sua sogra.

Um novo leitor de Soros ficará desapontado. O argumento faz uso, de forma livre e irrestrita, de variados conhecimentos convencionais: da patologia das crises financeiras a um novo papel dos Estados Unidos, de um exame do colapso russo à vindoura extinção do capitalismo (muito próxima, mais distante, ou talvez não), de uma crítica do capitalismo e da necessidade de liquidez na periferia aos princípios organizadores da moral social, incluindo maiores poderes para a Comissão Européia em Bruxelas e também o controle de capitais.

O tema básico é que as crises financeiras e o desarranjo social por toda parte prenunciam a possibilidade de um colapso do capitalismo e da sociedade aberta. A tendência geral engloba a ruína e a alienação. "As instituições da democracia representativa, que por muito tempo funcionaram bem nos Esta-

Publicado originalmente no *Financial Times*, 19 de dezembro de 1998, p. 9, como uma resenha do livro *Open Society Endangered*, de George Soros (Nova York: Public Affairs, 1998).

dos Unidos, em boa parte da Europa e em outros lugares, estão ameaçadas, e a virtude cívica, uma vez perdida, dificilmente será recuperada ... a substituição de todos os valores por valores monetários está impulsionando a sociedade para um perigoso desequilíbrio ... os valores de mercado não podem ocupar o lugar do espírito público, ou para usar uma expressão antiga, da virtude cívica." Estamos despedaçando o nosso mundo, financeiro e político. Deixemos que as boas pessoas se ergam e se unam para criar uma sociedade melhor. Trata-se de uma agenda demasiado ampla, irrealizável por qualquer pessoa, muito menos por George Soros, a quem não foram dados os dons do pensamento claro e da bela escrita.

O livro se divide em três partes: uma estrutura conceitual, uma discussão do estado atual das finanças mundiais e uma agenda para a sociedade aberta. A primeira parte é um reaproveitamento de *The Alchemy of Finance*, sem nenhuma melhoria. A segunda parte, que trata da crise dos mercados emergentes, é de longe a mais interessante e mais merecedora de leitura, especialmente a crítica incisiva do FMI. A parte conclusiva oferece uma elaboração hipócrita da idéia de que os mercados minam valores intrínsecos e que as sociedades ganhariam se combinassem as finanças com uma agenda não-econômica.

Na parte conceitual do livro, Soros revisita seu conceito de *reflexividade*: a realidade econômica, diferentemente dos objetos da ciência, não existe de forma independente, além das crenças, percepções e expectativas dos participantes do mercado, que (ao contrário dos fatos estudados pela física e climatologia, por exemplo) influenciam os fatos econômicos. Quando chove, chove independentemente de quais tenham sido as minhas expectativas e as das demais pessoas. Quando ocorre um período de prosperidade ou de depressão econômica, ocorre sob influência de crenças, expectativas e comportamentos das pessoas. Não creio que alguém discorde dessa afirmação; certamente nenhum estudante de economia discorda dela. Depois há o conceito de *falibilidade*, que leva à concepção de um investimento como "hipótese financeira". Daí poder ser entendida como uma falácia fértil. A principal lição é: "É sábio estar sempre preparado para o pior. Quando você sabe do que se trata, você está em vantagem."

Da mesma forma que Einstein se orgulhava de não ter sido um aluno brilhante nos tempos de colégio, Soros valoriza o fato de não ter acompanhado os desenvolvimentos da economia financeira. Ele conclui que seu sucesso financeiro demonstra a inutilidade desse ramo da ciência econômica. Grande parte do que ele propõe é velho conhecido nos estudos sobre a interação de expectativas e resultados nos fatos econômicos, incluindo os trabalhos do prêmio Nobel, Robert Lucas, e a obra bem anterior de Franco Modigliani. Os trabalhos importantes de Daniel Kahneman e Amos Tversky — os atores econômicos podem "moldar" seu comportamento a partir de expectativas que dificilmente se enquadram em medidas estatísticas — há muito é a leitura padrão nos estudos econômicos da incerteza e continua sendo uma frutífera linha de pesquisa em economia experimental. Seu comentário desrespeitoso sobre os prêmios Nobel Thomas Merton e Myron Scholes — seu fracasso à frente do Long Term Capital Management atestaria a inutilidade da economia financeira — é um lugar-comum e soa mal em um catecismo de uma melhor sociedade. Em resumo: ele não tem idéia do que é feito na pesquisa em economia financeira, e suas divagações nesta parte do livro são, na melhor das hipóteses, uma versão incoerente de alguns temas correntes.

A teoria de Soros sobre os processos de prosperidade/depressão assemelha-se muito a um manual de aprendiz sobre quando comprar e quando buscar proteção. Uma detalhada análise expõe oito fases, desde a descoberta inicial de uma hipótese de investimento passando pelo amadurecimento, o desafio, a aceleração, a hora da verdade, a fase em que as pessoas continuam no jogo, mesmo sem acreditar mais nele, a tendência descendente e o *crash*. Mas "nem todos os processos de prosperidade/depressão seguem o mesmo padrão...Todos os casos são diferentes e as curvas apresentam tantos formatos quanto são os casos". Mas cuidado, porque ao interpretar o ciclo corrente, poucos meses mais tarde e poucos capítulos adiante, Soros oferece um novo modelo, que "difere do original principalmente pela complexidade da fase de depressão... A duração da depressão testemunha a complexidade do sistema capitalista global". Em algumas situações, nem esse novo modelo é suficiente, de onde tiramos uma lição: "Mas quando é a hora da verdade? Pode ser melhor não insistir nesse ponto. Os modelos não devem ser tomados demasiado literalmente. Não há nada determinado no curso da história." Isso tudo parece consultoria de vendas e sobre o uso criativo da percepção tardia dos acontecimentos.

Soros se torna mais interessante ao analisar a crise asiática, o colapso da Rússia e o fracasso do FMI. Suas descrições sobre o que deu errado e as falhas do sistema são objetivas, vigorosas e informativas. Ele coloca o dedo na ferida: o FMI deveria ter reestruturado a dívida russa em vez de ter financiado a fuga de capitais com fundos inapropriados, o que serviu apenas para que em breve presenciasse os colapsos da dívida e da moeda. Soros também estava certo ao defender um *currency board* para a Rússia quando da crise. Mas o FMI não teve a coragem necessária e por isso fracassou. E o que deu errado na Rússia está se repetindo precisamente hoje no Brasil.

Existe uma explicação curta e linear para a tentativa de Soros de salvar a Rússia. Depois de ter afundado o barco com sua carta ao *Financial Times* pedindo uma desvalorização, ele relata como continuou tentando contatar a guarda costeira para resgatar o que sobrara. É um retrato cativante de Soros como um planejador de crises, lançando ao redor propostas e um pedido de união para salvar a Rússia, pelo menos para salvar o capitalismo. Sem dúvida ele estava sendo sincero. Qualquer pessoa que o tenha visto trabalhando na última década reconhecerá sua paixão por estar no centro de uma crise financeira como um administrador de dinheiro ou, melhor ainda, com sua nova personalidade de poderoso filantropo.

As reformas sistemáticas propostas por Soros — uma agência seguradora de crédito internacional, controles sobre movimentos de capitais e injeções maciças de liquidez na periferia do mundo — são grandiosas ou questionáveis. A inclinação é favorecer a sugestão do Banco de Pagamentos Internacionais (BIS) de que os países negociem acordos sobre a dívida que incluam adiamentos de vencimentos de acordo com as circunstâncias. Isso resolve o problema da fuga de capitais e ao mesmo tempo mantém a orientação baseada no mercado. E poderia ser feito amanhã. A solução da Argentina, de linhas de crédito externo para seus bancos, é igualmente interessante, e tem a dupla vantagem de um emprestador de último recurso e de organismos que assumam a importantíssima função de supervisão.

A última metade do livro é decepcionante ao fazer circunlóquios sobre o conceito de sociedade aberta — uma sociedade capaz de melhorar infinitamente — e propostas improvisadas de reforma do sistema econômico e político internacional. Há um excesso de sugestões, jogadas para discussão de forma indiscriminada, como quem joga grãos às galinhas. Nem mesmo fica claro quais são apoiadas por Soros e por quê. O capitalismo selvagem tem muitos críticos afiados, enquanto a melhoria social tem muitos defensores valiosos. Em nenhuma dessas funções, George Soros diz algo interessante. Graças a Deus ele é um filantropo abnegado, generoso e genuinamente criativo, porque do contrário seria apenas mais um rico chato e presunçoso.

Índice

Papel Chamois
A arte de ler

Este livro foi composto na tipologia Agaramond em corpo 11,5/15 e impresso em papel Chamois Fine 80g/m² no Sistema Cameron da Divisão Gráfica da Distribuidora Record.